JN441350

한국 사회 변화와 K-문화의 세계화

[지은이]

김성수 한양대학교 정치외교학과 교수.
김동춘 좋은세상연구소 대표. 성공회대 명예교수.
김성일 경희대학교 후마니타스 칼리지 교수.
김성조 연세대학교 동아시아국제학부 교수.
이원영 한양대학교 국가전략연구소 부소장.
한양대학교 공공정책대학원 시민사회학과 겸임교수.
임지훈 한양대학교 창의융합교육원 강사 겸 문학평론가.
정보영 한양대학교 미래문화융합연구센터 연구원.
정승일 복지국가 소사이어티 정책위원.
정윤수 성공회대학교 문화대학원 교수. 성공회대학교 문화연구소 소장.

한양대학교 미래문화융합연구센터 연구총서
한국 사회 변화와 K-문화의 세계화

1판 1쇄 인쇄_2026년 01월 25일
1판 1쇄 발행_2026년 02월 05일

지은이_김성수·김동춘·김성일·김성조·이원영·임지훈·정보영·정승일·정윤수
엮은곳_한양대학교 미래문화융합연구센터
펴낸이_양정섭

펴낸곳_경진출판
등록_제2010-000004호
이메일_mykyungjin@daum.net
스마트스토어_https://smartstore.naver.com/kyungjinpub/
사업장주소_서울특별시 금천구 시흥대로57길 17(시흥동, 영광빌딩), 203호
전화_070-7550-7776 팩스_02-806-7282

값 22,000원
ISBN 979-11-24168-06-6 93300

한양대학교 미래문화융합연구센터 연구총서

한국 사회 변화와 K-문화의 세계화

김성수·김동춘·김성일·김성조·이원영·임지훈·정보영·정승일·정윤수 지음

펴내는 말

한국 사회의 변곡점과 K-문화

: K-문화의 형성과 새로운 가능성

이 책은 한양대학교 미래문화융합연구센터가 연속 기획으로 개최한 정기 학술대회에서 각기 다른 전공과 문제의식을 지닌 연구자들이 발표한 옥고를 한 권으로 묶은 연구 총서이다. 산업화–민주화–세계화, 그리고 플랫폼 시대로 이어지는 가운데 'K-문화'와 '한류'를 단선적 성공 서사로 봉인하기보다, 한국 사회의 구조 변동 속에서 K-문화가 어떤 조건에서 형성되고, 어떻게 확장되며, 어떤 방식으로 재조직되어 왔는지를 고찰한다. 다시 말해, "얼마나 멀리 퍼졌는가"라는 확산의 지표를 넘어, "어떻게 세계와 연결되며 공존 가능한 담론을 만들어내는가"라는, 더 근본적인 질문을 갖고 논의를 이끌어 가려고 한다.

무엇보다 이 총서는 한류의 세계적 확산이 이미 현실이 된 오늘, 그것이 과연 지속 가능한 문화적 흐름으로 자리 잡을 수 있는가라는 문제의식에서 출발한다. 동시에 왜 한류가 특정한 시기에, 특정한 방식으로 확산될 수 있었는지를 산업화·민주화·세계화라는 한국 사회의 역사적 경험과 구조 변동의 맥락 속에서 되짚음으로써, 한국을 '문화매력국가'로 만들어갈 조건과 과제를 보다 설득력 있게 이해할 수 있음을 강조하고자 한다.

한양대학교 미래문화융합연구센터(이하 센터)의 연구 출발점도 바로 이 질문으로부터 시작한다. 센터는 K-문화의 확산을 '성과'로만 환원하기보다, 서사가 있는 한국 영상(영화·드라마)을 중심으로 문화가 어떻게 의미를 생산하고 사회적 담론 그리고 관계를 재생산과 재배열하는지를 연구해 왔다. 영상은 시대의 정치·사회 현실을 투영하며 특정한 정서와 판단의 틀을 제시하고, 수용자는 이를 간접 체험의 형태로 받아들여 자신의 정체성과 가치 감각을 다시 조직한다. 센터는 이 과정에서 형성되는 공감·갈등·연대의 경로를 정치·사회학적으로 분석·비평함으로써, 문화가 사회적 긴장을 완화하고 '사회적 가치 공유'의 담론을 열어가는 조건을 심층적으로 탐구해 가고 있다. 사람들은 영화·드라마와 같은 문화 경험을 통해 자기 삶의 현실과 감정을 정리하고, 공동체의 기억을 이야기로 엮어내며, 타자와의 관계를 상상한다. 이런 의미에서 문화는 사회가 자신을 해석하고 세계와 대화할 때 사용하는 하나의 '언어'에 가깝다.

이러한 문제의식은 영화 연구와 사회과학적 연구역량을 결합한 학제 간 공동연구 체계 속에서 구체화되어 왔다. 센터는 영상이 사회적 담론을 형성하는 기능에 주목하고, 공공외교 자원 개발, 세계적 담론 제시, 산학협력 및 민주시민교육 연계, 후속세대 양성 등 연구성과가 사회적으로 확장되는 경로까지 함께 설계해 왔다. 이를 '응답-확산-협력'이라는 키워드로 정리하면, 콘텐츠가 사회의 반응을 불러내는 방식(응답), 그 반응이 플랫폼과 네트워크를 타고 유통·재해석되는 과정(확산), 그리고 서로 다른 문화권과의 접점에서 대화·연대의 가능성이 열리는 조건(협력)을 한 흐름으로 파악하겠다는 뜻이다.

이 접근은 최근 넷플릭스를 필두로 한, OTT와 플랫폼 환경에서 더욱 절실해졌다. 플랫폼은 서사를 '싣는 통로'이면서 동시에 무엇이 누구에게 어떤 맥락으로 도달할지를 좌우하는 노출의 장치이기 때문이다. 센터는 서사 중심의 영상 연구와 사회적 담론 분석을 결합해, OTT 시대의 콘텐츠가 사회적 의미를 어떻게 생산·재구성하는지를 비판적 담론 분석(CDA)으로 추적해 왔다. 현재 한국연구재단 일반공동연구사업으로 진행 중인 「OTT 시대 한국 영상서사의 담론적 확장성 연구」는 이러한 접근을 실증적으로 전개하며, 한국 영상 서사가 단순한 '수용 대상'에 머물지 않고 사회적 실천의 매개로 기능한다는 점을 확인하고자 한다. 나아가 보면, 개별 장르의 흥행을 나열하는 방식만으로는 한국 문화의 세계화를 설명하기 어렵다. 공동체가 겪어온 아픔과 회복의 감각이 서사로 조직될 때, 세계의 다양한 수용자들은 그것을 '남의 이야기'로 소비하는 데 그치지 않고, 자신의 경험과 접속시키며 새로운 의미를 만들어낸다. 그 지점에서 세계화는 단순한 수출이나 유행을 넘어, 공통의 문제를 둘러싼 담론의 층위로 심화될 수 있다.

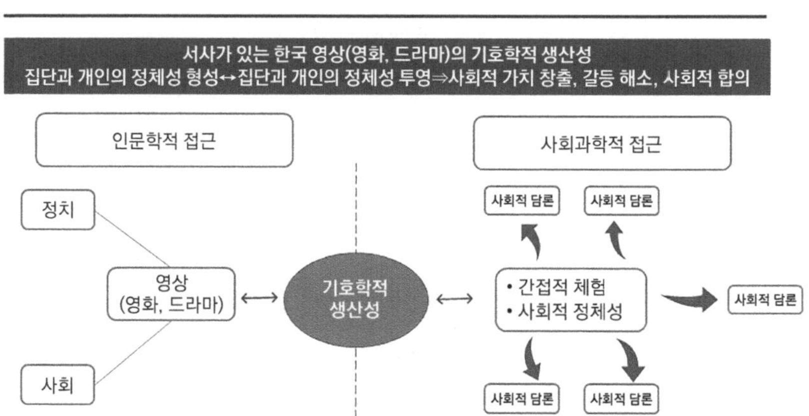

센터의 비전은 문화의 '확산'만이 아니라 '지속 가능성'에 방점을 둔다. 이를 위해 센터는 (1) 글로벌 권역별 수용성 분석에 기반한 맞춤형 문화전략, (2) 서사 구조 및 담론 분석의 고도화, (3) 문화예술 정책 전문가 양성과 글로벌 유통 네트워크 확장이라는 세 방향을 서로 분리하지 않고, 연구-교육-확산이 맞물리는 체계로 추진해 왔다. 같은 콘텐츠도 권역과 문화권에 따라 다르게 읽히며, 그 차이는 때로 오해를 낳지만 새로운 연대와 상호이해의 가능성도 연다. 따라서 여기서 말하는 전략은 성공 공식을 그대로 복제하는 일이 아니라, 문화권마다 다른 언어·규범·감수성과 플랫폼 환경을 고려해 번역·홍보·유통·소통의 방식을 조정하고 설계함으로써, 수용 과정에서 발생할 수 있는 의미의 왜곡을 최소화하고 공감의 접점을 넓혀 K-문화가 장기적으로 지속될 수 있게 하는 일에 가깝다.

아울러 센터는 문화가 한국 사회 내부의 통합과 회복에도 기여할 수 있다고 본다. 서사는 콘텐츠의 형식인 동시에 갈등을 완화하고 공동체를 묶어내는 문화자본이기도 하다. 이념·세대·젠더 갈등이 교차하는 현실에서, '갈라치기'의 언어를 '어우르기'의 서사로 전환하는 감수성을 회복하는 일은—느리지만—사회적 지속 가능성의 조건이 된다. 이 책이 산업화·민주화·세계화라는 세 개의 좌표를 따라 K-문화의 조건을 추적하는 이유도, 세계화가 외부의 시선만이 아니라 내부의 사회적 정당성과 맞물려 있다는 점을 확인하기 위해서다.

이 책은 산업화-민주화-세계화라는 시대 구분을 공유하지만, 그것을 연대기적 '정답'으로 귀결되진 않는다. 오히려 이 구분은 논의를 조직하기 위한 일종의 지도이며, 각 장은 그 지도 위에서 서로 다른 경로를 따라 동일한 질문을 변주한다. 산업화의 경험이 문화적 재현의 토대가 되었고, 민주화의 성취가 문화의 자유와 공공성을 확장했으며, 세계화와 플랫폼의 조건이 문화의 유통·수용 방식을 근본적으로 바꾸어 놓았다는 점은 공통의 전제다. 그러나 그 전제가 실제 사회에서 어떤 긴장과 모순을 낳았는지, 또한 그 틈에서 어떤 가능성이 열렸는지는 장마다 서로 다른 방식으로 조명된다. 이를 통해 'K-문화의 세계화'를 다양한 각도와 시선에서 사유하고 확인할 수 있다. 본서의 구성은 다음과 같다.

정윤수의 「산업화 세대의 문화적 재현」은 산업화가 만든 세대 경험을 문화적 재현의 관점에서 추적한다. 급속한 경제성장과 국가주의적 동원 체제가 개인의 삶, 가족의 윤리, 일상의 정서를 어떻게 조직했는지를 구체적 서사와 사례를 통해 드러내며, 산업화가 '과거의 사건'이 아니라 오늘의 문화 감각을 계속 규정하는 기억의 체계임을 보여준다. 이 장은 산업화의 성취담(談)이 포착하지 못한 감정의 잔여—불안, 죄책, 생존의 윤리—가 영화·대중서사 속에서 어떤 방식으로 반복 재현되는지를 읽어내며, 한국 사회 변화의 문화적 밑그림을 제공한다.

정승일의 「한국 경제의 산업화와 양극화」는 산업화의 성장 모델이 남긴 구조적 유산, 특히 불평등과 양극화 문제를 중심으로 논의를 전개한다. 고도성장의 성취가 생활세계에 '상향 이동'의 약속을 제공했던 시기와, 저성장·불평등이 일상화되며 그 약속이 균열을 보이기 시작한 시기를 대비시키면서, 경제 구조의 변화가 문화적 욕망과 정체성 정치에 어떤 압력을 가했는지를 설명한다. 이 장은 K-문화의 세계적 확산을 '산업 경쟁력'의 연장선에서만 파악하는 시각을 경계하며, 세계화의 빛과 그늘이 국내 사회구조와 어떻게 결합하는지 면밀히 살핀다.

김동춘의 「한국 민주화 운동의 성격과 의의」는 민주화 운동의 역사적 성격을 정리하고, 그 경험이 한국 사회의 제도와 시민성, 그리고 문화적 표현 공간을 어떻게 바꾸어 놓았는지 살핀다. 권위주의 체제 아래 억압되었던 공론장의 회복, 표현·결사의 자유가 확장되던 과정, 그리고 그 과정에서 '문화'가 단순한 향유의 대상이 아니라 민주주의를 학습하고 실천하는 장으로 기능했던 점을 강조한다. 이 장은 이후 K-문화가 국제적 확산을 이루는 데 필요한 '열린 사회'의 조건—비판 가능성, 다양성의 제도화—이 민주화의 성과와 맞닿아 있음을 보여준다.

김성조의 「민주화의 공간 속에서 K-문화의 싹을 틔운 1990년대」는 민주화 이후 열린 제도적·사회적 공간 속에서 1990년대 한국 문화가 어떤 방식으로 재편되었는지를 조망한다. 대중문화의 시장화·다변화, 검열 완화 이후의 표현 실험, 방송·영화·음악 산업의 체질 변화가 누적되며 '한류의 토양'이 만들어졌다는 점을 설득력 있게 제시한다. 이 장은 한류의 기원을 특정 사건이나 연도에 환원하기보다, 민주화가 열어 둔 공간에서 문화산업의 제도와 감각이 서서히 정렬되어 온 과정을 따라가며, K-문화 세계화의 구조적 기원을 해명한다.

김성조의 「한국 세계화의 정치사회적 수용과 다층성」은 '세계화'라는 거대한 표어가 한국 사회에서 어떻게 정치사회적으로 수용되고 재구성되었는지를 분석한다. 세계화가 시장 개방과 경쟁 담론으로만 작동한 것이 아니라, 국내의 제도·이념·사회 갈등과 맞물리며 다양한 층위에서 해석되었다는 시각을 통해 한류와 K-콘텐츠의 세계화가 '자연스러운 확산'으로만 보는 서사를 경계한다.

정보영의 「한국의 세계화와 K-문화: 문화 강국의 현재와 미래」는 세계화의 흐름 속에서 K-문화가 어떤 경로로 국제적 확산을 이루었는지, 그리고 그 확산이 '한국 사회 변화'의 산물로서 어떤 의미를 갖는지 짚는다. 국가 이미지와 소프트파워의 형성, 정책의 역할과 한계, 산업 성장 과정에서 드러나는 노동·권리·규범의 긴장을 함께 논의함으로써, '성공의 서사'를 넘어 지속 가능성의 조건을 묻는 관점을 제시한다. 이 장은 K-문화가 한국 사회에 제공한 자부심과 활력의 의미를 인정하면서도, 그 성취가 가시화한 구조적 과제를 동시에 정리하고 있다.

이원영의 「한국 사회 패러다임 전환과 K-문화의 세계화」는 플랫폼 전환을 한국 사회의 '패러다임 변화'라는 큰 틀에서 해석한다. OTT와 플랫폼 산업의 부상은 콘텐츠 유통 경로를 바꾸는 데 그치지 않고, 사람들이 정보를 만나고 의견을 주고받는 방식, 공감이 형성되는 경로, 나아가 문화의 가치가 평가되는 기준까지 재구성한다. 그는 이러한 변화가 K-문화의 확산을 가속하는 동시에, 알고리즘과 시장 논리가 담론을 선별·편향시킬 수 있다는 위험을 동반한다고 지적한다. 결국 이 글은 K-문화가 지속 가능한 생태계로 자리 잡기 위해 필요한 제도·윤리·정책의 재설계를 핵심 과제로 제시한다.

임지훈의 「한국 사회의 패러다임 변화와 문화 콘텐츠의 변화 양상」은 산업화·민주화·세계화라는 거시 변동이 문화콘텐츠의 형식과 서사, 유통 방식에 남긴 변화를 종합적으로 정리한다. 특히 플랫폼 환경에서 콘텐츠가 '작품'이면서 동시에 '데이터화된 서비스'로 재구성되는 과정, 팬덤과 참여문화가 의미 생산과 사회적 문화 확산의 핵심 행위자로 부상한 과정을 짚으며, 문화콘텐츠의 변화가 사회적 의사소통 방식의 변화와 맞물려 있음을 보여준다. 이 장은 K-문화의 세계화를 단지 수출과 흥행의 지표로만 읽지 않고, 미디어 생태계와 사회적 상호작용이 함께 재편되는 과정을 면밀히 짚고 있다.

이 책을 통해 독자는 K-문화의 세계화가 단지 문화상품의 수출 성공을 뜻하지 않는다는 점을 확인하게 될 것이다. K-문화는 산업화와 민주화가 남긴 기억과 감정의 층위 위에서 성장했고, 세계화와 플랫폼이 만들어낸 유통 구조를 타고 확산되었다. 그 과정에서 한국 사회 내부의 균열—불평등, 정치적 양극화, 노동·권리의 문제—이 새롭게 드러나기도 했다. 문화는 균열을 해석 가능하게 만들고, 서로 다른 삶의 경험을 접속시키며, 공존의 언어를 실험할 수 있는 장(場)의 기능이라 할 수 있다. 이 총서는 바로 그 가능성과 한계를 함께 짚어, '성공'의 환호를 넘어서 지속 가능한 문화의 조건을 묻고자 한다. 향후 과제는 크게 세 방향으로 정리할 수 있다.

첫째, OTT 시대의 담론 확산을 설명하는 분석 단위를 정교화하는 일이다. '작품-플랫폼-향유자'의 삼각 구도 안에서, 어떤 요소가 담론의 전환점을 만드는지—서사 구조, 캐릭터 윤리, 플랫폼 노출 구조, 팬덤의 번역·재유통 실천—를 분해해 설명할 필요가 있다. 둘째, 비교 연구의 확장이다. K-콘텐츠가 유통되는 지역과 문화권에 따라 동일한 서사가 각 사회의 가치·규범·정치적 맥락 속에서 다르게 해석되는 과정을 비교할 필요가 있다. 이를 통해 어떤 경우에는 공감과 지지가 형성되고, 어떤 경우에는 번역·홍보·플랫폼 운영을 둘러싼 오해와 논쟁이 발생하며, 또한 논쟁을 거치며 의미가 조정·재구성되는지를 구체적으로 설명할 수 있다. 결국 K-문화의 세계화는 '보편적으로 동일하게 소비되는 성공'이라기보다, 각 문화권의 해석 기준과 만나면서 의미가 달라지고 다시 만들어지는 상호작용의 과정으로 이해되어야 한다. 셋째, 정책·산업의 지속 가능성을 연구 성과와 더 밀접하게 연결해야 한다. 문화의 성취가 사회적 정당성을 유지하기 위해서는 노동·권리·공정 유통 제도의 구조적 토대 및 설계가 뒤따라야 하며, 이는 '성장'과 '윤리'가 서로를 배제하는 선택지가 아님을 보여주는 근거가 된다.

이 총서는 결론을 단정하기보다, 연구 질문과 쟁점을 더 정교하게 만들기 위해 묶였다. 책에서 던지는 질문들이 K-문화의 미래를 고민하는 모든 이들에게 의미 있는 화두가 되기를 바란다. 산업화의 기억과 민주화의 성취, 세계화의 조건과 플랫폼의 구조가 교차하는 지점에서 K-문화는 계속해서 새로운 얼굴로 갱신될 것이다. 미래문화융합연구센터는 그 갱신의 속도를 따라가되, 속도에 휩쓸리지 않고, 문화가 세계와 공존하는 방식—그리고 한국 사회의 변화와 쟁점을 더 정밀하게 탐구하는 방법—을 연구와 교육, 정책 제안과 사회적 공공 담론의 형태로 축적해 나가고자 한다. 앞으로도 K-문화가 지닌 담론의 힘에 주목하며, 그것이 우리 사회와 세계에 미치는 영향을 깊이 있게 탐구하는 연구를 꾸준히 이어갈 것이다. 특히 K-문화에 대한 수용과 공감의 수준은 전 세계 각 지역의 역사적 경험과 사회적 맥락에 따라 다르게 형성되는 만큼, 지역별 특성을 정밀하게 분석하고 그에 기반한 체계적 확산 전략을 마련하기 위한 후속 연구가 필요하다.

마지막으로, 이 총서의 발간을 위해 귀한 원고를 집필해주신 필자 여러분과 학술대회에 참여해 지혜를 모아주신 모든 분께 깊이 감사드린다. 독자 여러분이 이 책을 통해 K-문화의 세계화를 '환호'나 '비판' 중 하나로 단순화하지 않고, 한국 사회의 변화와 문화적 양상을 함께 짚어보며 더 넓은 시야로 사유의 지평을 확장할 수 있기를 바란다.

한양대학교 정치외교학과 교수
미래문화융합연구센터 센터장
김성수

차례

펴내는 말: 한국 사회의 변곡점과 K-문화 ___ 4

제1부 산업화

: 한국의 산업화와 K-문화

산업화 세대의 문화적 재현 ___ 19

정윤수

1. 들어가며: 어떤 대화 1 ······ 19
2. 산업화 세대: 자기 몸을 불태우며 죽어가는 사람들 ······ 21
3. 산업화 세대: 부르도자는 고독하다 ······ 26
4. 수동혁명과 산업화 세대 ······ 35
5. 〈국제시장〉과 〈범죄와의 전쟁〉 ······ 47
6. 나가며: 어떤 대화 2 ······ 51

한국 경제의 산업화와 양극화 ___ 58

정승일

1. 선진국으로 도약한 한국 자본주의 ······ 58
2. 한국은 어떻게 산업화에 성공하였는가? ······ 60
3. IMF 위기와 시장 자유화, 양극화 ······ 70
4. 21세기 자본주의: 한국과 미국, 유럽 ······ 84

제2부 민주화
: 한국의 민주화와 K-문화

한국 민주화 운동의 성격과 의의 91

김동춘

1. 머리말 ····· 93
2. 한국의 민주화 운동의 배경 ····· 96
3. 한국 민주화운동의 개념 ····· 101
4. 한국 민주화 전개과정과 민주화의 특징 ····· 106
5. 한국 민주화 운동의 주체 ····· 112
6. 한국 민주화의 한계 ····· 122
7. 맺음말 ····· 130

민주화의 공간 속에서 K-문화의 싹을 틔운 1990년대 135

김성일

1. 모든 현재의 시작, 1990년대 ····· 135
2. 1990년대는 어떤 시절인가? ····· 140
3. 문화환경의 변화와 K-문화 ····· 147
4. K-문화와 K-민주주의의 접속 ····· 167

제3부 세계화
: 한국의 세계화와 K-문화

한국 세계화의 정치사회적 수용과 다층성 181

: 'Segyehwa'에서 'K-culture'까지

김성조

1. 세계화의 개념과 등장 배경 ····· 181
2. 정치학에서 세계화 논의 ····· 183

3. 한국에서의 세계화 논의 ······ 191
4. 한국 정치의 과제와 세계화 이후의 길 ······ 202

한국의 세계화와 K-문화 ___ 211
: 문화 강국의 현재와 미래 정보영
1. 서론: 문화 강국의 꿈, 현재적 의미 ······ 211
2. K-문화의 역사적 궤적과 패러다임 전환 ······ 217
3. K-문화의 다층적 스펙트럼과 사회적 함의 ······ 227
4. 지속 가능한 K-문화를 위한 도전과 과제 ······ 239
5. 지속 가능한 K-문화를 향한 제언 ······ 247

제4부 총론
: 한국 사회의 패러다임 변화

한국 사회 패러다임 전환과 K-문화의 세계화 ___ 253
이원영
1. K-문화에 관한 몇 가지 질문 ······ 253
2. 사회 패러다임과 대중문화의 특성 ······ 257
3. 한국 사회 패러다임 전환 I
: 산업화 패러다임에서 민주화 패러다임으로 ······ 264
4. 한국 사회 패러다임 전환 II
: 자유화 패러다임과 그 대안으로서 지속 가능 발전의 모색 ······ 278
5. 한국 대중문화의 변화: 한류에서 K-문화로 ······ 288
6. 한국의 미래 전략과 K-문화 ······ 297

한국 사회의 패러다임 변화와 문화 콘텐츠의 변화 양상 ___ 307
임지훈

1. 서론 ······ 307
2. 산업화 시대의 문화 산업과 한류의 태동 ······ 309
3. 민주화 시대의 문화 콘텐츠와 대중문화의 변화 ······ 312
4. 자유화 시대의 문화 콘텐츠와 한류 1.0 ······ 316
5. 플랫폼 전환기의 문화 콘텐츠와 K-컬처의 시대 ······ 323
6. 결론 ······ 329

지은이 소개 ___ 335

제1부 산업화

: 한국의 산업화와 K-문화

산업화 세대의 문화적 재현

정윤수

1. 들어가며: 어떤 대화 1[1)]

......이제 그만하자. 더 이상 할 얘기가 없구나.

제발요, 거기는 가지 마세요. 지옥이에요.

지옥이라구, 그래 지옥이라구 치자. 그 지옥, 내가 가마. 내가 내 걸음으로 간다는데 무슨 참견이냐. 한평생 사는 게 지옥이었다. 살 날도 얼마 없는데 그 놈의 지옥이면 또 어떠냐. 나는 지옥으로 가겠다. 너는 너대로 천국에서 살아라.

왜 이러세요. 그런 얘기가 아니잖아요. 제 말씀 좀 들어보세요.

또 그러는구나. 매번 똑같구나. 내 얘기 한번 안 들어주더니 무슨 일만 있으면 얘기를 들어달라고 하는구나. 내가 말할 때는 뭐라 그랬느냐. 생각해 보거라. 우린 그냥 이렇게 살아왔고 그래서 살아가고 말겠다. 나는 뭐 귀가 없고 눈이 없느냐. 신문은 너 혼자 다 읽고 테레비도 너 혼자 본다더냐. 나도 다 읽을 줄 알고 다 볼 줄 안다.

이거 봐라, 유튜브도 다 본다.

유튜브 좀 그만 보세요.

내가 할 소리다. 가짜뉴스? 너가 보는 건 진짜뉴스고 내가 보는 건 가짜뉴스냐. 그래 좋아. 가짜뉴스, 그거 몰라서 내가 거길 나가는 줄 아느냐. 내가 세상물정 몰라서 그 먼 데를 전철타고 가서 그 추운 데 앉아서 소리치는 줄 아느냐. 내 보니 니들은 위로도 가르치고 아래로도 가르치고 뭐를 그렇게들 많이 알아서 다 가르치면서 사는 거냐. 그저께는 별이 좋아서 공원을 한참이나 앉아 있었다. 그렇게 앉아서 가만 보니 유튜브 틀어대고 7080 히트곡이라고 '토요일은 밤이 좋아' 틀어대면서 산책하는 사람들 비키라고 소리치고는 떼로 몰려서 자전거 타는 놈들이 다 너희들이더구나. 니들이 우리더러 염치없다 예의없다 가르치지만 글쎄다, 세상만사 제멋대로 사는 놈들은 이제 다 너희들이더구나.

그만하세요, 다 그런 건 아니에요.

옳지, 이제 바른말 하는구나. 너는 너대로 말하고 싶어서 제발 말씀 좀 하세요, 말 좀 해요, 그러지만 정작 말을 시작하고 나면 지옥이라는 둥 그만하라는 둥, 넌 언제 내 얘기를 끝까지 들어주기는 했느냐. 무식쟁이, 꼰대, 냄새나는 노인네. 그거뿐. 우린 남는 게 시간이다. 하루 걸러 한번은 꼭 사우나도 간다. 하도 냄새 난다고들 하니 씻고 또 씻는다. 나이 들어 그런 걸 어쩌란 말이냐. 내 어려서 가난해서 못 먹고 자랐지만 어렵사리 자리잡아서 원없이 일도 하고 정년도 하고 하여간 살아남았다. 세상물정 모르고 그리 바보처럼 그냥 살아왔겠느냐. 다 문리가 있고 셈이 있어서 아차 하면 죽어나가는 세월을 견뎌 여기까지 왔다. 그런데 너는 아예 바보로 아는구나. 일 년에 고작 서너 번, 무슨 날이라도 되면 갈빗집에 앉혀놓고는 일사분기

효도 한번에 털어서 하지 않았느냐. 내가 무슨 어릿광대냐, 여기 보세요 여기요, 웃으세요 쫌, 나는 싫다. 사람들 다 보는 데서 봉투는 또 왜 꺼내느냐. 그건 내가 만든 지옥이 아니고 너가 만든 천국이냐.

그만해요. 제발. 저도 힘들어요. 겨우겨우 살고 있어요. 뭐 신이 나서 허구헌날 거리에 나가고 시간 남아 돌아서 광장에 나가는 게 아니라구요. 대출 끼고 아등바등 산다구요.

너야말로 그만 해라. 이제 나도 지쳤다. 늙는다 싶으면 곧 죽었어야 했는데, 이러다 병원 신세나 지다가 또 몇 년을 요양원에 가서 산송장처럼 누워 있겠구나.

……아버지.

아, 너무 오래 살았구나.

2. 산업화 세대: 자기 몸을 불태우며 죽어가는 사람들

바로 그렇게 스스로를 오래 살았다고 생각하는 세대, 곧 산업화 세대가 서서히 자연사적 수명을 다해가고 있다. 방금 '가상의 대화'로 이 세대의 집합적 감성을 묘사해 보았거니와 조금은 정색하고 이제부터는 이 산업화 세대의 '죽음'에 대해 먼저 얘기하고자 한다.

'산업화 세대의 죽음'이란 정치적이거나 사회경제적인 역할을 뜻하는 게 아니라 누구도 거스를 수 없는 자연의 시간에 따라 실제로 소멸해가는 한 세대의 종말에 대한 사실적 표현이다. 주장하는 자에 따라 약간의 편차는 있지만, 대체로 '산업화 세대'는 '해방 전후에서 6.25한국 전쟁 전후'에 태어난 집합 인구를 지칭한다. 여기에 1955년에서 1974년까지 약 20년 동안 무려 2천만 명 가량 출생한 '베이비붐

세대'까지 넓게 보아 산업화 세대의 '막내'로 포함해야 한다는 주장도 있지만, 이 세대가 1980년대에 대학 또는 사회로 진입하고 1990년대 이후로 자신들에게 주어진 자신들의 사회적 삶을 살았다고 본다면, 산업화 세대는 범위를 좁혀 1960~70년대의 사회적 생애로 국한하는 것이 사회적 탐사의 시야를 밝게 해준다. 김원동은 "대부분 취업이나 대학진학 등을 계기로 1960~1970년대에 도시지역으로 이주해 와 학교나 사회생활에 첫발을 내디뎠던 세대"(김원동, 2010: 13)를 산업화 세대로 함축하는데 이렇게 좁혀서 본다면 해방 전후에서 한국 전쟁 전후에 태어난 산업화 세대는 대체로 80세 안팎의 나이로, 2025년 현재 실제로 '죽어가고' 있다.

죽음에도 역사가 있다면 그들은 기존 한국 사회의 오래된 장례 문화와는 전혀 다른 형태로 죽어가고 있다. 다름 아닌 '화장(火葬)'이다. 산업화 세대는 자신들의 부모 장례를 치를 때 정든 고향이나 적어도 수도권의 공동묘지에 정성껏 '매장(埋葬)'했다. 이 매장 풍습은 한반도 인류사에서 가장 오래된 장례 풍습이며 특히 유교적 장례 절차가 엄격했던 전근대 전통사회를 경과하면서 더욱 공고해져서 여유가 되는 사람들은 지관을 불러 묘자리를 살피는가 하면 '이촌향도'에 의하여 서울 등 대도시로 몰려든 산업화 세대의 형편이 넉넉지 않은 사람들도 공동묘지의 볕이 잘 드는 자리를 찾아서 정성껏 '묻었다'. 그랬는데, 그들은 지금 자기 몸을 불에 태우며 죽어가고 있다.

화장률의 증가

최근의 통계와 연구들은 이것이 집합적 사회 현상임을 증명하고 있다. 보건복지부의 〈2023년 화장 통계〉에 따르면 사망자 352,511명 중 화장자는 327,374명으로 무려 92.9%이다. 역순으로, 보건복지부의 연속된 조사를 보면 1994년 화장률이 20.5%였는데 그로부터 20년 뒤인 2013년 화장률은 무려 76.9%로 증가하였고 이것이 10년 정도 흐른 뒤인 2023년에는 90%를 상회한 것이다.

불과 한 세대만에 왜 화장률이 '열에 아홉' 이상으로 치솟은 것일까. 건양대 '웰다잉융합연구소'의 조사에 따르면 화장을 선호하는 이유로 관리의 편리, 국토의 효율적 이용, 환경보전, 묘지 구입 어려움, 저렴한 비용 등이 확인되는바, 특히 "현실적인 어려움에서 기인할 가능성이 크다"(송현동 외, 2021: 120)는 점이 주목된다.

그 현실적인 어려움이란 학력과 소득에 의한 현실의 형편 차이다. 해당 조사에 따르면 학력이 높고 소득이 높을수록 매장을 선호하는 것으로 나타나는데 달리 해석하면 저학력에 소득이 낮을 경우 대체로 화장을 선택하게 된다. 매장할 경우 당장 묘지 확보와 매장 절차의 수고로움과 경제적 비용이 발생하지만 보다 장기적으로는 '누가 과연 이 묘지를 찾아올 것인가' 하는 매장 이후의 '정서적 부담'이 발생한다. 이런 상황에서 저학력에 저소득의 노인의 경우 '경제적 부담'과 '정서적 부담'에 따라 화장을 '선택'하게 되는데, 이는 능동적이며 적극적인 선택이라기보다는 '불가피한 선택'에 가깝다.

어느 언론인의 감상적인 표현을 빌리건대 산업화 세대는 "1950년대, 10대부터 돈 버셨습니다. 1960년대, 20대에 동생들 건사했습니다. 1970년대, 30대로 자식들 챙겼습니다. 1980년대, 40대 돼서는 부모님 모셨습니다. 1990년대, 50대로 손주들 살폈습니다."[2)]는 감정의 연대기로 설명될 수 있다.

한평생 가족들을 위해 일했다는 자부심을 공유하는 한편 '희생'이라는 단어로 설명될 수 있는 회한과 설움이 산업화 세대의 집합 감정이라고 할 수 있다. 그랬는데, 위 칼럼의 후반부에 표현된 대로 "2000

년대, 환갑을 넘겼습니다. 그래도 어깨에 진 짐은 여전했습니다. 그리고 2023년입니다. 새로운 걱정거리가 생겼습니다. 이제 내 몸이 걱정입니다. 혹시나 자식들에 부담 줄까 봐 두렵습니다."[3] 하는 상황이 되었다. 자기 몸이 자식 세대 더 나아가 손주 세대에까지 부담이 되는 현실, 그것이 지금 산업화 세대가 공유하고 있는 집합적 감정이기도 하다. 그래서 화장을 선택하여 자기 몸에 불을 지르며 죽어간다.

물론 환경 요인도 있다. 마치 1970년대의 '산아제한 캠페인'처럼 1980년대에는 비좁은 국토가 온통 묘지로 변할 수도 있다는 사회적 캠페인이 급속히 전개 되어 매장 대신 화장에 대한 인식 변화가 있어왔다. 그러나 국토 면적을 걱정해서 화장을 선호한다는 해석은 오랜 장례 풍습의 급변 전체를 설명하는 데 제한적이다.

산업화 세대는 대체로 유년기를 농촌 공동체에서 성장하였다. 그들이 성장하던 무렵의 농촌 마을 공동체에서 장례는 온 마을 사람들이 함께 치르는 의례였다. 엄격한 절차 속에서 마을 사람들 모두가 애도의 뜻을 강하게 드러냈다. 곡소리가 끊이지 않아야 했으며 꼬마 아이들도 상여 앞에서 만장을 들고 죽음 의례에 참여했다. 공동체 성원 모두의 애도 및 의례 참여, 자식과 친지들의 비통함의 격렬한 표출, 따라서 혼자 고독하게 죽는 게 아니라 공동체 사이에서 혈연관계와 다를 바 없는 성원들이 지켜보는 가운데 떠나간다는 안도감, 자신이 나고 자란 고향의 뒷산에 묻혀 영면한다는 의식, 만약 그곳이 선영일 경우 앞서 간 조상님들의 발치 아래에 영원히 잠든다는 혈연적 의식 등이 존재했다.

그러나 오늘날 대도시의 아파트 군락지에서는 이같은 집합적 정서를 전혀 기대할 수 없다. 지금 죽음을 앞둔 노인 세대가 바로 그 변화의 물결에 따라 도시로 와서 외롭게 죽어가는 첫 세대가 된다.

죽음과 장례에 따른 자식들의 경제적 부담에 더하여 죽음 그 자체에 대한 역사적 변화의 한 단초를 보여준다. 몇 해 전만 해도 텔레비전 드라마에서 죽어가는 자는 가족을 향해 유언을 남기곤 했다. 그런데 요즘 드라마에서는 유언하는 장면이 거의 나오지 않는다. 실제로 꽤 많은 사람들이 유언을 남기지 못하고 죽어간다. 그들은 생명 연장 장치들을 몸에 부착한 채 중환자실에 누워 있고 가족들은 복도에 있거나 아니면 그마저도 급박한 생활 때문에 간병인에게 맡기기도 한다. 임종을 지키기는커녕, 안타깝게도 가족이 병원으로부터 부고를 듣는 일까지 발생한다.

따라서 인구 구성의 변화와 병원 주도의 장례 문화가 직접적인 요인이라고 할 수 있다. 거의 한 세대에 걸쳐 도시 공간의 제약과 가족 구성 형태의 변화에 따라 전문 장례식장에 질병과 죽음을 의탁하게 되었다. 전문적인 조력을 받아서 깔끔하게 장례 절차를 지내고자 하는 요인은 '상조 회사'라는 신종 산업의 급증으로 연결되었다.

산업화 세대는 전쟁과 분단, 가난과 독재라는 현대사의 압도적인 영향력 아래에서 집 한 채 장만하여 가족을 건사해내는 것이 유일무이한 목표였던 세대다. 더러 그것이 원만하게 이뤄진 경우도 있지만 후대의 삶 또한 살인적인 경쟁의 연속이고 한 때 그 자신이 고향을 등지고 서울로 올라왔을 때처럼 손자 세대 또한 살벌한 경쟁 도시의 한 구석에 힘겹게 하루하루를 견뎌내는 모습을 안타깝게 지켜보고 있다.

따라서 죽음에 이르는 절차는 물론이고 후대의 자식들이 성묘를 하고 벌초를 하는 수고로움까지도 화장이라는 '깨끗한' 방식으로 선결해버리고자 하는 마음은, 자신의 질병과 죽음이 가족들에게 큰 부담이 되는 것을 원치 않는, 이 살인적인 경쟁의 산업화 드라이브를

겨우 견뎌내고 이제 곧 영면에 들고자 하는 이들의 일반적인 바람이다. 이렇게 하여 산업화 세대는 20세기라는 냉혹한 시기를 견뎌낸 이후에도 편안한 노후를 보내지 못하고 자신의 죽음이 자식들에게 짐이 될 것을 염려하여 제 몸을 불태우며 죽어가는 첫 세대가 되었다. 이제 그들의 생애를, 당대의 문화적 재현물을 중심으로 살펴보자.

3. 산업화 세대: 부르도자는 고독하다4)

1960년에 개봉된 영화 〈하녀〉로 유명한 김기영 감독은 6.25한국전쟁이 끝나던 무렵 19분짜리 다큐멘터리 〈나는 트럭이다〉로 사실상 데뷔하였다. 해방 이후 모교인 서울의대를 거점으로 하는 연극단에서 활동하던 김기영은 전쟁 때 부산에서 피난생활을 하던 중 극작가 오영진의 추천으로 '대한뉴스' 제작부에 들어갔고 이때 만든 UN군의 서울 수복 뉴스 장면을 보고 〈주한미국공보원〉이 그를 '리버티뉴스' 제작진으로 스카우트했다. '리버티 뉴스'는 1952년 5월 19일에 1보를 제작 발표한 이래로 1967년까지 무려 721호까지 제작된 미국의 전형적인 프로파간다 매체다. 여기서 그는 '리버티뉴스' 및 그와 관련된 문예영화들을 만들었다. 〈사랑의 병실〉(제작년도 미상, 20분), 〈나는 트럭이다〉(1953, 18분), 〈수병의 일기〉(1955, 36분) 등이 그것이다.

세 작품 모두 전쟁 및 전쟁 직후의 폐허 상태를 극명하게 보여주는 동시에 그 무렵의 생존을 향한 처절한 감정을 짧게나마 선명하게 담고 있다. 〈사랑의 병실〉(20분)은 전쟁으로 어머니을 잃고 자신마저 한쪽 다리를 잃은 소년이 다정한 간호사와 UN의 도움으로 의족을 얻어 '다시 걸을 수 있게' 되는 이야기다. 그 무렵의 흔한 소재이면서도 동시에 '다시 걷게' 된다는 점에서 식민과 전쟁과 가난으로 이어지는 집합적 정념을 합축하여 보여준다. 〈수병의 일기〉는 17세인 주인공이 친구들과 함께 해군이 되기 위해 시험을 치르는 것으로 전개된다. 주인공은 신체검사를 거쳐 합격 판정을 받고 곧 혹독한 훈련을 이겨낸다. 그는 '조국의 씩씩한 수병'으로 거듭난다. 이 또한 전쟁 직후의 '재건'과 연관된다.

특히 인상깊은 것은 〈나는 트럭이다〉라는 작품이다. 앞의 두 작품이 최소한의 스토리를 갖고 있다면 이 작품은 한국전쟁의 필요에 의하여 공수된 미군의 GMC 트럭들이 여러 이유로 폐차 직전으로 몰렸는데 이를 한국의 기술자들이 분해하고 재조립하여 각종 건설 현장으로 출발하는 공정을 다큐멘터리로 다뤘다. '리버티뉴스'가 미국의 프로파간다 매체라는 점에서 이 다큐멘터리는 기본적으로 미국 원조의 타당성과 필요성을 선전하고 있는데, 그러나 동시에 폐허 위에서 '다시 일어서는' 한국의 사회경제적 상황이 흑백의 과감한 앵글에 포착되어 있다. 트럭을 의인화한 '나'가 "한국 재건의 길을 달리겠습니다. 여러분 나를 응원해주십시오." 같은 내레이션을 할

〈그림 1〉 김기영 감독 〈나는 트럭이다〉(1954년, 한국영상자료원)

때 그것은 미국의 도움이라는 측면과 더불어 다시 일어서는 한국이라는 의미를 강력하게 표현한다. 이를 김기영은 트럭을 의인화함은 물론 과감한 클로즈업이나 극단적인 카메라 트랙킹으로 포착하였다.

이 작품은 산업화 세대의 초기 감정 상태가 어떠한가를 잘 보여준다. 식민과 전쟁 그리고 가난으로 이어지는 폐허와 허무의 짙은 그림자 속에서 태어난 산업화 세대는 〈나는 트럭이다〉의 의인화된 트럭처럼 '다시 일어서고자' 하였고 그것이 이 세대의 사회적 생애 수십 년의 집합적 감정이 되었다. 이때, 다시 일어서겠다는 것은 비단 '조국'만이 아니라 저마다 어려운 여건에서 처절한 생존의 몸부림을 쳤던 산업화 세대, 각 사람의 감정이기도 하다.

아버지로서의 국가

이를 개념적으로 압축한다면 국가주의와 가족주의다. 산업화 시기에 국가주의가 힘차게 펄럭이는 깃발로 드러났다면 가족주의는 섬세하고 끈끈한 힘으로 나타났다. 이 두 가지 감정은 동전의 양면처럼 맞붙은 채 특정한 국면에 따라 번갈아 등장하기도 하고 한 몸으로 나타나기도 했다. 집 바깥으로 나서면 강력한 통치기구인 국가가 있었고 집 안으로 들어오면 엄격한 가부장제가 있었다.

우선 국가주의를 살펴보면, 산업화가 가장 강력한 엔진을 장착하고 맹진하던 박정희 시대의 경우, 크게 세 측면에서도 작동하였다. 정치적 국가주의, 경제적 국가주의, 대외적 국가주의[5]가 세 측면인바 각각은 장기 집권의 전개 과정에서 순차적으로 대두한 점이 있지만 각자가 서로를 의지하는 개념이자 국가 통치 이념으로서 상호작용을 거듭하며 산업화 시대 전반을 지배하였다. '산업화'라는 측면에서 '경제적 국가주의'를 살핀다 하더라도 "유신체제에 들어와 중화학공업화정책을 돌진적으로 추진하게 된 배경으로는 경공업 중심으로 발전한 경제구조의 한계를 타개할 필요성 외에도 1960년대 말부터 제기된 북한의 빈번한 무력 도발"(강정인, 2017: 13)에 대응하는 국가안보 차원까지 결합된 복합적 양상이 산업화 시기의 국가주의 성격이다.

박정희 시대의 일상적 구호였던 '일하면서 싸우자' 같은 구호가 이를 극명하게 보여준다. 그러니까 식민과 전쟁의 폐허에서 태어나고 성장한 산업화 세대애게 '잘 살아보세'라는 생존의 구호는 1968년에 창설된 향토 예비군의 구호 즉 '내 고장은 내가 지킨다', '일하면서 싸우고, 싸우면서 일한다'로 직결되는 생애였다. 비록 그것이 국가로부터 하달된 생활 수칙이라 하더라도 피동적으로 수용하든 능동적으로 내면화하든 권력의 차원에서 보면 동일한 문화적 현상, 즉 '일하면서 싸우는 국민의 탄생'이라는 국가의 목적이 실현된 것이었다.

〈그림 2〉 '싸우면서 건설하자'는 표어가 걸린 전투경찰대를 시찰하고 있는 김현옥 서울시장(1968년 5월 27일, 국가기록원)

박정희를 위시하여 5.16 군사 쿠테타 주역들이 한국 사회를 완전히 움켜쥐었던 시대에 산업화, 도시화, 개발화 또한 군 엘리트 장교들이 그 엔진을 추동하던 시대였다. 군 엘리트 장교에 의한 수도 서울의 대대적인 변화에 대하여 권영상은 "3명의 시장이 군 장교 출신으로 당시 중앙정부의 협력을 이끌어낼 수 있었지만, 개인적으로도 박정희 대통령과 관계가 있었기 때문에 행정절차에 따른 시정뿐만 아니라, 개인적인 충성심, 인맥 네트워크를 통한 정책 추진"(권영상, 2023: 47)했다고 썼다.

그 격렬한 변화 양상을 보면 우선 초기에 경인고속도로와 경부고속도로 착공, 여의도 제방 정비, 제3한강교(현 한남대교)와 마포대교의 착공, 청계고가도로 착공 및 남산터널 착공 등이 이뤄졌다. 이후 종로 세운상가 등 도심부와 화양동, 망우동, 도봉 지역 노후 주거지 재개발사업이 전개되었고 그 정점으로 여의도 마스터플랜과 영동지역(현 강남구 일대) 개발 사업이 추진되었다. 권영덕은 산업화 시대 초기 수도 서울의 대대적인 변화의 힘을 "시정 경험이 풍부한 김현옥시장의 탁월한 행정집행 능력과 박정희 대통령의 지대한 관심, 그리고 서울시 공무원들의 헌신적인 노력, 대한국토계획학회 소속 계획가들의 역할"(권영덕, 2021년 7월호)이라고 썼다.

그렇다면 '불도저 시장' 김현옥의 얘기를 직접 들어보자. 그는 1966년 4월 4일 서울시장 취임식에서 "우리 세대가 기어코 완수해야 할 조국의 근대화를 추진하는 기수적 역할을 여러분 자신이 다같이 담당하고, 아무리 어렵고 험난 고비가 있더라도 이 길을 헤치고 극복해 나아가야만 되겠다"고 말하였다. 이 취임사의 언어들이 당시 산업화 시기에 사회로 진출한 세대들에게 내면화된 공통의 감각이라고 할 수 있다.

확대된 국가로서의 가족

산업화 세대의 강력한 국가주의를 가능케 한 또 하나의 정념이 가족주의다. 국가가 위로부터 강력한 명령과 동원의 기제로 작동했다면 가족은 개인적 공간과 일상에서 작동하는 산업화의 또 다른 엔진이었다. 개인의 행위와 태도 결정에서 가족을 제일의 기준으로 삼는 것을 가족주의다.

이 건조한 설명을 좀 더 냉정한 현실에 대입해 보면, 전쟁과 가난으로 이어지는 산업화 시기 초기는 사회안전망이 극도로 부실한 상태였고 그 이후 경제 도약의 과정에서도 중산층 귀속 욕망이 전면화되면서, 산업화 세대는 개인의 생존과 생존 및 사회적 행위까지도 오직 가족 집단의 헌신과 희생 및 그에 대한 심리적 보상으로 유지되는 상황이 전개되었다. 이를테면, 어느 정도 공부 잘하는 장남이 있으면 그 부모들의 헌신과 희생은 물론 그 아래의 동생들까지도 공장생활을 하면서 한 사람이라도 어엿하게 살아가는 모습을 보고자 한 상태가 지속이었다.

피상적인 관찰로 보면, 이러한 성격의 가족주의는 전통 농업사회의 유습처럼 보이기도 하고 급격한 산업화에 따라 형성된 핵가족의 지나친 응집력처럼 보이기도 한다. 그러나 이는 사물의 표면을 스케이팅한 것에 불과하다. 한국전쟁 이후의 공포스러운 무사회(無社會) 상황에 따른 불안한 생존게임이 가족주의의 원인이었다. 사회가 완전히 파괴된 상태에서 유일하게 믿고 의지할 수 있는 공동체는 가족밖에 없었다.

전쟁 및 그 직후의 무사회 상태를 대체한 것이 박정희 군사정권이 되는데, 이때 국가는 확대된 가족이 된다. 독재자는 지엄한 아버지가 되었고 대통령 부인은 자애로운 어머니가 되었다. 그 시절의 잔영이 지금까지 일렁거릴 정도로, 막강한 국가주의와 섬세한 가족주의가 결합했다. 이때, 개인은 충용스러운 국민이자 말 잘 듣는 자식이어야 했으며 그때 비로소 최소한의 생존이 가능했다. 한국 사회에서 가족은 축소된 국가로 작동했으며 국민 동원 시스템을 통치 방식으로 삼았던 국가는 확대된 가족으로 기능했다. 이 과정에서 한 개인, 혹은 가족 구성원은 '국민'으로 호명됨으로써 최소한의 생존 근거와 일상 생활의 작동 규범을 익히게 된다.

이를 잘 보여주는 산업화 발달기의 영상물이 1967년부터 시작된 〈팔도강산〉 시리즈다. 1남 6녀를 둔 노부부가 전국으로 흩어져서 살아가고 있는 아들과 무엇보다 딸들의 초대를 받고 자식들을 방문하는 구성이다. 여섯 명의 딸을 설정한 것은, 그런 설정이어야 여섯 명의 사위가 전국 곳곳의 산업 현장에서 일하는 모습으로 연출될 수 있기 때문이다. 노부부는 이렇게 전국을 순회하면서 산업화로 급격히 변화하고 또한 '발전'하는 '팔도강산'을 관람하게 된다. 물론 산업화 세대의 관객들이 노부부의 행로를 따라 '팔도강산'을 돌아본다.

이 영화는 애초부터 국가의 기획 작품이었다. 1967년 국립영화제작소는 산업화의 성과를 선전하기 위한 계몽 영화로 제작하였다. 그런데 단순한 국정 홍보 영화가 아니라 당대 최고 인기의 배우들을 캐스팅하고 그야말로 전국 곳곳 '팔도 강산'을 로케이션함으로써 첫 작품뿐만 아니라 거의 모든 시리즈가 당시 흥행 1위를 기록했다. 첫 작품인 1967년의 〈팔도강산〉은 국도극장에서만 32만 5천여 명의 관객이 운집하였고 1968년에 제작된 〈속 팔도강산: 세계를 간다〉 역시 국도극장에서 21만 7천여 명의 관객이 관람하였다. 이는 당시 최고 흥행작인 〈미워도 다시 한 번〉에 이어 두 번째 흥행 스코어다. 1971년에는 〈내일의 팔도강산〉에 개봉되어 15만 9천여 명이 관람하였고 1974년에는 KBS 드라마 〈꽃피는 팔도강산〉으로 제작되어 무려 398회나 방송되었다.

〈그림 3〉 영화 〈팔도강산〉을 상 중인 1971년 1월 27일 국도극장 앞(국가기록원)

냉정하게 본다면 〈팔도강산〉 시리즈는 강력한 국가주의 문화통치의 우월한 성취로 보인다. 한영현이 분석했듯이 이 시리즈의 다중 주인공들, 그러니까 전국 팔도에서 일하는 주인공들은 "시멘트 공장과 정유 공장에서 혹은 가발 공장과 원양어선 등에서 국가의 경제 발전을 위해 성실하게 일하는 건전하고 명랑한 산업 역군들이다. 이들을 보고 있자면, 경제 발전에 기초한 풍요로운 복지 국가의 꿈은 금방 실현될 듯 하다. 그런데 산업 역군 중심의 이상적 가정을 추구함으로써 이 영화는 196년0대 노동 현실의 다양한 층위들에서 가장 멀리 떨어져"(한영현, 2018: 185) 나간다. 실제의 노동 그러니까 처참한 노동, 가족의 희생을 전제로 한 노동, 가혹한 조건에 시달리는 노동이 아니라 국가에 의하여 선정되고 편집된 '산업역군'의 노동으로만 재현된다.

한편, 그럼에도 이 '국책' 영화가 시리즈 개봉 때마다 흥행 1위를 고수했고 TV 드라마로 장기 방영되었으며 심지어 2005년에 황정순을 비롯하여 백일섭, 여운계, 전원주 등 그 시대의 스타들이 출연한 뮤지컬로도 재현(영화와 달리 시골이 사는 노부모가 도시에서 힘겹게 살아가는 자녀들의 만나서 위로하는 내용)된 바 있음을 고려한다면 단지 '국책 영화'에 동원된 관객이라고 판단하기는 어렵다. 한영현 역시 같은 글에서 영화 자체가 대중적으로 소구되는 당대의 감정을 언급한 바 있거니와 조관연에 따르면 "영화 안에 투영된 민족적 주체성과 인간개조, 근대화에 대한 비전과 욕망 그리고 이를 위해 극복해야 할 부정적 유산들에 대한 국민적인 동의"(조관연, 2009: 277)가 함께 작동하였기 때문이다.

물론 '국민적 동의'라는 표현은 그것의 상위 논점인 '동원된 근대화' 논쟁과 함께 조심스럽게 이해될 필요가 있지만, 두 논점이 최소한으로 근거하는 담론의 최소 요소, 즉 국가의 강압적인 발전주의 드라이브에 이른바 '국민' 또한 그것 외에는 자신들의 삶의 개선을 도모할 수 없다는 인식 속에서 그 대열에 한편 적극적으로 동참했다는 점을 승인한다면 〈팔도강산〉 시리즈의 흥행은 단순한 '동원된 국책 영화 관객' 이상의 적극적인 의미를 지니게 된다. 노명우가 "국가의 이데올로기를 홍보하는 선전영화가 관객의 자발적 '대중성' 획득을 통해 '대중영화'로 변형되는 매우 특이한"(노명우, 2015: 122) 사례라고 언급한 것은 이런 맥락에서 타당하다.

4. 수동혁명과 산업화 세대

그람시에 의해 정식화된 '수동혁명(passive revolution)'은 지배계급이 기존의 헤게모니를 유지 또는 강화해 나가는 과정에서 사회적 불만이나 민중적 저항을 미리 차단함은 물론 반드시 민중적 저항을 선제적으로 제압하기 위해서만이 아니라 그들 나름의 목적과 기획에 의해 기존의 정치,경제,사회, 문화에 과감한 전략적 행위를 구사하여 원래의 지배력을 강화하고 그 영향력을 가시적으로 행사하는 것을 뜻한다.

한마디로 기존의 지배계급이 국가 권력을 더욱 강력하게 재조직화 하는 일련의 행위를 칭하는 것인데, 여기에는 반드시 문화적 과정이 수반된다. 이 문화적 과정을 통하여 일반 대중에게 새로운 사회적 모델 또는 새로운 인간형을 제시하고 그것의 지속적인 내면화를 통하여 사회를 특정한 방향으로 추동시키는 것이다. 그람시는 "국가의 목표는 언제나 새롭고 더 높은 단계의 문명 유형을 낳고, 그 문명과 폭넓은 일반대중의 도덕을 경제적 생산 장치의 지속적인 발전이라는 요구에 적응시키며, 그리하여 물리적인 방식을 통해서라도 새로운 유형의 인간성을 만드는데 있다"[6]고 말한다.

이러한 국가의 의도는 일차적으로 강력한 물리적 통제와 동원으로 나타난다. 그러나 동시에 스포츠와 같은 문화적 측면을 전면적으로 활용한다. 국가는 사회 통제와 대중 동원이라는 분명한 정치적 목적을 위해 스포츠를 활용한다. 그람시는 "국가의 가장 중요한 기능 중의 하나가 거대한 인구대중을 특정의 문화적, 도덕적 수준(또는 형태), 다시 말하여 생산력 발전을 위한 요구, 따라서 지배계급의 이익에 부응할 수 있는 수준으로까지 끌어올리는 데 있는 것"[7]이라고 강조하였는데 가령 스포츠와 연관하여 보면, 일반적 차원에서 국가는 사회 질서를 유지하기 위한 가치체계나 정치이념의 촉진, 국민들의 사회적 통합, 타국에 대한 상징적 영향력 과시 등의 이유에서 의도적이고 적극적인 스포츠 정책을 구사한다.

산업화 세대와 88올림픽

익히 알려진대로, 근대 스포츠는 새로운 산업 구조에 필요한 인력의 양산과 그 인력의 신체와 정신을 특정한 방향으로 주조하였던 바 이는 고대의 주술적 제의나 중세의 풍속 단속이 함의하는 문화 정치적 기능을 압도적으로 능가하는 매우 계획되고 조직된 과정이었다. 근대 국가의 문화 정치적 통치는 특히 집단적인 참여와 격렬한 신체 활동을 기반으로 하는 스포츠 행위에서 여실히 드러난다. '국민, 영토, 주권'이라는 근대 국가의 3대 요소는, 스포츠를 비롯한 여러 문화 정치적 요소에 의해 '집단 정체성'의 강화를 가능케 하였다. 요컨대 근대 스포츠의 탄생과 근대 국가의 수립은 상당한 관계가 있는 것이다.

근대 스포츠는 처음부터 민족국가의 틀 안에서 조직되고 제도화되고 실천되었다. 19세기 말부터는 스포츠 행사에 국기와 국가 등 민족을 표상하는 상징들이 동원되었고 스포츠 행사는 민족정체성을 확인하는 기회가 되었다. 요컨대 스포츠의 문화 정치적 과정을 통해서 확인할 수 있는 의미는, 김덕영에 따르면 "근대적 자아의 결정적인 특징인 내적인 자아 통제 기제의 지속적이고 안정적인 기능은 국가에 의한 폭력의 독점을 통해 보장"[8]되는 과정이라고 할 수 있다.

그러니까 19세기 말 쿠베르탱 남작은 근대 올림픽을 창설했을 뿐만 아니라 그것을 바탕으로 한 근대적 국민국가의 스펙터클을 또한 창설했다고 볼 수 있다. 요컨대 근대 국가는 스포츠 등을 통한 문화 정치를 통해 대중의 신체적 통제와 감정의 순응을 기도하였다. 근대 국가는 이른바 '국민국가' 형성을 위한 기제로서 스포츠를 선택하여 그 행위의 교육적 측면, 교양적 요소, 정서 순응의 효과를 기도하였다.

이는 전후 제3세계에 출현한 이른바 '비정상 국가'에서 두드러지는데 독재 국가의 강력한 극우적 지향과 스포츠 국가주의가 결합하여 스포츠를 통한 '과민족화 프로젝트'가 세계 여러 곳에서 관철된 바 있다. 이 과민족화 프로젝트는 "정당성을 결여한 전체주의 국가, 또는 반근대적 독재 체제에 대해 대중이 감정적 애착을 갖도록 선동하는 감정의 정치"[9]라고 말할 수 있는데, 민족에 대한 감정적 애착에 과도한 정치 선전의 요소를 결합하여 이를 현 국가 권력 체제에 대한 애착으로 동일시시키려는 문화 정치를 뜻한다. 이것의 여실한 증명이 바로 88서울올림픽이라는 대규모 국가 프로젝트다.

산업화 세대의 문화적 정점인 88올림픽이 여실히 증명했듯이, 올림픽과 그 민족주의적 성격의 하이라이트인 개막식은 스포츠 메가 이벤트의 국가주의적 스펙터클 문화 정치의 일반적 속성을 갖고 있을 뿐만 아니라 문화적 파시즘의 성격 또한 갖고 있다. 로버트 팩스턴은 "공동체의 쇠퇴와 굴욕, 희생에 대한 강박적인 두려움과 이를 상쇄하는 일체감, 에너지, 순수성의 숭배를 두드러진 특징으로 하는 정치적 행동의 한 형태"[10]라고 규정한다. 이 정의 아래 그는 파시즘 통치 전략의 특성을 아홉 가지 요소로 구분하여 설명하는데, 그 중 스포츠 스펙터클과 직접적으로 관련 있는 것은 여덟 번 째 요소로 그것은 "집단의 성공에 바쳐지는 폭력의 아름다움과 의지의 위력을 찬미하는 태도"[11]이다.

이 요소의 문화적 장면화로 우리는 스포츠 메가이벤트의 각종 개막식을 떠올릴 수 있다. 마루야마 마사오는 국가주의 및 그 파괴적인 형태인 파시즘의 문화적 측면을 분석하면서 "내셔널리즘에서의 국민적 전통에 대한 주장은 국어, 습속, 예술 기타 민족문화의 보존과 신장의 요청으로 나타나며, 또한 자국의 역사에서의 외적 격퇴의 전통에 대한 강조, 나아가서는 자국의 위신이나 영광을 높인 과거의 지배자나 장군—이른바 민족적 영웅—의 현창으로 발현된다. (…중략…) 역사적으로는 보수 내지 반동세력이 내셔널리즘을 담당할 때, 그같은 경향이 강하게 나타나고 있다. 전통이 민족의 신화적 기원에까지 소급하는 경우(건국신화의 강조 등)는 특히 그러하며, 그럴 경우에는 사명 관념과 결부되어 울트라 내셔널리즘의 양성을 띠게 된다"12)고 분석했다.

산업화 세대의 국가 문화전략

산업화 세대는 그것을 88올림픽을 통해 집단적으로 실천하고 체험했다. 한편, 거슬러 살펴보면 군사정부의 '과민족화 프로젝트'는 이미 정권 초기부터 국가 전략으로 개시되었다. 5.16 군사 정부는 1965년 이후 한일국교 수교로 발생한 '정통성의 위기'를 '전통 강화 전략'으로 돌파하고자 했다. 1960년대 말, 정부가 주도한 '산업 발전 기록화' 그리고 이를 확대한 1974~75년의 '민족기록화' 전시가 그것이다. 김종필은 이러한 국책 선전화 작업에 막대한 지원을 아끼지 않았다. 여기서 '전통' 혹은 그것의 '현대화, 대중화, 세계화'가 강조된다. 5.16 군사 정부는 자신들이 주도하는 '한국적 민주주의'가 낡고 닳은 폐습과의 단절이며 새로운 근대화의 기치라고 강조하였고 이를 문화적으로 각인하기 위하여 전통 화단 대신 모더니즘 계열을 적극 선호하였다. 이 문화 전략이 1970년대의 '민족 기록화'로 이어진다.

이렇게 1960년대 후반에서 1970년대 초반에 박정희 정권은 "국가와 민족에 대한 감정적 애착과 정치적 소속감을 형성하여 체제 정상화(혹은 정치공동체의 복원)를 추진했다는 점에서, 내셔널리즘이 과잉되었던 시기"[13]였다. '민족중흥, 전통, 자기긍정적인 과거의 복원, 새로운 민족사에 적합한 인간형의 창조' 등이 시대적 과제였고 따라서 국난극복(현충사, 칠백의총, 낙성대, 유관순, 강화도 등), 민족문화 복원(경주, 추사고택 등) 그리고 충효사상(오죽헌) 등이 전개되었다.

반면 대중 문화에 대한 검열 등을 통해 확인되듯이 이러한 '긍정적 인간형 창조'에 어긋나는 문화예술은 금지와 탄압의 대상이었다. 이로써 '한국적'이란 곧 '세계적'이라는 문화 산업 담론으로 치닫게 된다. 즉 '긍정적인 인간형 창조에 부흥하는 민족 중흥의 전통 문화' 담론은, 음악은 물론 문화예술계의 전 분야에 걸쳐, (특히) 산업적으로나 (부분적으로) 미학적으로나, '한국적인 것이 세계적인 것이다'는 유일무이한 문장으로 굳어지면서, 수사적으로나 구호로나, 맥락적으로나 무맥락적으로나, 도처에서 흔히 쓰이게 된다.

이러한 국가 문화 전략의 정점이 88서울올림픽이다. 이 메가이벤트는 전두환 정권 초기에 기획 추진되어 유치권을 따냈고 노태우 정권 초기에 성대하게 막을 올린 것으로 알려져 있다. 그러나 이미 박정희 정권 후반기에 올림픽을 통한 전면적인 사회 개조의 기획이 있었다. '1978년 세계사격선수권 대회'를 유치한 박종규 경호실장은 박정희에게 '올림픽 유치'를 건의한다. 1970년 아시안 게임을 서울에서 개최하기로 했을 때 과도한 개최 비용을 우려하여 반납까지 했던 박정희는, 그러나 거의 '총통 선거'에 가까운 1978년 제9대 대통령 선거의 후유증을 수습함은 물론 1972년 유신 이후 진행된 사회 전반의 경직된 상황을 스스로 타개하기 위하여 올림픽 유치를 추진하게 된다. 물론 그것은 김재규의 시해 사건으로 일단 중지되는데, 이를 1980년 8월을 전후로 하여 확실하게 권력을 쥐게 된 전두환 정권에서 대대적으로 추진하게 된다.

1981년 5월 여의도 공원의 '국풍81', 1982년의 야간 통행금지 해제 및 프로야구 개막 등으로 이어지는 선제적인 문화 정치의 핵심으로 올림픽 유치가 떠오른 것이다. 유치에서 개최까지의 과정이 일차적으로는 '정권 안보' 차원에서 전개되었는데 이는 서울 유치에 큰 기여를 한 당시 정주영 대한체육회장 대신 1984년 10월에 돌연 노태우가 전면에 등장하는 것으로 알 수 있다. 1984년 정부가 펴낸 'LA 올림픽 홍보대책 추진현황 보고서'에도 '선수들을 신화적 존재로 영웅화 할 것', '정치 홍보 방안을 강구할 것', '체육 입국을 위한 각하의 영도력과 집념을 부각할 것' 등 올림픽이 정권 안보 및 그 연장에 일차적 목표가 있음을 알 수 있다.

이는, 앞서 그람시의 용어로 설명한 개발독재 국가 권력의 강력한 수동혁명의 추진 과정이라고 할 수 있다. 이러한 시기를 사회적 전성기로 살아낸 산업화 세대는 바로 이 수동혁명이 요구하는 인간형을 내면화하게 된다. '물리적인 방식을 통해서라도 새로운 유형의 인간성'을 제시하는 강력한 수동혁명에 의해 '일하면서 싸우는' 산업화 세대의 집합적 감성을 주조된 것이다.

88올림픽 개최 1년 전인 1987년에 〈한국개발연구원〉이 작성한 보고서를 보면 "올림픽과 민주주의는 시민의 자발적인 참여를 전제로 한다. 그리고 시민정신이 없이는 자발적 참여가 불가능하다. 이렇게 볼 때 서울올림픽은 급격한 사회변동의 와중에서 이기주의로 변질한 우리나라식 개인주의를 시민정신의 함양을 통해 서구식 개인주의로 환원시키는 데 크게 기여"[14]한다고 쓰여 있는 바, 이것이 산업화 세대의 이중과제였다.

그러나 이는 불가능한 작전이었다. 산업화 세대는 이미 국가주의와 가족주의로 고착된 내면세계를 더 이상 변화시킬 여유가 없었다. 이제 그들의 시대는 끝이 나고 1990년대 이후 건잡을 수 없는 새로운 시대, 즉 정치적 민주화와 문화적 다양성의 시대가 열렸다. 이는 산업화 세대가 공부한다고 획득할 수 없는 감각의 세계였으며 자연수명으로도 사회적 전성기를 넘기는 시기였다.

후반부에 서술하겠지만, 산업화 세대를 다룬 영화 〈범죄와의 전쟁: 나쁜 놈들의 전성시대〉나 〈국제시장〉의 시대적 배경이 대체로 1990년대를 고비로 하여 정지된 것 또한 이러한 사회적 연대기의 낙차가 발생하기 때문이다.

낭만적으로 재현되는 산업화 시대

그리하여, 그 후, 산업화 세대는 자신들의 생애를 강변하고 재현하고 합리화하고자 했다. 그것은 '낭만적 회고'의 정념으로 나타났다. 그들은 자신들의 거친 생애가 '국가를 위한 헌신'과 '가족을 위한 희생'으로 기억하고자 한다. 그러나 그것을 문화적으로 재현하는 결과물은 '낭만화' 방식이었다.

'낭만화(Romanticization)'는 유럽의 19세기에서 혁명과 반동의 정치적 격동 등을 거치면서 정리된 문화적 개념으로 구체적인 현실의 양상과 무관하게 감상적이며 비현실적인 동경 또는 그와 같은 문화적 재현이라고 할 수 있다. 개념어가 대체로 그렇듯이, 19세기 유럽의 정치적 격동 과정에서 발생한 '낭만화'는 다른 시공간으로 이동하게 되면 그 뜻이 변이되어 활용되는데, 대중문화로 예를 들면 영화나

TV 드라마의 로맨틱 코미디가 실제의 연애와 결혼 과정에서 발생하는 현실적인 고민이나 갈등을 사실적으로 재현하지 않고 애틋한 감정을 불러일으키는 환상적이며 부분적으로는 공상적인 재현으로 치중할 경우 '낭만화된 재현'이라고 말할 수 있다.

산업화와 관련해 보면, 실제로는 힘겨웠던 가난과 고된 노동을 '정겨운 고향'과 같은 방식으로 재현할 경우 '가난의 낭만화'라고 판단할 수 있다. '낭만화'는 '향수(Nostalgia)' 또는 '복고풍(Retro)'과 연결되면서 실제 지역문화 사업에서 실용적으로 활용되기도 한다. 안인기는 태백시 장성마을의 마을벽화를 분석하면서 "지자체나 당국의 입장은 전설 이야기나 물레방아, 풍차 제작 같은 가시적 효과를 분명하게 나타낼 수 있는 소재를 선택"(안인기, 2013: 92)하는 경향이 크다고 분석한 바 있고 이런 이유로 인하여 대체로 낭만화된 재현물의 "노스탤지어는 그 외관은 무해하고 순수하다 하더라도 사실은 윤리적 성찰의 가능성을 허물고 해체시키는 정치적 효과"(김홍중, 2008: 163)를 갖게 된다.

인천, 군산, 목포 등지의 산업화 박물관 그리고 무엇보다 보령, 문경, 태백 등의 석탄 박물관을 주목하여 보면, 그곳들의 전시 내용은 과거 산업화 활황기의 생활상 재현이 주를 이룬다. 구체적인 실물의 존재 여건에 따라 약간의 차이는 있지만, 기본적으로 일제 강점기 시대의 생활상은 관련 사진이나 당시 신문 보도를 통해 전시/설명하고 1960년대 이후의 생활상은 그 당시를 표증할 수 있는 실물 자료를 활용하고 있다. 노동 기계나 생활 도구를 실물로 전시/설명하고 있고 특히 탄광촌은 광부 사택을 중심으로 하여 선술집을 비롯하여 이발소, 구멍가게 등을 모형 전시물로 재현하고 있다.

당시의 생활 여건 자체가 시민적 문화생활의 섬세한 다양성이 전개된 시점 이전이었기 때문에 대략 1970년대를 전후의 시점으로 구현된 세 박물관의 실물(안전모, 랜턴, 작업복 등)과 모형(세간살이, 문구류, 선술집 내부)은 대동소이하다. 모형의 경우 모형물 전문 제작업체에 의하여 구성되고 재현되어 있어서 그 형상과 설명 또한 서로 다른 박물관의 것을 섞어 놓아도 무방할 정도로 엇비슷하다.

중요한 것은 그 실물과 모형의 선택·구성·재현·설명이 '낭만화' 양상을 고스란히 보여준다는 점이며 무엇보다 비노동 부문에 있어서는 특히 낭만적 재현이 두드러진다. '낭만화'된 재현 공간은 마을 풍경 전경, 당시의 '국민학교', 사택 마당, 사택 내부, 동네 이발소 그리고 빠짐없이 등장하는 술집이다. 이러한 공간의 재현은 거칠고 위험한 노동에도 불구하고 일상 생활은 '소박하면서도 정이 넘치는' 장면으로 재현되어 있다. 문헌 자료나 음성 자료도 당시의 생활상을 정겨운 마을이자 되돌아가고 싶은 시절로 기억하기도 한다.

특히 술집 재현물은 석탄박물관은 물론 당시의 노동 상황과 생활상을 어느 정도 재현한 공간이라면 어김없이 설치되어 있다. 보령, 문경, 태백의 공립박물관뿐만 아니라 철암이나 영월의 탄광지역 생활사 재현 공간에서도 쉽게 볼 수 있는 재현공간은 술집이다. 이는

〈그림 4〉 경북 문경 소재 석탄박물관 조형물

‘고된 노동을 마치고 소주 한 잔 막걸리 한사발을 마시며 시름을 풀고 정을 나누는’ 일상이었다는 점을 강조하고 있다.

이러한 재현이 당시의 복합적인 생활상의 갈등이나 고통을 기억에서 삭제하고 ‘좋았던 그 시절’로 납작하게 정리해버린다. 산업화 시기의 노동 현장은 그 노동 행위 자체가 힘겹고 위험했을 뿐만 아니라 노동 조건, 임금, 복지, 인간적 처우 등과 관련하여 수많은 갈등과 파업이 일어났다. 1980년 4월의 이른바 ‘사북 사건’(당시 참여했던 노동자 입장에서는 사건 자체의 국가 폭력적 측면을 강조하여 ‘사북항쟁’이라고 부른다)이 결정적으로 입증하듯이 탄광지역은 단지 고된 노동과 정겨운 일상이 있었던 것만은 아니다.

또한 노동과 고용의 관계 나아가 석탄산업 자체가 국가의 기간산업이었다는 점에 주목할 때 노동과 국가의 관계에서 발생하는 다양한 갈등뿐만 아니라 ‘소박하면서도 정이 넘치는’ 바로 그 일상 또한 실제로 그러했던가 하는 질문을 던질 수 있다. 열악한 주거 환경, 낙후한 생활 시설, 탄광 노동의 위험한 상태와 오랜 노동에 따른 진폐증 등의 질환, 오로지 자식 교육을 위해서 힘겨운 탄광 노동을 결행하였으나 막상 그 2세대들이 탄광지역에서 성장하면서 갖게 되는 도시문화와 교육에 대한 상대적 박탈감과 암담한 미래 등의 ‘일상’은 세 군데 ‘공립’박물관은 물론 여러 곳의 산업화 시기 생활상 재현 공간에는 담겨 있지 않거나 최소한으로 표현되는 정도다.

‘낭만화’된 재현은 두 가지 전시 효과를 유발한다. 그 하나는 앞서 언급했듯이 과거 한 때를 ‘소박하면서도 정겨웠던 시절’로 호명하는 것이며 다른 하나는 ‘이제 그런 시절은 다 지났다’고 선언하는 것이다. 김준이 분석하였듯이, 석탄산업뿐만 아니라 인천, 군산, 목포 등 산업문화 유산이 상대적으로 많은 지역의 문화적 재현물(구술, 조형,

공간 등)에 표현된 “기억들은 극복된 고통의 기억이며, 안전한 거리감이 확보된 과거이다. 그렇지 못한 기억과 과거, 즉 강력한 트라우마를 가진 기억과 과거는 억압되거나 화사하게(cozy, rosy) 윤색되어 재현되지 못”(김준, 2010: 96)한 것이다.

분석컨대, 이러한 ‘낭만화’는 건립 주체의 관점(각 지자체)에서 볼 때 과거 산업화 시기를 고난과 갈등으로 기억하기보다는 ‘정겨웠던 마을’로 재현함으로써 복잡한 양상들을 한편으로는 납작하게 눌러 버리면서 무엇보다 ‘박물관’의 다양한 활용 가치를 ‘지역관광 활성화’ 차원으로 축소하여 전개한 측면이 강했다고 볼 수 있다. 그리하여 그 세대는 자신들의 복잡하면서도 다양한 기억과 그에 합당한 재현 예술을 획득하지 못하고 오로지 ‘산업전사’로 호명되었으며 또한 그것을 거부하지 않는 세대가 되었다.

과거의 복잡한 생활 양상과 상당히 섬세하게 고려했어야 할 생활 조건을 지나치게 단순화하여 관광자원의 맥락에서 재현했다는 점에서 문제적이며 무엇보다 아직 그 시절을 겪었던 노동자와 그 가족들이 생존해 있고 수많은 증언과 자료들이 보여주듯이 아직 2세대에서

〈그림 5〉 강원도 사북면, 옛 동원탄좌 시설 벽화

3세대까지도 탄광 지역에서 성장하고 생활하고 있다는 점에서 그들의 과거와 오늘의 삶을 관광자원(심하게 표현한다면 구경거리)으로 삼는다는 점에서 '대상화'의 위험성까지 있다.

이 낭만적 재현의 다른 요인은 '가족의 위기'다. 산업화 세대가 그토록 '헌신'했던 국가는 그들의 노후를 제대로 보호하지 못하고 있으며 또한 그들이 그토록 '희생'했던 가족 또한 여러 사회적 요인에 따라 해체, 불안, 단절 등의 위기를 겪고 있다. 한 세대가 희생하면 그 다음 세대는 어느 정도 숨을 돌리고 또 그 아랫세대 그러니까 손자 세대는 여유있게 살 줄 알았는데, 지금 한국 사회는 전 세대에 걸쳐 고립과 불안이 전면화되고 있다.

1997년 IMF 외환위기 이후 가족의 위기와 더불어 세대간의 단절이 급속히 전개되면서 산업화 세대의 관점에서 볼 때 전생애에 걸친 '헌신'과 '희생'이 물거품이 되고 있는 중이다. 국가와 회사는 자신들의 위기를 개인에게 전가함으로써 '평생 가족'이라는 신화를 스스로 박살냈다. 그리하여 한국 사회는 "강도 높은 구조조정과 글로벌 경쟁의 압력으로 점차 삶의 토대가 악화되면서 가족 삶의 방식과 형태 또한 새로운 위기와 변화에 직면"(김혜영, 2016: 25)에 되었다. 산업화 세대까지는 엄연했던 '가족공동체'의 신화가 부서지면서, 바로 그 세대, 즉 산업화 세대는 자신들이 평생에 걸쳐 소원했던 '가족'이라는 울타리가 해체되는 모습을 지켜보면서 자기 몸에 불을 지르며(화장) 죽어가고 있는 중이다.

5. 〈국제시장〉과 〈범죄와의 전쟁〉

산업화 세대의 복합적인 감정, 한편으로 우람한 건설과 개발과 도전의 드라마였지만 동시에 수많은 사회적 문제의 가족 내부화 과정을 거치게 되는 시대의 찰과상을 양 측면에서 잘 보여는 재현물이 영화 〈범죄와의 전쟁: 나쁜 놈들의 전성시대〉(2012년)와 〈국제시장〉(2014년)이다. 특히 이 두 대중영화의 마지막 장면은 산업화 세대의 일그러진 두 감정을 분명하게 재현하고 있어서 주목할 만하다.

〈그림 6〉 영화 〈국제시장〉(왼쪽)과 〈범죄와의 전쟁〉(오른쪽) 마지막 장면

과거를 낭만화하는 문화적 재현은 비단 우리의 경우에 나타난 독특한 문화 현상이라기 보다는 전후 독일이나 프랑스 그리고 무엇보다 레이건 시대의 미국 대중문화 분야에서 이미 나타난 일이다. 박언영이 정확히 파악했다시피 미국의 경우 “일본을 비롯한 제3세계 국가들의 도전을 받으면서 미국의 위상이 약화되기 시작했다. 이러한 상황은 대중영화를 통해서 무의식적으로 예전의 미국의 위상을 갈망하게 만들며 노스탤지어 영화”(박언영, 2024: 127)가 양산되었다.

2012년에 개봉된 영화 〈범죄와의 전쟁: 나쁜 놈들 전성시대〉는, 기본적으로 범죄 느와르라는 장르 영화의 전형으로 개봉 당시 관객

470여 만 명의 흥행작이다. 이 영화의 시간적 배경은 1980년대 부산이다. 그러나 영화의 내적 흐름 속에서 비리 세관 공무원이었다가 조폭 세계로 뛰어드는 주인공의 전후 맥락을 보면 한국 현대사의 큰 흐름이 작동하고 있음을 알 수 있다. 조폭 범죄 집단의 음모와 배신이 교차하는 이 영화는 열혈 검사에 의해 파멸하는 것으로 끝이 나는데, 산업화 세대의 어떤 감정과 연관하여 중요한 엔딩 장면이 기다리고 있다.

조폭 세계에서 나름대로 수완을 발휘하여 빠져나온 주인공은 어느덧 노인이 되었다. 영화의 중반부에 밥상머리에서 영어 문제를 내면서 부지런히 공부하라고 야단쳤던 아들은 엔딩에 이르러 검사가 되었고 바로 영화의 엔딩은 손주의 돌잔치로 이어진다. 가족들은 서로 즐겁게 대화를 하고 사진을 찍기도 하는데 노인은 그저 건성으로 손주를 안아볼 뿐 피곤에 지친 모습이다. 그때, 환청처럼 누군가의 목소리가 들리는데 음모와 배신의 과정에서 구렁텅이로 내몰았던 또 다른 주인공의 "대부님"이라는 소리가 들려온다.

자신의 어두웠던 과거로부터 들려온 이 목소리는 분명한 환청이다. 왜냐하면 돌 잔치에 나란히 앉은 가족들은 그 목소리가 들리지 않는 듯 여전히 즐겁게 대화를 하고 있다. "대부님"이라는, 어두웠던 과거로부터 들려온 환청을 들은 노인은 그제야 눈을 부릅뜨고 화면을 정면으로 응시한다. 그렇게 무서운 얼굴로 화면을 응시하는, 그러니까 관객을 응시하는 노인의 얼굴을 클로즈업하면서 영화는 끝이 난다. 마치, 내가 그 시절을 그렇게 살아왔는데 이제와서 어쩔건데, 하는 듯한 표정이다. 오늘날 죽음의 문턱에 이른 수많은 산업화 세대의 마음 깊숙한 곳에 깔려 있는 집합적 감성의 일면으로 보인다. 저 자신의 생존과 가족의 생계를 위해 몸부림쳤던 산업화 세대의 거친 내면이 한순간 분노로 돌변할 듯한 노인의 강렬한 클로즈업으로 드러난다.

이보다 더 인상적인 엔딩이 〈국제시장〉이다. 2014년에 개봉한 영화 〈국제시장〉은, 당시 박근혜 정부와의 관련성에 의하여 우파 국책영화라는 비판이 있었으며 영화 내용 또한 그러한 측면이 충분히 있으나, 이를 우파 정부와 교섭 또는 영향에 의하여 제작된 국책영화라고 단순화하기에는 어려움이 있다. 사실이 그렇다 하더라도 1300만 명이라는 엄청난 관객 유입이라는 외적 현상 및 이 영화에 내재된 산업화 세대의 감정 양상은 국책영화라는 비판적 프레임과 무관하게 중요한 집합적 감정의 증거로 살펴볼 필요가 있다.

영화 〈국제시장〉은 6.25 한국전쟁 시기의 비극적 양상인 흥남 철수로부터 시작하여 파독 광부와 베트남 전쟁 및 산업화 과정을 거치는 1990년대까지를 시간적 배경으로 하고 있다. 그야말로 '격동의 현대사'를 온몸으로 겪는 주인공이 등장하는바, 주인공 덕수는 피난 때 어린 여동생을 잃어버리고 부산 국제시장에서 허드렛일을 하면서 성장한다. 그는 홀어머니와 동생들의 생계를 위해 온갖 궂은 일을 하다가 한국 현대사의 여정을 따라 광부가 되어 독일로 가고 병사가 되어 베트남으로 간다. 이 '스토리텔링'에 1300만 관객이 운집하였다는 것은, 국가주의 서사에도 불구하고, 자신들의 생애를 영화적으로 재현한 집단적 문화 체험 자체가 드물었던 산업화 세대의 감정 투사가 분명하다는 점을 말해준다.

중요한 것은 엔딩이다. 영화는 1990년대에서 멈춘다. 그 사이에 격렬한 노동운동이나 시대의 흐름이었던 민주화운동이 이 영화에서는 '생략'되었다는 점도 비판적인 논점이 되겠으나 특히 그 엔딩의 부조리를 주목해 볼 만하다.

영화 마지막의 시간적 장면은 설날이다. 온가족이 모였다. 화면은 거실과 노인 덕수의 방으로 분할된다. 거실에는 덕수를 제외한 온가족이 모여서 맛있는 음식에 손녀의 재롱으로 떠들썩하다. 한편, 거의 독거노인 신세와도 같은 덕수의 방은 초라하다.

〈그림 7〉 영화 〈국제시장〉의 마지막 장면

노인 덕수는 흥남부두에서 헤어진 아버지 사진을 보면서 독백을 한다. "아부지, 이만하면 내 잘 살았지예" 그리고는 통렬한 울음을 터트린다. 짐승처럼 울면서 그는 말한다. "근데 내 진짜 힘들었거든요." 울음을 그치지 못하고 노인 덕수를 비추던 카메라가 슬며시 뒤로 물러서면 화면은 정확이 분할되면서 홀로 울고 있는 산업화 세대의 노인과 즐겁게 노래 부르는 거실의 가족들로 대비된다. 어쩌면 지금쯤 팔순의 나이를 넘어가고 있는 수많은 산업화 세대가 이 영화의 마지막 장면처럼 홀로 죽음을 기다리고 있을지 모른다. 그래서, 그들의 말을 조금 더 들어보자.

6. 나가며: 어떤 대화 2

제발, 이제 그만 하세요. 저희도 힘들어요.

그런 소리 말아라. 네 사는 사정을 내가 왜 모르겠느냐. 그래도 그 무슨 노래냐, 사랑도 명예도 말이다. 그거 다 가진 것처럼 하지 않았느냐. 실제로는 그렇지도 않으면서 왜 그렇게들 어깨 위에 부도 명예도 권위도 다 가진 것처럼 행세하느냔 말이다. 내가 그저 한 세월 건사한 것처럼 너희도 그저 너희들의 시간을 살아내는 거, 그뿐 아니냐. 너희들이 앞세운 사람들 다 신세 좋고 명예에 돈에 그 무슨 세상 좋다는 가치까지 다 움켜쥔 사람들, 그 사람들이 너희들은 아니지 않느냐. 내가 세상물정을 모르겠느냐. 우리도 그랬고 너희도 그렇다.

신문에 나고 방송에 나는 사람들도 있지만, 그건 일부에요. 그리고 나이가 그렇게들 돼서 어디서든 그런 말 정도는 하는 것일 뿐이고요. 다 알아요. 금세 다 지나가요. 솔직히 다 힘들어요. 애들도 힘들구요. 전철타고 서울로는 매일 나가지만 두 번 다시 서울에 들어가서 살 수도 없는 형편들이에요. 베개 밑에 대출이자 깔아놓고 잔다구요. 그때 그 시절에 마이크 잡던 친구들은 그런대로 형편이 피었지만 그 말 듣고 아스팔트에 누워 있던 친구들은 아직도 박박 기고 있어요.

청승이다. 한 많은 피난살이 들려주랴. 월남전에 사우디 얘기 또 해볼까.

다들 한 세월 밑바닥 박박 기었어요. 그저 한 달 하루 살아낼 뿐이고 애들도 다들 힘들어요. 그래도 버티면서, 더 나은, 더 좋은, 그런 세상이 있으리라 믿고 그래서 그러는 거에요. 지옥이잖아요. 지옥을 애들한테 물려줄 수는 없잖아요.

그럼 나는?

.....아버지.

너희는 잘 나서 민주주의를 위해서 더 나은 그 뭐냐 너희들 잘 쓰는 말로, 그래 그 공동체 말이다. 그거 위해 광장에 나간다면 말이다, 나는? 나는 생각도 없이 이리로 뛰라면 이리로 뛰고 저리로 구르라면 또 거기 가서 얼굴을 처박으면서 살아온 줄 아니. 월남이니 새마을운동이니 뭐니 나도 성가셔서 입에 올리지 않겠다. 그 후로는 어쩌란 말이냐. 너를 유치장으로 만나러 갔을 때, 나중에 며칠 뒤에야 집에 와서 너는 말했다. 죄송하다고, 그렇지만 왜 경찰서에서 그렇게까지 했느냐고, 굴욕적이었다고. 그게 이날 입때껏 명치끝에 걸려있다. 나는 뭐 굽신거리기 좋아서 그랬겠느냐. 그때 그렇게 하지 않으면 어쩌란 말이냐.

제발 정직하게 한번이라도 마음 속 얘기를 해보세요. 그건 일차 저를 위한 것이었지만 그 방법말고는 뭘 달리 방법도 없던 시절이었잖아요. 그렇게 해야만 살아남았던 그 시절의 생존법이었잖아요. 애들을 위하고 자식을 위하고, 다 알아요. 그 말도 맞아요. 하지만 그렇게 살아야 살아남는다는 걸 잘 알고 딱 그렇게 행동했던 거 아닌가요. 그렇게 세월 맞춰서 살아왔잖아요. 그거 말고는 달리 수단도 없으니 그랬잖아요.

그래, 네가 또 맞는 말을 하는구나. 이왕 이렇게 되었으니, 늘 하던 소리 또 해보거라. 국가가 우리를 이렇게 만들었고 아예 우리 머릿속에 국가가 들어와 버렸다고. 너가 그 시절을 살아봐라. 집 앞에 나서면 국가다. 아니, 집구석에도 국가가 다 들어앉아 있었다. 너는 그랬지. 언제냐. 명절이다 해서 한번은 이 집에 와서 할 얘기도 없이 앉아 있다가 테레비에서 영화를 하길래 잠깐 본 거 말이다. 영화가 시작하자마다 내 눈에서 눈물이 났다. 시장통에서 컸고 신문팔이하고 베트남 갔다가 중동 갔다가 그렇게 살아온 세월, 그 영화 시작하는 순간부터 눈물이 났다. 그때 너는 뭐라고 했느냐. 국가가 해준 게 뭐 있냐, 국가주의다 극우 영화다, 그런 얘기 말이다. 나는 그때 애들도 있고 해서 마음 속 얘기 못 다하여 명치끝이 늘 아렸는데 이제야 말한다만, 내 정녕 그걸 모르겠느냐. 국가가 집구석에 마음속에 머릿속에 들어앉아 있던 세월인데 내 그걸 몰라서 그런 영화나 보면서 눈물을 흘렸겠느냐. 야속해서 그랬다. 억울해서 그랬다. 도대체 너는 그 영화의 어느 한구석만큼이라도 내 살아온 세월을 만져보기라도 했느냐. 이제와서 뭔 말이 많으냐.

아버지. 자식들을 위해서요? 그냥 그때의 생존법이었잖아요. 저도 이제 쉰이 넘었어요. 애들도 알바하면서 밤늦게 지쳐서 들어와요. 1호선 그거 타고 돌아와요. 1호선 아시잖아요. 왜 거기서 소리를 치고 그러는 거에요. 다들 힘들다구요. 제 머릿속에도 국가가 들어앉아 있어요. 이 놈의 국가는 그림자도 없어요. 내가 그림자 같다구요. 제가 국가의 망령이 된 거 같아요. 이건 아니잖아요. 제발 거기 나가지 마세요. 미치광이들이잖아요.

다 그런 건 아니다.

해괴한 소리들 하잖아요. 계엄에 내란이잖아요. 그만 나가세요.

다 걸러서 듣는다.

일이 이만 해서 그렇지 만약에 뭐라도 되었더라면 어떻게 되었겠어요. 이렇게 서로 얼굴보고 얘기하는 것도 천만다행이잖아요. 진짜 죽이고 죽는, 그런 세상이 될 뻔 했잖아요. 아버지가 거기 나가서, 나하고 우리 애들 쳐죽이라고 할 뻔했다구요.

......그나마 다행이긴 하다.

나가지 마세요. 평생 국가를 신주단지 모시듯 했지만 국가가 해준 게 뭐가 있어서 이러는 거에요. 아니, 실은 그런 생존법으로 살아낸 거 아닌가요. 스스로 국가의 그림자가 되고 망령이 되어 집에서 마을에서 심지어는 조기축구회에 전철 1호선에서 힘자랑을 하고 거친 소리 하면서 한평생 잘 살아왔잖아요. 그런데 왜 모진 세월 다 상처받은 것처럼 그러세요. 더는 거기에 나가지 마세요. 거긴 지옥이에요.

그럼, 어딜 가라는 거냐. 여기는 천국이라도 된다는 거냐. 그나마 한 가지 다행인 것은...... 우리가 먼저 죽는다는 거다. 누가 자연의 섭리를 이기겠느냐. 다행이라 생각해라. 우리가 먼저 간다. 나는 나대로 나의 국가를 끌어안고 지옥으로 가마. 너는 너대로 너의 국가를 끌어안고 살아라. 나 죽거든 화장이나 해다오.

......아버지.

미주

1) 이 대화는 산업화 세대인 고령의 아버지와 그 아들이 나누는 '가상 대화'로 이 글의 전체 논지를 선명히 하기 위해 서술하였다. 이 가상의 대화는 글의 마무리에 한번 더 반복되는 바 이로써 서론과 결론을 삼고자 한다.

2) 김종구, 「황혼의 산업화 세대, 그래도 깨를 턴다」, 경기일보, 2023년 11월 2일자.

3) 김종구, 위 칼럼.

4) 부제로 쓰인 '부르도자는 고독하다'는 1966년 3월부터 1970년 4월까지 서울시장을 지낸 김현옥이 1967년 5월에 창간한 종합교양지 『동서춘추』에 기고한 글의 제목이다. 김현옥은 세칭 '불도저 시장'으로 불리며 산업화 초기의 강력한 국가주의 건설 개발을 주도한 바 그의 이름으로 게재된 이 칼럼으로 제목이야말로 산업화 시대의 국가주의 개발 전략을 여실히 보여준다.

5) 박정희 시대 국가주의의 세 측면에 대해서는 강정인의 「박정희 시대의 국가주의: 국가주의의 세 차원」(『개념과 소통』 20, 2017)을 참조하라.

6) 안토니오 그람시, 『국가와 시민사회』(그람시의 옥중수고 1), 거름, 2005, 285쪽.

7) 안토니오 그람시, 위의 책, 305쪽.

8) 김덕영, 「문명화 과정의 사회학」, 『1999년 후기사회학대회 발표문 요약집』, 1999, 427쪽.

9) 유선영, 「과민족화 프로젝트와 호스티스 영화」, 공제욱 편, 『국가와 일상: 박정희 시대』, 한울, 2008, 334쪽.

10) 로버트 팩스턴, 손명희·최희영 역, 『파시즘』, 교양인, 2005, 487쪽.

11) 로버트 팩스턴, 위의 책, 489쪽.

12) 마루야마 마사오, 「내셔널리즘, 군국주의, 파시즘」, 김석근 역, 『현대정치의 사상과 행동』, 한길사, 2007, 331쪽.

13) 김원, 「'한국적인 것'의 전유를 둘러싼 경쟁」, 『사회와역사』 93, 한국사회사학회, 2012. 1970년대의 민족주의 담론 및 그것의 문화적 표현인 '한국적인 것'에 대한 상황과 논쟁에 대해서는 이 논문을 참조하라.

14) 서상목 외, 『서울올림픽의 국가발전적 의의』, 한국개발연구원, 1987, 70쪽.

참고문헌

강정인, 「박정희 시대의 국가주의: 국가주의의 세 차원」, 『개념과 소통』 20, 2017, 119~155쪽.

권영덕, 「서울시장 김현옥 시정기(市政期) 도시계획」, 『도시계획』 8(3), 2021, 한국도시계획가협회, 41~48쪽.

권영상, 「1960~1970년대 도시계획과정에서 군 장교출신 서울시장들의 역할」, 『건축』 67(1), 대한건축학회, 2023, 44~47쪽.

김덕영, 「문명화 과정의 사회학」, 『1999년 후기사회학대회 발표문 요약집』, 1999, 424~428쪽.

김원, 「'한국적인 것'의 전유를 둘러싼 경쟁」, 『사회와역사』 93, 한국사회사학회, 2012, 185~235쪽.

김원동, 「산업화세대의 특징에 대한 탐색」, 『지역사회학』 11(2), 지역사회학회, 2010, 5~29쪽.

김종구, 「황혼의 산업화 세대, 그래도 깨를 턴다」, 경기일보, 2023년 11월 2일자.

김준, 「다시 못 올 것에 대하여: 노동자 구술 증언 속의 '향수' 또는 '과거 낭만화'」, 『사회와역사』 85, 한국사회사학회, 2010, 83~124쪽.

김홍중, 「골목길 풍경과 노스탤지어」, 『경제와사회』 77, 한울엠플러스, 2008, 139~168쪽.

노명우, 「스펙터클로 재현되는 '조국근대화'와 영화 〈팔도강산〉 시리즈(1967~1971)의 대중성」, 『인문콘텐츠』 38, 인문콘텐츠학회, 2015, 105~130쪽.

로버트 팩스턴, 손명희·최희영 역, 『파시즘』, 교양인, 2005.

마루야마 마사오, 「내셔널리즘, 군국주의, 파시즘」, 김석근 역, 『현대정치의 사상과 행동』, 한길사, 2007.
보건복지부, 『2023년 화장 통계』, 2024.
서상목 외, 『서울올림픽의 국가발전적 의의』, 한국개발연구원, 1987.
송현동 외, 「한국인의 장례문화산업 인식과 개발 방안에 대한 융합 연구」, 『한국융합학회논문지』 12(7), 한국융합학회, 2021, 113~123쪽.
안토니오 그람시, 『국가와 시민사회』(그람시의 옥중수고 1), 거름, 2005.
유선영, 「과민족화 프로젝트와 호스티스 영화」, 공제욱 편, 『국가와 일상: 박정희 시대』, 한울, 2008.
조관연, 「극영화 '팔도강산'(1967) 속의 조국근대화 담론과 로컬리티」, 『인문콘텐츠』 14, 인문콘텐츠학회, 2009, 263~283쪽.
한영현, 「냉전과 근대화의 스펙터클한 유람 그리고 지워진 폭력의 민낯: 영화 '팔도강산' 시리즈를 중심으로」, 『현대영화연구』 14(4), 한양대학교 현대영화연구소, 2018, 169~198쪽.

한국 경제의 산업화와 양극화

정승일

1. 선진국으로 도약한 한국 자본주의

일본보다 잘사는 나라

1960년 우리나라의 1인당 국민소득은 79달러로 아프리카 가나의 그것과 비슷했고 아시아 필립핀의 그것에는 못미치는 훨씬 가난한 나라였다. 그러나 2024년 우리나라의 1인당 국민소득은 명목 소득 기준 3만 6천 624달러로 이는 일본의 3만 2천 859달러를 넘어선다. 더구나 실질적인 생활물가를 반영하는 구매력 평가(PPP) 소득 기준에서는 한일간 차이가 더욱 벌어지는데, 한국은 2023년에 이미 5만 572달러로 일본의 4만 5천 949달러를 상당히 앞질렀다.

이러한 양국간 1인당 평균 소득격차는 월급쟁이 즉 노동자들의 평균임금에서도 나타나는데 2022년 기준 한국의 10인 이상 기업(중소기업 포함)의 상용근로자 평균 월급이 약 4백만 원이지만 일본의 그것은 약 380만 원에 그쳤다. 그 20년 전인 2002년만 해도 한국인의 평균임금이 약 180만 원이고 일본은 385만 원으로 일본인들이 한국인의 2배 월급을 받았는데 요즘은 역전된 것이다. 더구나 대기업에서는 그 격차가 더욱 큰데 2022년 일본 대기업의 평균임금이 443만 4천 원이었다면 한국 대기업의 그것은 588만 4천 원이었다.

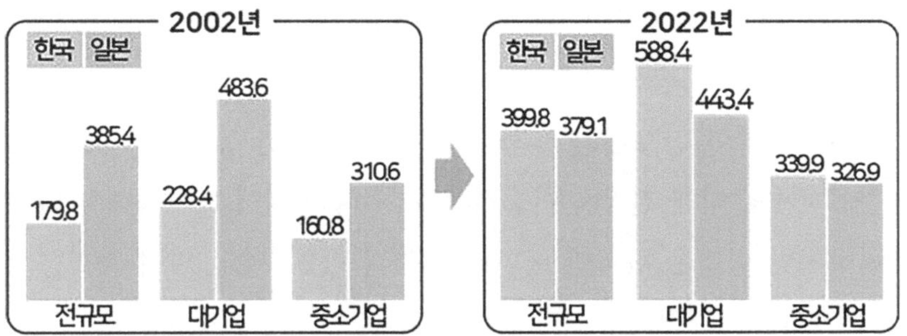

자료: 한국경영자총협회, 「한일 임금현황 추이 국제 비교와 시사점」(연합뉴스, 2024.3.17).

〈그림 1〉 2002, 2022년 한·일 기업(사업체) 규모별 월 임금수준 변화(원화 기준)

2024년 한국의 1인당 명목 국민소득은 세계 32위이지만 이것은 아시아에서 제일 높다. 물론 싱가포르(8만 8천 400달러) 같은 작은 도시국가와 산유국인 아랍 에밀리트(5만 2천 407달러)를 제외할 때 그러하다. 한국은행은 올해 3월, 인구 5천만 명 이상 주요 경제국들 중에서 한국은 미국, 독일, 영국, 프랑스, 이탈리아에 이어 6번째 순위를 기록했다고 발표했다.

선진국 수준의 기술력을 가진 산업

또한 2024년 세계지식재산기구(WIPO)는 2024년 글로벌 혁신지수(Global Innovation Index)에서 한국의 혁신역량을 종합 6위로 평가했다. 또한 한국의 제조업은 세계 정상급 수준으로 미국, 일본, 독일의 기술력을 바짝 추격하고 있다. 예컨대 한국은 DRam 반도체와 TV, 냉장고 등 가전제품, 그리고 조선업에서 기술력과 세계시장 점유율이 1, 2위를 다투고 있다. 또한 자동차 산업, 특히 전기차와 2차전지 분야 기술력 역시 세계 정상급으로 올라와 있다. 또한 K-9 자주포와 K-2 전차의 수출과 그리고 KF-21 전투기의 독자개발 성공 등에서 보듯이 국방 과학기술의 역량 역시 이미 서구 선진국 수준에 도달하였다. 물론 최근 들어 중국 제조업의 거센 추격과 나아가 추월 위협이 우리나라의 반도체와 IT전자, 자동차와 조선 등 수출 제조업과 산업 전체의 미래 전망을 어둡게 하고 있다는 점에도 주목해야 하는데 하지만 이것은 한국만 아니라 일본과 독일, 미국 역시 직면하고 있는 거대한 도전이다.

2. 한국은 어떻게 산업화에 성공하였는가?

중화학공업화와 개발독재

우리나라가 이렇게 선진국으로 도약하고 세계적 수준의 제조업과 기술력을 갖게 되는 결정적인 역사적 분기점은 1970~80년대의 중화학공업화였다. 여기서 중화학공업이란 철강, 조선, 기계, 석유화학, 전자, 자동차 산업 등 고부가가치 제조업을 의미한다. 1973년 1월 박정희 정부는 '중화학 공업 육성 정책'을 연두 기자회견에서 발표하고, 철강(포항제철: 오늘날 포스코), 조선(현대중공업, 대우조선 등), 자동차(현대차, 기아차, 대우차 등), 전자(삼성전자, LG전자 등), 기계(오늘날 두산중공업 등), 석유화학(오늘날 S-오일, GS칼텍스 등) 6대 전략 산업을 지정하였다. 그리고 이들 국가전략 산업에서의 공장설립, 설비투자,

기술투자에 대한 대규모의 금융지원(특혜적 저리 대출)과 세금 감면, 보조금 지급, 숙련인력 양성 지원 등등 종합적인 정부 지원을 추진하였다. 정부의 수출 드라이브 정책에 적극적으로 협조하고 함께 나서는 대기업들에 대해서는 이러한 특혜를 제공하면서, 반면에 그 정책에 협조하지 않는 대기업들에 대해서는 불이익을 주었다. 정부가 계획하고 지정한 미래산업 기획에 재벌그룹 대기업들을 끌어들이기 위해 한 손으로는 당근을 제공하면서 다른 한 손으로는 채찍을 휘두른 것이다. 그래서 그것을 '국가 주도 경제성장 모델'이라고 부르며 그것은 '경제개발 5개년 계획'이라고 하는 일종의 계획경제에 의해 담보되었다.

국가 주도 경제성장은 정치적 독재와 함께 진행되었다. 박정희 대통령은 중화학공업화 정책을 발표하기 불과 3달 전인 1972년 10월, 이른바 '10월 유신'을 발표하고 11월에는 이른바 '유신 헌법'을 국민투표로 통과시켰다. 정권에 대한 일체의 비판이 대통령 행정명령인 긴급조치로 불법화되고 야당의 정치 활동이 엄격히 제한되며, 대통령은 직선제가 아니라 장충체육관에서 열리는 '통일주체 국민회의(그 의원 1/3을 대통령이 임명)에 의해 선출되는 간선제로 바뀌었다. 사실상 영구집권을 가능케 하는 쿠데타였고, 그래서 후세 사람들은 그것을 '10월 유신 쿠데타'라 불렀다. 그런데 이러한 황제적 대통령이 수반인 국가가 주도하여 5개년 계획경제(경제개발 5개년 계획)로 이끌고 가는 중화학공업화가 경제개발로서 추진되었다는 점에서 사람들은 그것을 '개발독재'라 불렀다. 그리고 개발독재는 1980년대에 집권한 전두환, 노태우 군사독재 정권하에서도 대동소이하게 진행되었다.

1961년 5.16 군사쿠데타로 집권한 박정희 정부가 그 이듬해인

1962년 경제개발 5개년 계획을 시작한 이래 6차에 걸린 경제개발 5개년 계획이 30년간 시행되었다. 1962~72년 10년간의 1차와 2차 5개년 계획이 경공업(의류, 가발, 수산물 등) 위주였다면, 1973~82년 10년간의 제3차와 4차 5개년 계획은 앞서 말한 중화학공업 위주의 공업화가 추진되었다. 그리고 1983~92년 10년간의 제5차와 6차 5개년 계획에서는 1980년대 초중반 미국에서 레이건 대통령 정부와 영국에서 마가렛 댓처 수상 집권으로 본격 추진된 신자유주의 사조의 영향으로 부분적 민영화 등 시장경제적 요소가 추가되었다.

수출 드라이브 정책

30년간에 걸친 개발독재 국가 주도의 공업화는 국민들의 삶을 크게 변화시켰다. 예컨대 한적한 어촌 마을이던 경상남도 울산에 갑자기 국가산업단지가 조성되어 세계 최대 현대조선소와 그리고 대한석유공사, 호남정유(현 GS-칼텍스), 쌍용정유(현 S-오일) 공장들이 들어섰고 그 옆에는 현대자동차 공장이 세워졌다. 가난한 농촌을 떠나 일자리를 찾아 나선 청장년 남성 노동자들이 모여들고 이들이 가정을 이루니 울산 인구는 1962년 8만 5천 명에서 1979년 40만 명으로 급증했다. 이은상의 시 '내 고향 남쪽 바다'의 무대인 남해안 마산만에는 우리나라 최초의 외국기업 전용 공단인 마산수출자유공단이 1973년 완공되었고 1970년대에는 주로 일본계의 90여 개 업체가 최대 3만 명의 노동자(주로 여성)을 채용하여 단순 조립 방식의 전자(TV, 라디오 등), 금속, 정밀기기 제품을 생산하였다.

이와 비슷한 일이 서울의 구로공단, 인천의 남동공단, 부평공단 등지에서도 벌어졌다. 초등학교 중학교만 마치고 농촌의 고향 마을을 떠나 경남 마산과 서울 구로의 공장에서 밤늦게까지 일하고 공장기숙사에서 자면서 받은 쥐꼬리만한 월급을 아끼고 아껴서 고향집 부모님에게 빚 갚으라고 부쳐주고 또는 고등학교 대학교에 진학한 친오빠와 남동생의 학비로 부쳐주는 여공의 이야기는 이 시대의 일상이었다. 마산 공단에 몰려든 처녀들은 바로 인근에 새로 조성된 창원 기계공업단지에 모여든 총각들과 나중에 결혼하여 가정을 꾸리고 애를 키웠다. 비슷하게 서울에서는 구로공단(현재 서울디지탈산업단지)과 그 인근의 가리봉동에 모여든 처녀들이 인근의 신도림동과 영등포 당산동 등지의 기계–부품 공장에 모여든 총각들과 연애하고 결혼하는 시절이었다.

다양한 정부 특혜를 받은 재벌계 대기업들에게 정부는 수출을 늘리도록 압박을 가했으며 이러한 '수출 드라이브 정책'은 성과를 낳았다. 1971년 10억 달러를 달성한 수출은 1977년 100억 달러를 돌파했고 1988년엔 600억 달러를 넘어섰다. 1970년대 중반까지만 해도 가발과 옷 등 경공업 위주였던 수출 품목은 그 이후부터 전자(TV, 라디오)와 조선(유조선 등), 화학제품 등이 추가되었다. 1988년까지 수출 품목의 1위는 섬유–의류였는데, 김우중 회장이 이끌던 (주)대우, 즉 나중의 대우인터내셔널 같은 재벌그룹 종합무역상사들은 수출시장 개척에서 지대한 공헌을 하였다.

1970년대 말부터 중화학 제품 수출이 크게 늘면서 전자제품, 철강제품, 선박 등이 2, 3위 수출 품목으로 올라섰다. 1980년대 후반에는 현대차를 필두로 자동차가 제3위의 수출품이 되었다. 1990년대에는 섬유류를 제치고 전자전기 제품이 수출 비중 1위로 올라섰다. 이처럼 수출 상품이 20년만에 경공업 제품에서 중화학공업 제품으로 바뀐 것은 한국이 국가 주도 중화학공업화에 성공했음을 의미했다. 동시에 그것은 현대자동차와 삼성전자, LG전자 등으로 대표되는 재벌그룹들이 매출과 수익을 엄청나게 증가시키면서 국제적으로 부각되었음을 의미했다. 1983년의 5대 재벌그룹은 현대(매출액 7.7조 원), 삼성(6조 원), 럭키금성(6조 원), 대우(5조 원), 선경(4.8조 원: 현재의 SK) 순이었다. 10대 그룹은 여기에 쌍용, 국제상사(1985년에 해체됨), 한국화약(현재의 한화그룹), 효성, 한진 등 6~10대 재벌그룹이 추가되었다.

중화학공업화의 아킬레스건은 '달러 부족'과 '기술 부족'이었다. 왜냐하면 예컨대 삼성전자와 현대자동차가 공장을 지으려면 공장에 들어갈 기계설비가 필요한데 그것은 전량 일본과 독일 미국 등 선진국에서 달러를 지불하고 수입해야 했기 때문이다. 또한 자동차와 TV의 제조에 필요한 설계도면과 디자인, 특허(지식재산권) 역시 달러로 지불하고 수입해야 했다. 국내 제조가 아예 불가능한 고품질-고기술의 부품과 소재 역시 달러를 지불하고 수입해야 했다. 정부가 수출드라이브 정책을 전개한 이유 중 하나가 '달러 획득'이었다. 덤핑 수출로 기업 회계상 적자를 보더라도 이를 통해 수출대금이 달러로 획득될 수만 있다면 정부는 그것을 허용하고 더구나 격려했다. 예컨대 현대자동차는 1975년 국내 첫 고유 모델인 포니 승용차를 출시하였고 1976년부터 남미와 중동, 아프리카 등에 수출하였다. 그것은 일종의 덤핑 수출이었는데 왜냐하면 운전자의 생명을 좌우하며 더구나 제품 수명이 10년이 넘는 내구재인 자동차를 구입하는 소비자 입장에서 일종의 '듣보잡' 브랜드인 현대차를 사는 것은 미친 짓이었기 때문이다. 덤핑 수출은 적자를 의미했고 현대자동차는 그 적자를 보전할 방법을 정부에 요청했다. 왜냐하면 수출드라이브 정책을 밀어붙이는 정부가 그 적자를 책임져 주어야 했기 때문이다.

독과점 조장과 달러 부족

적자를 보전해주는 첫 번째 방법은 국내 시장 독과점이었다. 정부는 국내 자동차 시장을 보호하여 토요타, 폴크스바겐, 벤쯔 등 해외 업체 제품의 국내 시장 판매를 불허했다. 동시에 또한 정부가 인가한 몇 개의 자동차 회사들, 즉 현대차, 대우-GM, 기아차, 쌍용차 등 이외에는 자동차 회사의 설립을 아예 금지시켰다. 그리고 이들 자동차 업체가 수출가격보다 높은 국내 판매가를 책정해도 그것을 용인했다. 이들 업체가 암암리에 '가격 담합'에 나서도 그것을 적극적으로 단속하지 않았다. 가격 담합은 선진국에서 '카르텔' 행위라 불리며 '공정시장 교란' 행위로 엄중하게 처벌되는 범죄이다.

담합(카르텔)에 대한 단속은커녕, 아예 정부가 과점(oligopoly)을 넘어 독점(monopoly)을 조장하는 시기도 있었다. 1979년의 12.12 쿠데타와 그리고 1980년 5.18 광주학살을 감행하며 집권한 전두환 정권이 직면한 최대 난제는 제2차 오일쇼크였다. 전세계를 덮친 오일쇼크로 수출이 크게 줄었다. 더구나 기름값과 석유제품 가격이 올라가니 물가인상과 함께 국내 소비 역시 줄어들었다. 이것은 현대차와 삼성전자 등 대기업들에게 직격탄이 되었고 적자가 누적되어 부실화되었다. 부실기업 정리가 1981~82년의 화두였는데 문제는 그 해법이었다. 정부는 해법의 하나로 시장독점화 정책을 들고 나왔다. 자동차 산업의 예를 들면, 승용차의 생산과 판매는 현대차와 대우차에게만 허용하고 기아자동차는 승용차 생산을 중지해야 했다. 그 대신 승합차의 생산과 판매는 오직 기아자동차가 독점하고 현대차와 대우-GM는 승합차 사업을 접어야 했다. 기아차가 생산하는 '봉고'가 승합차의 대명사로 등장한 배경이다. 승용차의 경우에도 정부의 원래 의도는 현대차 독점이었는데, 하지만 대우자동차는 미국

GM과 50 : 50 합작한 회사이고 사실상 GM이 제공하는 공장설비와 설계도면, 그리고 수출시장에 의존하는 종속기업이었다. 세계 최강 대국인 미국 정부를 등에 업은 당시 세계 최대의 다국적 기업 GM을 한국 정부 마음대로 주무르는 것은 불가능했다. 그래서 승용차의 경우 어쩔 수 없이 2개 회사가 승용차 생산과 판매를 독점했다.

국내 시장 독과점은 높은 판매가격을 의미했다. 즉 그 당시의 국민들에게 품질 좋고 가격 좋아 가성비 높은 외국제 자동차는 그림의 떡에 불과했으며, 울며 겨자먹기로 품질 낮고 가격 높은 국산 자동차를 구매해야만 했다. 이는 전자제품의 경우에도 마찬가지였는데, 일본의 소니가 생산하는 가성비 높은 TV와 캠코더 등이 국내수입 금지됨에 따라 우리 국민들은 수입산보다 품질이 떨어지고 가격은 상대적으로 비싼 삼성과 LG(럭키금성)의 제품을 구매할 수밖에 없었다. 당시 유일하게 국제선을 운행하던 서울 김포공항으로 입국하는 미국 교포, 일본 교포들이 출입국 신고대에서 휴대한 미국산, 일본산 캠코더와 카메라 등을 등록하고 그 동일 제품을 출국시 반드시 다시 휴대한 사실을 입증하는 모습은 1962~92년의 30년간 경제개발 5개년 계획경제 시대의 일상적인 공항 풍경이었다.

또 다른 공항 풍경은 출국 승객들의 짐을 뒤져서 혹시 달러를 몰래 숨겨 나가는지 검사하는 일이었다. 혹시라도 치약 속에 달러를 숨긴 것이 발각되면 외환관리법 위반으로 기소되어 벌금형 또는 징역형에 처해질 수 있었다. TV뉴스는 종종 공항에서 출국하는 외국행 여행객이 달러를 몰래 숨겨 나가다가 발각되어 망신 당하고 처벌당했다는 소식을 보여주었다. 그만큼 달러는 국가가 집중적으로 관리하는 소중한 자산이었으며, 달러 부족에서 벗어나는 것은 범정부적 과제였다. 수출에 도움이 되는, 따라서 달러 획득에 도움이 되는 해외여행

즉 비즈니스 목적의 해외여행을 제외한 개인적 해외여행은 엄격히 제한되었으니 대다수 국민에게 해외여행은 딴 세상 이야기였다. 신혼여행을 제주도로 비행기 타고 갔다 오는 거조차 다들 부러워하던 시절이었다.

해외 건설 붐과 중동 근로자

1970~80년대에 지속된 일종의 덤핑 수출로 인해 현대차와 삼성전자 등에 발생한 회계상 적자의 누적을 보전하는 또 하나의 방법은 이 시기의 해외 건설 수주였다. 그 시작은 베트남 전쟁으로 파괴된 남베트남의 도로과 교량 등을 건설하기 위해 1960년대에 남베트남에 진출한 현대건설이었다. 그런데 훨씬 더 큰 시장이 1970년대에 아랍에서 열렸다. 1973년 말 아랍 산유국들의 주도로 국제 석유값이 졸지에 4배로 오른 제1차 오일쇼크로 떼돈을 번 중동국들은 아낌없이 석유 수출로 벌어들인 달러를 풀어 공사를 발주했다. 바레인, 쿠웨이트, 오만, 카타르, 아랍에미리트, 사우디아라비아, 이란과 이라크 등은 막대한 오일머니를 기반으로, 그간 부족했던 도로와 항만 같은 사회 인프라를 건설하는 계획을 수립했다. 1차 및 2차 오일쇼크로 수출은 줄어들고 수입액은 급증하여 무역수지 적자가 급증하자 한국 정부는 중동 진출에서 활로를 찾았다. 현대건설, 대우건설, 삼성물산 등 재벌계 건설회사들은 앞다투어 사우디와 이란, 이라크 등지의 도로공사와 항구 공사를 수주했다. 정부는 은행들이 중동 진출 건설사에게 지급 보증을 서도록 하여 적극 지원했다. 현대건설은 1976년에 사우디아라비아에서 콘크리트블록 안벽과 방파제, 대형유조선 정박시설이 포함된 대규모 항만을 짓는 공사를 따냈는데 수주액이 9억4천만 달러로 세계 최대 규모였다. 당시 우리 정부 1년

예산의 25%에 해당하는 금액이었다. 그 후 한국 건설회사들의 해외 건설 수주액은 꾸준히 증가해 1982년 한국은 미국(점유율 36.5%)에 이어 2위(11.2%)를 차지했다.

1976년부터 1981년에 걸친 중동 건설 수주액은 당시 한국이 수출 등으로 벌어들인 달러의 절반 가까이 달할 정도로 막대했다. 자동차와 TV 등 제조업 수출에서 발생하는 적자 누적을 중동 건설에서 발생한 흑자로 메꾸는 것이 상당 수준으로 가능했다. 제1차 오일쇼크와 2차 오일쇼크로 인해 발생한 제조업 수출 부진을 해외 건설 진출로 극복하였다고 해도 과언이 아니었다. 1975년 해외진출 한국인 노동자의 30%가 중동행이었는데 1980년에는 80%까지 증가했다. 해외에 취업한 건설 노동자는 1978년 8만 4천여 명이었고 1982년에는 17만 1천여 명으로 증가했다. 매년 해외 취업 건설 노동자 가운데 93~98%가 중동 건설 현장에 파견되었다. 그들은 1년 단위 계약하는 비정규직 노동자였는데 가난으로부터 탈출을 꿈꾸는 젊은 남성들이 중동 파견을 자원했다. 1975년 기준 중동 건설 현장에서 받는 임금이 국내 건설 현장보다 3.65배 높았다. 약 1년 사우디의 사막에서 고생하고 돌아오면 가게 차리고 빚을 갚으며 결혼자금 마련하는 것이 가능했다. 목수와 철근공, 용접공 등의 건설노무자 비정규직으로 일한 그들은 연차휴가도 퇴직금은 없었고 현지에서 온갖 험한 일과 욕설에 시달렸는데 하지만 단기간에 큰돈을 버는데 그만한 일자리가 없었다.

계열사 간 내부거래와 재벌그룹

재벌그룹들에 관행적이던 계열사 간 내부거래는 수출 제조업에서 발생한 적자를 해외 건설에서 발생한 흑자로 보전하는 것을 가능케

했다. 예컨대 현대건설은 중동 건설에서 막대한 순이익 흑자를 쌓았고 반면에 현대차는 자동차 덤핑 수출로 적자를 쌓고 있었는데, 현대차가 발주하는 공장건설과 기숙사 건설 등의 다양한 건설공사의 계약에서 현대건설은 시가(경쟁입차 가격)보다 낮은 수주 가격의 계약을 감수했다. 이것이 가능했던 이유는 현대건설과 현대자동차 모두 정주영 회장 등 재벌총수 패밀리의 지배하에 있었기 때문이다. 이와 대동소이한 일이 모든 재벌그룹 계열사 간에 발생했다. 우량 계열사가 부실 계열사를 돕는 것은 재벌그룹이 굳이 그룹 체제를 유지하는 중요 이유이기도 했다.

오늘날의 관점에서 보면 이러한 계열사 간 거래는 불공정의 전형이며 불법이다. 특히나 과거와 달리 소수 주주(소액주주)의 목소리가 높아진 오늘날 이러한 계열사 간 지원은 우량 계열사에게 손해를 발생시키고 주가를 떨어뜨리는 까닭에 그 회사의 경영진과 대주주—오너는 소수 주주—투자자들의 항의와 소송을 각오해야 한다.

그러나 과거 1960~80년대만 해도 소수 주주—투자자들에게는 항의하고 소송할 법적 권리가 없었으며 이는 1990년대 중반까지 마찬가지였다. 1970년대 초반 중화학공업화를 시작하면서 박정희 정부는 재벌그룹들이 정부 정책에 호응하여 자동차, 전자, 철강, 조선 등에 새로운 계열사, 자회사를 설립할 것을 촉구하였는데 이는 불가피하게 신규 계열사와 기존 계열사에서 주식의 신규 발행(유상—무상 증자)을 요구하였다. 그런데 그것은 불가피하게 재벌그룹 오너 일가가 보유한 '경영권 주식 지분의 희석화'를 동반하였으니 재벌총수 등 대기업 오너들은 혹시나 정부 정책에 협력하다가 자신들의 지배권(경영권)을 잃을까 걱정하였다. 이에 박정희 정부는 1976년 증권거래법을 개정하여 일반주주 즉 소수 주주—투자자들은 아예 특정 상장사 주식의 10% 이상을 보유하지 못하도록 제한하였다. 게다가 재벌그룹 계열사 간의 상호출자는 1960년대부터 이미 권장하는 상태였다. 그래야만 현대그룹의 주력기업인 현대건설이 주요주주인 현대자동차가 설립되고 삼성그룹의 주력기업인 제일모직이 주요주주인 삼성전자를 설립하는 것이 가능했기 때문이다. 주주총회에서 소수 주주-투자자들이 오늘날 제한적이지만 누리는 사외이사 선출권과 주주제안권, 회계장부열람권 등은 아예 존재하지 않던 시대였다.

이는 역으로 말해서, 만약 1970~80년대에 오늘날과 같은 소액주주운동과 소수 주주권 보호가 존재했다면 당시의 재벌그룹들이 정부의 중화학공업화에 협력할 수 없었을 것이고 따라서 오늘날의 삼성전자와 현대자동차, LG전자 등의 글로벌 대기업들은 아예 탄생-성장할 수 없었음을 의미한다.

3. IMF 위기와 시장 자유화, 양극화

대공황급 경제위기와 구조개혁

이 모든 것이 드라마틱하게 변한 역사적 변곡점이 1997년 말에 발생한 IMF 금융위기였다. 그 금융위기는 한국만 아니라 태국, 말레이시아, 필립핀, 인도네시아에서도 동시에 발생한 대규모 통화-금융위기였으며 더구나 1930년대 세계 대공황 이후 가장 큰 금융위기였다. 이를 달리 말하자면, 대한민국 국민은 1997~98년에 1930년대 대공황 수준의 엄청난 시련을 온 국민이 경험한 셈이다. 그리고 그 대공황급 경제 위기에서 벗어나는 과정에서 한국 경제와 한국 사회는 엄청난 변화를 거쳤다.

그 엄청난 위기의 원인과 그리고 위기에서 벗어나는 방향과 전략을 둘러싸고 의견이 크게 갈렸다. 일각에서는 김영삼 정부가 집권하자마자 내건 '세계화—대외개방'과 '자유화', 그 일환인 경제개발 5개년 계획경제의 폐기를 위기의 원인으로 지목했다. 특히 1996년 OECD 가입의 조건이었던 금융시장 개방으로 대외부채, 그중에서도 단기부채가 급격하게 증가한 점을 위기의 원인으로 지목했다. 30년간의 군부독재를 끝내고 출범한 '문민정부'가 너무 성급하게 '개발독재 경제시스템'을 폐기하려 하였기 때문에 발생한 위기라는 설명이다. 그러나 훨씬 목소리가 큰 의견은 '위기의 원인은 박정희식 개발독재이고 구체적으로 재벌들의 과잉투자와 은행들에 대한 관치금융'이므로 따라서 '그러한 구조를 근본적으로 개혁하는 방향'으로 재벌개혁과 금융개혁이 필요하다는 주장이었다. 그 주장에 따르면 과도한 '관치경제' 역시 위기의 구조적 원인이므로 그것을 제거하려면 '공공부문 개혁'이 필요하며 또한 또 다른 위기 원인인 '고비용 저효율'의 대명사인 '경직된 노동시장'을 개혁하는 '노동시장 유연화' 역시 필요하다고 하였다. 해외 채권자들을 대변하는 IMF 역시 똑같은 의견이었다. 1998년 2월 출범한 김대중 정부는 그 주장을 채택하였고 IMF와 협력하여 이른바 '4대 개혁' 즉 재벌개혁, 금융개혁, 공공부문 개혁, 노동 개혁에 나섰다.

그 4개 개혁을 아우르는 일관된 정신은 '시장 논리'였으며 시장 논리로 무장한 신고전파 주류 경제학자들의 입장과 관점이 관철되었다. 재벌개혁(기업지배구조 개혁) 및 금융개혁의 방향과 논리는 '시장 즉 주식시장(자본시장) 및 금융시장은 언제나 옳다'(효율적 시장 가설)는 테제였다. 시카고학파 경제학자들이 주창한 '효율적 시장 가설'이 '진보적 구조 개혁'의 이름으로 한국 경제의 핵심인 '자본'

즉 기업 부문과 금융 부문을 근본적으로 변화시켰다. 시카고학파 경제학과 긴밀하게 결합된 신고전파 경제학의 관점 즉 '시장주의'는 또한 공기업 민영화와 영리화 등 공공부문 개혁과 그리고 비정규직 –파견직 허용 등 노동개혁에서도 관철되었다.

이 모든 것이 '글로벌 스탠다드'로 찬양된 당시의 영미 자본주의를 모델로 진행되었다. 그런데 1990년대 말 당시의 영미 자본주의란 다름 아니라 레이건 대통령과 댓처 수상이 만들어낸 '새로운 자유주의'(신자유주의: Neo-liberalism) 또는 '새로운 보수주의'(뉴라이트: New Right)가 지배하는 자본주의를 의미했다. 그 이전까지 미국과 영국을 지배했던 뉴딜 자유주의(New Deal Liberalism)를 파괴하며 등장한, 그리고 또한 처칠 수상과 아이젠아워 대통령, 드골 대통령, 그리고 경제학자 케인스마저 찬성했던 부자증세와 복지국가, 강력한 금융규제와 증권시장 규제 등을 해체하면서 등장한 신자유주의적 미국–영국 자본주의가 한국의 민주화 정부에서 '진보적 구조 개혁'의 바람직한 모델로 수용된 것이다. 역사의 아이러니이다.

워싱턴 컨센서스 우등생

'내가 꿔준 돈 당장 내놔라'고 아우성치는 해외 채권자들의 요구에 부응하는 데 실패하여 발생한 것이 1997년 말의 국가부도 사태 즉 IMF 위기였다. 그 직전까지 한국의 재벌그룹 계열사들과 은행, 종금사 등이 해외 채권자들로부터 꾼 돈(달러)가 1천억 달러가 넘었었다. 그 중에서 절반이 넘는 돈이 단기 자금이었다. 그런데 그 달러의 대부분은 현금이 아니라 이미 공장설비로 들어가 있었다. 예컨대 1995년 신규 신설된 삼성그룹의 삼성자동차 부산 공장에 들어갔고, 그리고 대우그룹 김우중 회장이 (주)대우를 앞세워 우즈베키스탄과

폴란드에서 소비에트 연방 해체 이후 민영화된 현지의 공장과 농장을 인수하는데 들어갔다. 당장 달러 현금을 내놓으라는 해외 채권자들의 요구 자체가 비상식적인 행위였다. 더구나 한두 명도 아니고 대부분 해외 채권자들이 동시에 그렇게 아우성치니, 한마디로 6백억 달러가 넘는 달러가 당장 필요했는데 한국은행과 은행, 재벌그룹에는 그 돈이 없었다. 국가부도 위기에 직면한 것이다.

해외 채권자를 대변하는 IMF가 한국 경제를 공식적으로 신탁 통치하는 협정에 어쩔 수 없이 김대중 정부는 서명했다. 미국 정부(클린턴 정부)를 등에 업은 IMF는 이른바 '워싱턴 컨센서스'의 정신으로 한국 경제의 시장개혁 즉 구조개혁을 진두지휘했다. 소련 붕괴 이후 워싱턴에 소재한 미국 행정부와 IMF, 세계은행 사이에는 동유럽의 체제이행국과 아시아와 남미의 개발도상국들에 대해 영미식 시장경제를 이식시키자는 합의가 이뤄졌다. 미국의 정치 경제학자 존 윌리엄슨은 1989년 자신의 글에서 이를 'Washington consensus'라고 불렀다. 그 내용은 사유재산권 보호, 정부 규제 완화-축소, 공기업 및 국가 기간산업 민영화, 외국자본에 대한 제한-규제 철폐, 무역 자유화와 시장 개방, 고정환율 제도의 폐기, 자본시장 및 금융-은행의 시장 자유화, 관세 인하와 과세 영역 확대, 정부예산 삭감, 경제 효율화(시장화) 등이다. 이런 내용의 워싱턴 컨센서스를 구현하는 4대 구조 개혁이 대체로 완료된 2002년 IMF는 한국을 '워싱턴 컨센서스의 방향으로 성공적으로 개혁된 세계적인 우등생'이라고 평가했다.

빈부격차가 벌어지는 양극화

2016년 3월에 발표된 IMF의 〈아시아의 불평등 분석〉 보고서에 따르면 우리나라에서 잘사는 소득 상위 10%가 평균적인 서민 가정에 비해 4.5배나 많은 소득을 올려 아시아에서 싱가포르를 제외하고 가장 불평등한 나라이다. 그 보고서를 보면 한국은 1990년대 중반까지만 해도 상대적으로 평등한 나라였다. 1995년만 해도 한국의 소득 상위 10%는 평균 가정에 비해 약 3배의 소득을 올렸기 때문이다. 그런데 2010년 이후에는 4.5배로 늘어난 것이다. 그 보고서는 1970~80년대까지만 하더라도 한국은 대만과 함께 빠른 경제성장과 공정한 분배라는 두 마리 새를 동시에 잡은 드문 경우였다고 칭찬한다. 그런데 그 시기는 바로 박정희와 전두환, 노태우 등 군인 출신 대통령이 집권했던 이른바 개발독재의 시기이다. 개발독재 시기에 상대적으로 빈부격차가 덜했으며 오히려 민주 정부가 집권한 1990년대 중후반부터 빈부격차가 심해졌다는 점은 다른 모든 통계에서도 명확하게 나타난다. 물론 빈부격차가 심화되는 것은 민주 정부 치하에서만 아니라 1998년 이후 일관된 흐름이었으니 그것은 이명박 정부(2008~12년)과 박근혜 정부(2012~16년) 치하에서도 마찬가지였다.

빈부격차 심화에 가장 크게 기여한 것이 비정규직-파견직의 양산이었으니 그것은 '노동시장 유연화'를 주된 내용으로 하는 노동시장 구조개혁의 직접적 결과였다.

국세청 통계에 기초한 연구를 보면, 1960~90년대 초반에 이르는 30여 년간의 개발독재 및 고도성장기에는 임금소득의 불평등이 지금보다 심하지 않았으며, 다소 기복은 있지만 불평등 수준이 낮게 유지되었다. 〈그림 2〉에서 보듯이, 1960년대에서 1990년대 중반에 이르는 30여 년간 모든 근로자들의 실질임금이 계속 상승했다. 월급이 많은 상위 10% 근로자들이라고 해서 특별히 임금 상승률이 높지 않았으며, 월급이 가장 적은 하위 10%의 월급도 상위 10%만큼 계속 상승했다. 따라서 이 30여 년간의 기간은 '동반성장'이 비교적 잘

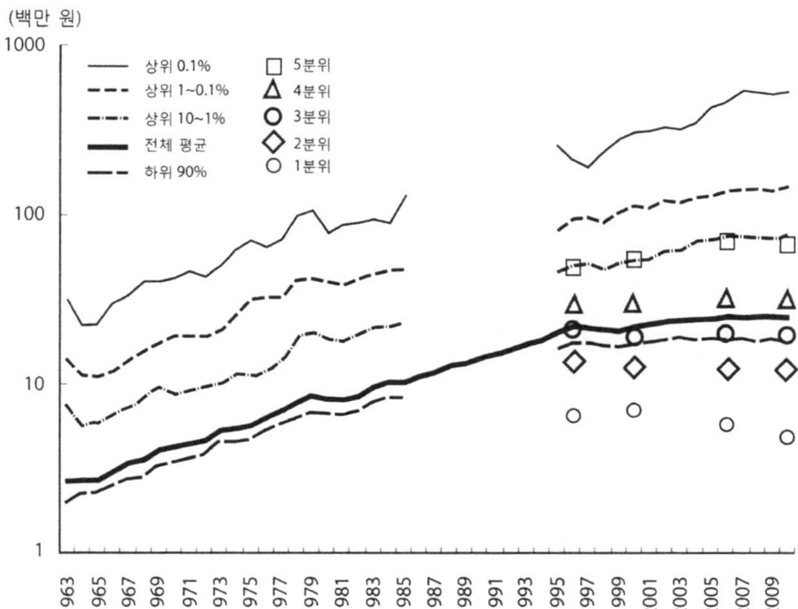

자료: 김낙년, 「한국의 소득분배: 장기추이와 국제비교」, 이영훈 엮음, 『한국형 시장경제체제』, 246~293쪽.

〈그림 2〉 소득 그룹별 1인당 근로소득(2000년 불변가격) 추이

달성된 기간이라고 할 수 있다.

〈그림 2〉를 보더라도 1990년대 중후반을 기점으로 극적인 변화가 일어난다. 먼저 그 이전 시기에 비해 1999~2010년의 기간에는 근로소득(월급)의 상승률이 현격하게 낮다. 거의 미미한 증가율이다. 게다가 월급이 많은 상위 근로소득자와 그렇지 못한 하위 근로소득자 간에 월급 인상의 폭이 큰 격차로 벌어진다. 가장 월급이 적은 1분위인 하위 20% 근로자들의 경우 1999~2010년의 11년간 실질임금이 상승은커녕 오히려 상당 폭으로 하락했다. 2분위 즉 하위 20~40% 근로자들의 경우에도 그 11년의 기간 중에 실질임금이 소폭 하락했다. 3분위, 즉 40~60%의 근로소득자들 역시 그 기간 중에 실질임금

이 미미하지만 줄었다. 4분위, 즉 그런대로 월급이 꽤 있는 상위 40~20% 사이의 월급쟁이들조차 이 기간 중에 실질임금이 사실상 늘지 않는 정체 상태였다. 유일하게 1999~2010년의 11년간 실질임금이 늘어난 것은 근로소득 5분위 즉 가장 월급이 많은 상위 20%뿐이었다.

이 기간 중에 도대체 무슨 일이 발생했기에 이런 큰 변화가 일어난 것일까? 왜 전체 월급쟁이의 80%에서 실질임금이 줄거나 또는 정체되었을까? 더구나 가장 못 버는 하위직 노동자일수록 더 월급이 줄었는데, 도대체 무슨 일이 일어난 걸까? 그 직접적인 이유는 자명하다. 왜냐하면 이 기간 중에 알바와 비정규직, 사내하청과 외주전환 등으로 과거에 비하여 저임금의 불안정 노동자들의 숫자가 폭발적으로 크게 늘어났기 때문이다. 1999~2010년의 11년은 김대중-노무현-이명박 대통령 정부의 집권 기간이었고 이들 정부는 모두 노동시장 유연화의 이름으로 위 정책을 추진했다. 전체 근로소득자의 80%가 실질임금이 줄거나 또는 정체된 그 11년 동안 그런데 한국경제는 매년 3~5% 성장했고 노동생산성도 그만큼 계속 높아졌다.

그런데 그나마 월급이 꾸준히 올라간 상위 20%의 근로소득자들 역시 그 안을 더 정밀하게 관찰하여 상위 10~20%와 상위 1~10%, 상위 0.1~1%, 그리고 최상위 0.1%라는 4개의 그룹으로 세세하게 나누어 살펴보면, 다시 그 격차가 관찰된다. 먼저 상위 10~20%의 월급(근로소득) 증가율은 총근로소득의 증가율과 거의 같다. 즉 1999~2010년의 11년간 이들의 실질임금은 미미하게 늘었을 뿐이다. 이들에 비하면 근로소득 상위 10%의 실질임금 증가율이 약간 더 높다. 그런데 그 10% 내에서도 가장 월급이 많은 최상위 1%, 개다가 그 중에서도 가장 연봉이 높은 최상위 0.1%의 실질임금이 가장 큰 폭으로 늘었다.

즉 연봉이 수억이 넘는 최상위 근로소득자 0.1~1%의 임원급 경영자와 CEO들이 가져가는 월급(근로소득)이 1997~2010년의 13년간 가장 큰 폭으로 상승했다. 결론적으로, 1998년 이후 그나마 총근로소득 증가율보다 높은 속도로 실질임금이 상승한 근로소득 상위 10% 계층의 내부에서도 최상위 0.1% 근로소득자들의 월급이 가장 빨리 늘어나는 부익부 소득집중의 메커니즘이 작동 중이다.

요약하자면, 1997년 이후 시장주의 개혁 과정과 그 결과로 대다수 근로소득자들의 실질임금이 하락 또는 정체하는 중에 유일하게 실질임금이 상승한 것은 상위 10%의 근로소득자들이다. 그 중에서도 연봉이 가장 높은 상위 1%와 0.1%에서 연봉 상승률이 가장 높다. 또한 대기업과 은행 등의 임원급에 해당하는 최상위 0~0.1%의 근로소득자들의 연봉 증가율이 그들보다 덜 버는 0.1~1%의 그것보다도 확연하게 높다. 결국 1995년 이후, 특히 1998년 이후 가장 월급이 많이 증가한 것은 연봉(근로소득)이 가장 높은 최상위 0.1%이다. 최상위 0.1~1%의 임원급 경영자들에게 근로소득 집중이 진행되어 빈익빈 부익부 현상이 나타나고 있는 것이다.

이것은 김대중+노무현 정부가 추진했고 이명박+박근혜 정부가 이어받은 각종 시장주의적 구조개혁이 최종적으로는 가장 부유한 최상위 1% 또는 0.1%의 부와 소득을 증진시키는 방향으로 작동하였다는 점을 명백하게 보여준다.

미국 경제를 따라간 한국 경제

1998년 이후 진행된 시장주의적 구조개혁의 모델을 미국이었다. 미국 자본주의가 글로벌 스탠다드(global standard)라는 이름으로 추앙되었으며, 그것은 진보건 보수건 마찬가지였다. 그 결과 그 이후 나타난 한국의 소득 불평등 심화는 미국의 그것을 그대로 따라가고 있다. 〈그림 3〉에 나타나듯이, 1960년대까지만 해도 미국과 일본, 한국에서 대기업 CEO 등 임원급 경영자들에 해당하는 최상위 0.1% 근로소득자들의 연봉은 평균적인 근로자 연봉의 10배 정도였고 이는 세 나라 모두 비슷했다. 그런데 미국에서 먼저 변화가 시작된다. 그 격차는 1970년대부터 벌어지다가 1980년 말과 1990년대 말에 급격히 벌어져 2000년대에는 40배로 증가했다. 최상위 0.1%와 평균적 노동자의 연봉 격차가 10배에서 40배로 400% 증가한 것이다.

미국에서 소득 불평등 심화는 상위 0.1% 중에서도 가장 연봉이

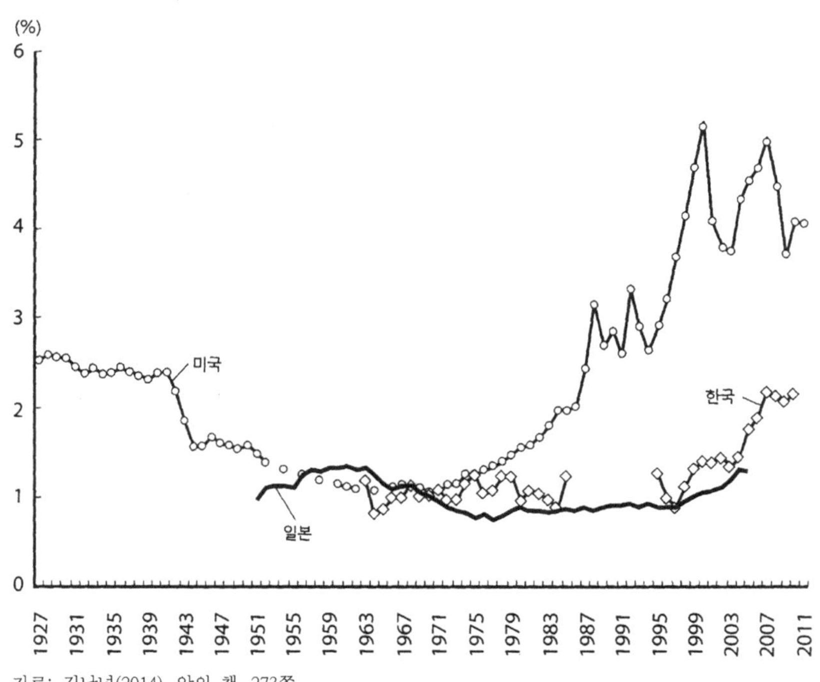

자료: 김낙년(2014), 앞의 책, 273쪽.

〈그림 3〉 상위 0.1% 근로소득자로의 소득집중: 한국, 일본, 미국

높은 100대 기업 CEO들, 즉 최상위 0.0001%의 연봉을 보면 더욱 실감나게 알 수 있다. 미국 100대 기업 CEO들의 연봉은 1970년대까지만 해도 1백만 달러에 못 미쳤는데 2000년대에는 4천만 달러로 증가했다. 30년 동안 4000% 폭증한 것이다. 그런데 이 기간 동안 미국 근로소득자들의 평균 연봉은 3~4만 달러(1999년 불변가격) 수준에서 정체되어 있었다. 달리 말해서, 1970년대까지만 해도 미국의 100대 대기업 CEO들의 연봉은 평균적인 종업원 연봉의 50배였지만 오늘날에는 그 1천 배에 달한다.

미국에서 이렇듯 임금 격차가 크게 벌어진 원인은 레이건–부시–클린턴 정부가 추진한 금융 탈규제(financial deregulation)와 주주자본주의(shareholders capitalism)의 전면화, 그리고 그 일부로 도입된 상장 대기업에서 임원들에게 고액의 스톡옵션 및 단기수익 연동 성과급이 지급된 것이었다. 이 모든 것이 한국 경제에서 1998년 이후 도입되었다. 그것도 '개혁적 자유주의' 또는 '고전적 자유주의'의 이름으로.

미국과는 반대로, 일본의 경우 그 30년 동안 최상위 0.1%와 평균적인 근로소득자 간의 연봉 격차가 10배에서 13배로, 30% 증가하는데 그쳤다. 즉 일본 대기업에서 CEO 등 경영자들의 보수는 미국에서처럼 급격히 늘어나지 않았으며, CEO 연봉과 종업원 연봉간의 격차도 낮은 수준에서 안정화되어 있었다.

한국의 경우 〈그림 3〉에서 보듯이 1960년대부터 1990년대 중반에 이르는 고도성장기에는 미국이 아니라 일본에 가까웠다. 그런데 1997년 외환위기 이후 미국을 모방하는 신자유주의적 구조개혁이 진행되면서 소득분배의 불평등 패턴 역시 급격히 미국과 비슷한 쪽으로 변화한다. 즉 최상위 0.1%와 평균적인 노동자 간의 연봉격차가

10배에서 20배로 200% 증가했다.

1990년대 중후반부터 우리나라에서 가장 연봉이 높은 근로소득 최상위 0.1~1%의 연봉이 급증한 것은 기업지배구조와 금융시장, 그리고 노동시장의 구조와 제도를 미국식으로 바꾸었기 때문이다. 기업지배구조에서 펀드와 개미 투자자 등 소수주주(소액주주) 투자자들의 발언권과 영향력이 강화되었으며 또한 기업의 외부자금 조달에서 은행대출보다 회사채, CD 등 유가증권 시장의 역할이 극적으로 강화되었다. 이러한 구조적 변화는 외국인 투자자들이 상장사 주식을 대거 매입함에 따라 더욱 강해졌다. 주주 중심 경영(주주 가치 경영)은 일반 대기업과 재벌계 대기업들에서 CEO 및 임원들에게 미국처럼 스톡옵션이 부여되고 또한 연공제 월급이 아니라 성과 연봉제를 도입하면서 더욱 구체화되었다. 기업 구조조정 시장에서는 론스타와 MBK 같은 사모펀드(PEF)가 부상하면서 '기업가치(주주 가치) 제고'를 지상 목표로 하는 구조조정에 나선 것도 회사 경영진과 일반 종업원 사이의 연봉 격차를 크게 만들었다.

저성장과 저투자

2000년대 들어 한국경제에 나타난 새로운 현상은 또한 저성장이다. 1970~80년대만 해도 한국 경제는 연평균 8~10% 성장하였으며 이는 세계 최고 수준이었다. 그러나 1997년 외환금융위기와 그 이후 시장개혁을 거친 이후 2000년대에 한국 경제의 성장률은 연평균 4%대, 즉 과거의 절반 수준으로 뚝 떨어졌다. 2010년대의 10년간은 2.7%로 더 낮아졌으며 2020년대 들어서는 또 낮아져 2%를 간신히 넘길까 말까 하고 있다.

저성장은 저투자의 불가피한 결과였다. 먼저 은행 영업이 근본적으로 바뀌었는데 과거 개발독재 시절에 은행들은 국유화 또는 국가 통제하에 있었고 은행의 대출 영업은 국가가 요구하는 중화학공업 등 전략 산업에 집중되었다. 삼성전자와 현대자동차, 그리고 그 협력 업체들에 대출하는 비즈니스에 거의 모든 은행이 몰두하고 있으니 국민들은 은행 대출을 이용할 수 없었다. 전셋집을 구하거나 내 집을 마련하려 해도 은행이 대출을 않해주니 사금융에 의존할 수밖에 없었는데 그것이 바로 '곗돈'이었다. 과거에는 우리 어머니 세대 아줌마들 중에 계 모임에 가입하지 않는 이들을 보기 힘들었다.

그러나 1998~2005년간 진행된 금융개혁 이후 민영화되고 해외 매각된 은행들은 가계대출 특히 부동산 대출 쪽으로 방향을 완전 전환하였다. 주택담보대출은 오늘날 은행들이 가장 좋아하는 비즈니스이니, 더 이상 집 살 때 곗돈 탈 필요가 없어졌다. 수천조 원의 은행 예금이 제조업 등 산업대출 즉 생산적 투자가 아니라 부동산 대출 즉 비생산적 투자로 흘러가니 저성장은 불가피했다.

더구나 부동산 시장 쪽에 은행과 저축은행, 보험사 등 금융산업의 자금이 집중되니 부동산 가격이 날로 폭등하였다. 과거 1970~80년대에는 1인당 평균 국민소득이 매년 빠르게 성장하면서 그와 함께 부동산 가격이 동반 상승하였고 그런 의미에서 부동산 가격 거품이라고 할 수 없었는데, 2000년대 이후에는 국민소득은 과거에 비해 훨씬 느리게 성장하는 데 반해 부동산 가격은 과거보다 훨씬 더 빨리 상승하는 새로운 현상, 즉 부동산 가격 거품 현상이 나타났다. 2008년 미국–영국발 세계금융위기가 바로 과도한 부동산 금융에서 비롯된 부동산 가격 거품이 꺼지면서 시작된 것인데, 한국 경제 역시 대동소이한 위험에 직면하고 있는 것이다.

저투자는 또한 기업들이 주주를 대하는 방식의 변화에서도 나타났다. 과거와 달리 요즘은 대기업마다 IR 부서를 두고 있는데 그 부서의 임무는 주식투자자들 특히 큰손(펀드매니저 등)을 상대하고 관리하는 일이다. 펀드와 개미 등 소수 주주들의 목소리가 커지니 과거처럼 우량 계열사가 부실 계열사를 도와주는 것은 거의 불가능해졌다. 문제는 모험적인 신기술을 개발해야 생존하고 성장할 수 있는 미래형 첨단 비즈니스 역시 그 성공 여부가 매우 불확실한 기술개발에 의존한다는 점에서 일종의 재무적 부실 계열사로 간주될 수 있다는 점이다. 즉 우량 계열사 또는 우량 사업부의 재무적 지원이 장기간에 걸쳐 보장되지 않는다면 그런 비즈니스는 아예 접을 수밖에 없다. 그만큼 재벌그룹들은 모험적인 신사업 추진을 주저하게 되었고, 그만큼 4대 재벌을 제외한 대다수 중하위 재벌그룹들은 당장 돈이 되지 않는 기술집약적 비즈니스로 새롭게 진출하는 것을 꺼리게 되었다. 그것보다는 별다른 기술이 없어도 바로 진출할 수 있으며 당장 수익이 나는 비즈니즈 즉 부동산과 건설, 골프장과 백화점 등으로 그들은 뛰어들었다. 결과적으로 오늘날 삼성과 현대차, LG와 SK 등 4대 재벌그룹을 제외하면 별다른 기술력과 성장동력을 가진 재벌그룹과 중견 대기업을 찾아보기 힘들어졌다. 그만큼 한국경제의 전반적 성장동력이 뚝 떨어진 것이다.

재벌개혁과 금융개혁을 거치면서 소수주주 즉 펀드와 개미들의 권한과 목소리가 훨씬 커졌고 이들의 온갖 요구에 응대하는 기업측 업무도 크게 늘었다. 과거에는 많아야 2~3백만 명이던 주식투자자 숫자가 요즘에는 1천 4백만 명 이상으로 증가하면서 이들이 선거정치에서 차지하는 중요성까지 부각되었다. 더구나 최근에는 비트코인으로 한몫 잡는 꿈을 꾸는 수백만 청년들의 목소리까지 여론과 정치권을 뒤흔들고 있다. 주식과 비트코인을 소유하고 사고파는 행위를 '투자'라고 부른다면 그런 투자는 아무런 부와 재화를 생산하지 않으며 그런 의미에서 주식투자와 비트코인 투자 그 자체는 '불로소득'을 추구하는 행위이다. 1백년 전 경제학자 케인스는 한 나라 경제가 과도하게 주식 등 증권투자에 몰두하는 것을 경계하면서 그것을 '카지노 자본주의'라고 비판하였다. 노름판 경제와 다름없다고 본 것이다.

카지노 자본주의냐 21세기형 뉴딜 복지국가냐

불로소득의 반대말은 노동소득과 생산적 소득이며 그것은 생산적 투자를 필요로 한다. 불로소득자를 영어로 rentier라 부르며 경제학자 케인스는 rentier를 기생충(parasite)과 같다고 말한다. 그는 노름판 경제와 불로소득을 억제해야만 자본주의의 건강성과 생산적 투자가 회복된다고 보았고 그래서 적극적인 정부 규제를 통해 증권시장과 은행 등 금융시장의 투기적이고 비생산적인 영업과 비즈니스를 강력하게 억제해야 한다고 주장했다. 그래야만 1930년대 대공황 같은 금융위기의 재발을 저지할 수 있다고 하면서. 또한 그는 '요람에서 무덤까지'의 슬로건을 1940년대 초의 2차 세계대전 중에 제시한 그의 친구 경제학자 베버리지와 함께 복지국가 구축을 통한 빈부격차 완화를 주장했다. 1930년대부터 1970년대까지 미국을 지배한 뉴딜 체제와 유럽의 복지국가 체제가 모두 케인스와 베버리지의 정신을 구현하고 있었다. 반면에 뉴딜과 복지국가를 폐기하고 케인스와 베버리지의 책들을 내다 버린 것이 1980~90년대 서구의 신자유주의 보수 혁명이었다. 미국과 유럽에서는 그때 이래 지금까지 빈부격차 심화와 함께 저투자와 저성장이 지속되고 있다.

우리나라 역시 1990년대 중반 이후 지금까지 30년간 대공황급 위기와 그에 이은 심각한 양극화와 저성장, 온갖 투기의 만연을 경험하고 있다. 이제부터라도 우리 사회는 케인스와 베버리지의 옛 가르침에서 배워야 하지 않을까 한다. 그래야만 21세기 선진국 대한민국에 어울리는 '모두가 함께 어울려 잘사는 나라'를 만들 수 있으며, 그래야만 세계 최악의 저출산과 OECD 선진국 최하 수준의 기후위기 대응이라는 오명에서 벗어날 수 있다.

4. 21세기 자본주의: 한국과 미국, 유럽

세습 계급 질서의 부활

오늘날 한국 사회에는 막대한 부와 권력을 가진 세습적 귀족계급이 존재한다. 이들은 자본가(capitalists)라고 불리지 않는다. 왜냐하면, 피케티가 『21세기 자본론』와 『자본과 이데올로기』에서 말했듯이, 오늘날 21세기 자본주의에서는 자본(capital)보다는 자산(property)의 소유 유무가 한 사람의 사회적 신분, 즉 세습적 계급 지위를 좌우하기 때문이다. 그 자산(부)에서 가장 중요한 것은 빌딩과 아파트 등 부동산과 그리고 주식 등 유가증권(금융자산)이다. 요즘 많은 청년의 꿈이 코인과 주식 등 재테크에 일찍 성공하여 빌딩주가 되는 것이다. 불로소득자가 되는 것이 인생의 목표인 셈이다. 그리고 자식들 역시 빌딩주로 만드는 것이 요즘 학부모들의 소원이다. 불로소득 계급이 세습되는 중이다. 그런 물질적 부의 힘으로 만들어지는 학력과 학벌 역시 세습된다. 공교육을 무너뜨리고 자신들만의 사립학교와 자사고 특권을 만든 자산가 계급은 자신들의 부와 재산, 그리고 학력과 학벌을 상속한다. 온갖 특권과 특혜를 통해 소위 명문대학에 진학하는 모습은 서울 강남의 부유층 사이에서 자주 보는 일상적 풍경이 아니던가!

이 나라 최고 부유층인 재벌 일가들은 자신의 부와 소득, 학벌과 학력을 자식들에게 세습한다. 그렇게 자란 재벌 후계자들은 '부모 잘 만난 것도 능력', '돈 많은 것도 실력'이라는 가치관과 세계관을 가지고 아랫사람과 세상 사람들을 개돼지로, 노비로 취급한다. 대한항공 조현아의 땅콩 회항 사건이 그렇고, SK그룹 최철원 사장의 종업원 폭행 사건이 그랬다. 이들은 회사 종업원을 인권과 노동권을 가진 인간 노동자가 아니라 노예 또는 노비처럼 다루며 모욕하고 폭행하였다.

인간의 존엄성과 인권을 무시로 훼손하는 재벌 일가의 꼴불견 작태에 우리 사회와 정치권은 분노하며 그들의 처벌을 원한다. 당연히 그들은 혹독한 법적, 도덕적 처벌을 받아야 마땅하다. 그것이 제대로 된 민주공화국이다.

그런데 많은 이들 특히 민주·진보의 학자와 정치인들은 재벌 일가 등 최고 부유층의 꼴불견 작태를 지적하며 그러한 사건들은 모두 "한국경제는 특권적인 재벌 일가에 의해 지배되는 봉건적 자본주의다."라는 명제를 증명하는 전형적인 사건이라고 설명한다. 따라서 재벌 총수들의 행패를 근절하려면 삼성과 현대, LG, SK 등 대기업그룹을 해체 또는 축소하는 '봉건적 자본주의 해체'에 나서야 한다고 소리 높여 외친다. 이들에 따르면 우리 사회는 여전히 '봉건적 자본주의'를 혁파하는 근대화, 즉 시장 자본주의(market capitalism)를 본격화시키는 개혁'이 미완성인 채 남아 있으며, 따라서 진보적 국가비전의 핵심은 바로 '시장 자본주의' 질서의 확립이다. 유럽과 미국 등 서구에서 이미 2백 년 전인 18세기, 19세기에 역사적으로 관철된

고전적 자유주의가 21세기 한국에서도 여전히 진보성을 가진다는 주장이다. 재벌그룹 타파와 관치경제 타파라는 두 과제를 핵심으로 하는 고전적 자유주의가 21세기 한국 자본주의 발전 단계, 즉 중상주의 또는 봉건적 자본주의 단계에 상응하는 역사적 진보라는 것이다.

아담 스미스와 존 로크로 대표되는 시장경쟁 및 사유재산권 중심의 자유주의적 자본주의(liberal capitalism)가 이들이 꿈꾸는 유토피아이다. 그러나 이렇게 말하는 민주·진보 인사들은 18~19세기에 전성기를 누린 자유주의적 서구 자본주의에 대해 잘못된 환상과 미신적 편견을 가지고 있다. 고전적 자유주의의 전성기이자 대영제국의 전성기였던 18~19세기의 빅토리아 자유주의는 자본가들과 자산가들, 즉 신흥 졸부들의 황금시대이자 제국주의의 식민지 확장기였다. 그 시대는 그 졸부 신흥 부르주아들의 속물근성과 황금만능주의가 전근대적인 봉건 영주·귀족들의 기사도와 노블리스-오블리제를 압도하면서 자본과 자산(부)에 대한 물신숭배가 새로운 지배적 사회경제 질서로 등장한 시대였다. 피케티가 "오늘날 21세기 서구 자본주의에서 19세기 빅토리아 자본주의 시대의 세습적 계급 질서가 부활하고 있다."고 말한 까닭은 바로 19세기의 불평등한 자본주의가 서구 선진국들에서 재등장하고 있기 때문이다. 한국 역시 예외가 아니다.

21세기 자본주의, 21세기 레미제라블

한국 경제는 전근대적, 봉건적 자본주의이기는커녕, 현대적 자본주의가 잘 발달한 경제이다. 원화가치 변동에 따라 등락을 거듭하고 있지만 한국의 1인당 국민소득은 2024년 기준으로 3만6천 달러를 넘어 이탈리아의 그것과 비등하며 일본의 그것은 이미 추월했다. 미국 시사주간지 US뉴스(U.S. News & World Report) 가 발표한 '2025년 세계 강대국 순위'에서, 5천 2백만 인구와 그리고 군사력, 기술력을 고려할 때 한국은 영국(4위)와 독일(5위)에 이은 세계 6위의 강국으로, 프랑스(7위)와 일본(8위)을 능가하고 있다.

시장 자본주의의 발전 수준은 백만장자 재산가들, 즉 부르주아 계급의 부와 재산의 성장으로 표현된다. 한국은 세계적으로 백만장자 재산가들이 가장 빨리 성장하는 나라이다. 스위스 투자은행 UBS가 발표한 '2025 글로벌 자산 보고서'에 따르면, 한국은 백만장자 수 국제 순위에서 10위를 차지했다. 여기서 백만장자란 100만 달러(약 14억 원) 이상의 금융자산(주택 등 부동산 제외)을 소유한 자를 말하는데, 2024년에 그런 한국인은 총 130만 1,000명으로 집계되었다. 한국과 비슷한 순위의 국가로는 이탈리아(약 134만 명)가 있다. 그런데 10대 백만장자 강국에서 중국과 인도, 사우디 등의 개발도상국을 제외할 때, 한국은 미국과 일본, 독일, 영국, 프랑스, 그리고 이탈리아에 이어 세계 7위의 백만장자 대국이다. 즉 한국은 부유층 즉 부르주아들의 부와 소득의 차원에서 보더라도 G7에 속해 마땅한 서방 7대 강국이다.

이렇듯 한국경제는 '아직 자본주의가 덜 발전한 전근대적 봉건적 자본주의'이기는커녕 오히려 현대적 자본주의가 G7 강국 수준으로 발달하였으며 이미 이탈리아와 일본을 추월하고 있다. 나라의 부와 소득, 과학기술과 군사력에서 이탈리아를 능가하는 것은 시간문제인 것이다.

하지만 한국의 국내총생산(GDP)과 1인당 평균 국민소득, 과학기술과 군사력의 수준이 일본과 이탈리아의 그것을 추월한다 해도, 그러한 경제성장의 혜택을 누리는 것은 오로지 상위 10% 또는 최상위 0.1~1%의 부유층뿐이다. 나머지 99%의 국민들, 특히 부모 잘못

만난 청년들의 삶은 서방 7대 강국의 혜택은커녕, 헬조선의 비참함에 빠져 있다. 같은 서울 청년들 내에서도 서울 강남에서 자란 다이아몬드 수저, 금수저 청년과 서울 금천구에서 자란 무수저, 흙수저, 동수저 청년 사이에는 엄청난 사회적 신분의 격차와 운명의 엇갈림이 존재한다. '출생의 비밀'을 통하지 않고서는 도저히 넘어설 수 없는, 신분의 거대한 계급적 장벽, '넘사벽'이 세워진 것이다.

그런데 다수 청년들의 삶이 '이생망' 지옥과 같다는 것은 미국에서도 마찬가지이다. 2016년 미국 대통령 선거판에서 돌풍을 일으킨 버니 샌더스는 미국 역사상 처음으로 청년 세대가 자기 부모 세대보다 더 가난한 인생을 살게 되었다고 비판했다. 최근 뉴욕 시장으로 당선된 30대 초반 청년 맘다니 역시 그런 청년들의 확고한 지지를 받고 있다.

우리나라의 청년 세대 또한 역사상 처음으로 자기 부모 세대보다 더 가난하고 비참한 인생을 살고 있다. 청년들에게는 한국만 아니라 미국도 지옥이며, 따라서 헬조선은 헬미국이다. 삶의 희망과 의욕을 잃은 비참한 청년들의 모습은 한국 땅에서만이 아니라 세계 도처에서 볼 수 있다. 돈이 없어서, 부모 잘 못만나서, 연애와 결혼과 그리고 출산과 육아를 포기하는 삼포, 오포 청년의 모습은 한국에서만 아니라 일본과 미국, 프랑스와 이태리 등 G7 서구의 도처에서 볼 수 있다. 피케티가 말한 '세습적 계급 자본주의의 21세기 부활'이 바로 이런 참담한 현실이다.

헬조선과 헬미국, 헬유럽의 '포기한 청년들', 현대판 '비참한 사람들' 즉 레미제라블(Le Miserables)이야말로 21세기 자본주의의 거대한 전환을 이루어낼 '보편적 주체'이다. 그러나 낙관은 금물이다. 그들 중 일부는 인종주의와 쇼비니즘 등에서 구원을 찾고 있으며, 그것이

미국에서는 트럼프 공화당, 일본과 유럽에서는 신파시즘 정치의 부상과 집권을 낳고 있다.

제2부 민주화

: 한국의 민주화와 K-문화

한국 민주화 운동의 성격과 의의

김동춘

1. 머리말

한국의 민주화 운동은 1960년 4월 혁명에서 시작되었으나, 1980년 5.18 광주항쟁, 그리고 1987년 6월 항쟁으로 일단 어느정도 마무리되었다고 볼 수 있다. 1980년 광주 5.18 항쟁과 1980년대 내내 지속된 민주화 투쟁, 그리고 1987년 6월항쟁으로 인한 군부정권의 종식은 한국 민주화 운동의 가장 빛나는 기록으로 남았다. 이렇게 보면 20세기 후반 한국인들이 능동적으로 역사의 주체가 되고, 국제사회에 한국의 위상을 드높인 가장 중요한 사건은 민주화 운동이었다고 볼 수 있다. 그것은 권력의 부패, 사회정의, 시민주권, 세상의 타락을 막을 수 있는 소금이었고 한국인의 위대함을 세상에 떨친 일이었다. 특히 1987년의 6월항쟁 전후의 정치적 공간 위에서 '87년 세력'이 형성되었고, 그들이 지금까지 시민사회운동, 집권여당, 그리고 여러 진보정당을 통해 정치변화와 사회개혁을 추구해왔으며, 1997년 이후 김대중·노무현 정부도 이들 민주화 운동 세력의 힘에 의해 수립되고 여러 개혁을 추진했다고 볼 수 있다.

신군부의 폭력에 전면적으로 맞섰던 5.18 항쟁은 매우 중요한 역사적 의미를 갖고 있다. 우선 5.18은 저항을 통해서 신군부의 비민주적인 권력장악에 도전하였다. 신군부는 비등하는 민주화의 기대를 무시하였으며, 국가보위입법회의 등을 통해 의회와 선거를 무력화시켰고, 국민들의 참여의 기회를 봉쇄하였다. 당시의 조건에서 이러한 신군부의 폭력적인 행동에 대해 저항을 하는 것 외에 정치적 민주화를 진전시킬 수 있는 길은 거의 없었다. 즉 정치적 의사 결정이 정당은 물론 노동조합, 자발적인 결사체나 여론 등을 거의 무시하면서 진행될 수 있는 상황에서 선거참여는 물론이거니와 정당이나 시민조직의 어떤 것을 통한 참여도 무의미하게 된다. 시민의 참여의 요구는 오직 저항으로 나타날 수밖에 없게 된다.

그래서 1980년 광주 5.18 항쟁은 박정의 정권을 이은 전두환 신군부의 12.12 쿠데타와 초헌법적인 폭력적인 권력행사에 대해 정면으로 맞선 것이고, 이들 신군부가 자유민주주의 게임의 룰, 즉 대통령의 국민 직접 선거, 의회 활동의 정상화, 사법의 독립, 언론의 자유를 전면 무시한 데 대해 조직적으로 항의한 것이었으며, 1987년 이후 등장한 이제 새 정권이 과거와 같은 방식으로 권력을 유지할 수 없도록 국민적 동력이 형성되는 계기를 형성하였다. 결국 광주 5.18 항쟁은 제도적 민주화가 자리잡을 수 있도록 만든 밑받침이 되었다.

1987년 6월 항쟁을 맞은 전두환-노태우 두 군부지도자는 6.29 선언에서 대통령 직선제를 수용한다고 발표했고, 그것은 1987년 헌법에 반영되었다. 당시 군부 세력과 야당 대표자들이 협의하여 통과한 1987년 헌법에서 대통령 권한 축소, 국정감사 부활, 헌법재판소

설치, 사법부 독립, 언론자유 실현 등 자유민주주의의 제도적 장치가 어느 정도 복원, 제도화되었다. 결국 이후 일련의 정권교체, 민주주의 제도화 작업의 성과에 힘입어 한국은 동아시아권에서는 물론 세계에서도 매우 빠른 기간에 민주화를 성취한 나라로 칭찬을 받아 왔으며, 최근까지 민주주의 지표에서도 일본을 앞서는 등 민주화의 측면에서 유럽 선진 민주주의 국가와 거의 비등한 반열에 섰다.

제2차 세계대전 이후 독립한 신생 후발국의 '민주화'는 권위주의 정권의 청산, 국민의 기본권인 보통선거권의 확보, 의회와 정당활동의 자유 보장, 언론자유, 사법부 독립, 법치의 실현 등 자유민주주의 헌정질서를 수립을 지향하였고, 한국의 민주화도 대체로 그러한 흐름 속에 있다. 우리가 개인의 기본적인 권리와 인권이 권위주의적인 권력집단의 자의적인 권력 행사에 의해 마구 유린되는 상황에 항의하고, 그러한 폭력적인 권력이 집병하는 모든 정치과정을 종식시키고자 하는 노력을 민주화라 한다면, 한국에서의 민주화 투쟁은 제도권 정당이나 그들에 의해 만들어진 법과 제도에 의해 진척된 것이 아니라 권위주의 정권이나 군부의 폭력행사에 항거한 저항 세력에 의해 주로 진척되었다고 볼 수 있다.

민주주의란 통치권에서 배제되었던 사람들, 정치과정에 참여할 수 있는 사회적 권력을 획득하는 것을 의미한다. 그리고 후발국가에서 민주화 운동은 대체로 투쟁과 집단적 동원을 통해 성취된 것이다. 그렇다면 기존의 군부 등 지배블럭에 독점되어 있던 대통령, 국회, 정당, 사법부 등 각 제도권에 새로운 세력이 조금씩 진입했던 한국사회에서 민주화 '운동'이 민주주의의 확대, 심화 과정에서 가장 큰 추진 동력이었다고 볼 수 있다.

여기서는 한국 민주화 운동의 배경, 민주화 운동의 개념, 구체,

그리고 민주화 이후의 민주주의의 과제 등의 순서로 한국 민주화 운동의 특성과 의의를 살펴보고자 한다.

2. 한국의 민주화 운동의 배경

20세기 중반 이후 민주화를 겪은 후발국가들은 19세기에서 20세기 초반까지의 자유민주주의 혁명을 성취한 미국과 서유럽 국가들과 달리 봉건권력 즉 왕정이나 귀족정의 철폐와 정치적 시민권 확보를 아래로부터의 혁명을 거쳐 얻어낸 것이 아니라 제국주의 극복과 탈식민화, 군사정권 혹은 권위주의 정권의 청산 등을 거쳐서 얻어낸 것이기 때문에 '민주화'의 역사정치적 맥락과 성격은 선진 민주주의 국가와는 매우 다르다.[1)]

반독재 민주화 운동은 박정희 정권의 선거 제도 등 절차적 민주주의를 완전히 차단한 1972년 유신체제에서 격화되기 시작했다. 식민지적 유산 및 한국전쟁의 유산인 메카시즘적인 '사상통제'과 '국가주의', 비상계엄 등의 전제 통치의 유산, 군사주의가 가장 극대화한 시기가 바로 박정희 정권 하의 유신체제였다. 1970년대 중반은 일제 식민지 말기의 전시동원체제를 방불케하는 폭력 통치 시기였다. 이러한 전시 동원체제 하에서 국민은 국가에 대해 무조건적인 충성을 바칠 것이 요구되었으며, 이 점에서 국민은 일제 총독부 하의 '신민'과 별로 다르지 않은 존재였다. 그러한 이러한 전시 동원은 끊임없는 전쟁 위기 조장, 언론에 대한 통제, 지식인들에 대한 침묵 강요 등을 통해 이루어졌기 때문에, 민주주의라는 정부의 공식 규정과 실제의 군사주의적인 통제 체제 간의 간극을 메울 수 없었으며, 또 현실과 담론 간의 엄청난 괴리를 지울 수 없었다. 지식인과 학생들은 이 간극을 가장 쉽게 간파할 수 있는 위치에 있었으며, 일단 그 허구성이 노출된 이상 어떠한 언술로도 '진실'을 호도할 수는 없게 되었다.

긴급조치 하에서 메카시즘적 좌익 사냥이 부활되었으며 상상을 초월하는 인권침해가 자행되었다. 민청학련 사건을 비롯한 수 많은 관제 공산주의자들이 만들어졌으며, 이들에 대해서는 초헌법적인 기구인 중앙정보부에 의하여 무자비한 고문이 가해졌다. 인혁당 관련자들에 대한 조치는 그 대표적인 것이었다. 박정권은 오직 무자비한 고문으로 관련자들의 자백과 강요된 날인을 받아낸 것 외에는 어떠한 증거도 확보하지 못하였음에도 불구하고 일방적인 재판 진행, 공판기록 변조까지 자행한 끝에 재판 1일 후에 관련자들을 처형하였다. 한편 이 시기 대전, 광주를 비롯한 사상 관련 구속자들에 대해서는 사상 전향공작이 이루어졌으며, 이 과정에서 수백여 명의 수감자들이 고문당하고 사망하였다. "마르크스가 꽃을 꽃이라 해서 내가 꽃을 꽃이라고 한다면 내가 곧 마르크스주의자가 되는" 긴급조치 하에서 정부과 유신헌법을 비판하는 것은 곧 북한을 찬양하는 것이 되었기 때문에 모든 사람들을 이러한 사건을 거론하는 것을 기피하였으며, 이 모든 사건들을 국민들에게 전혀 알려지지 않은 채 진행되었다.

유신체제 하에서 언론역시 통치기구의 일부로 편입되기 시작하였다. 1960년대의 정간, 휴간, 폐간, 기자의 구속, 연행, 테러 등의 물리적인 통제의 방법이 동원되었으나, 1970년대 들어서는 보다 확실하게 언론을 장악하기 위하여 언론에 대한 직접적인 보도 지침을 하달하고, 언론인 출신들을 정치권으로 발탁하는 한편, 경영진과 편집진을 체제의 일부로 편입시켰다. 1975년 동아일보의 '자유언론실천'

운동은 언론이 국가통제로부터 벗어나려는 마지막 시도였다. 이후 1970년대 후반기는 언론이 완전히 국가의 홍보기구화된 시기였다고 볼 수 있다. 뉴스, 홍보, 토론과 같은 직접 전달을 통해서뿐만 아니라 드라마, 쇼, 스포츠, 코미디 등 오락 연예 부분에서도 안보국가의 목표가 시달되었다.

1970~80년대 들어서 이제 농촌으로부터의 이농인구가 정체되고, 도시화가 성숙단계에 도달하고, 인구구성은 이제 자본주의 발전이 높은 수준에 도달한 나라의 양상을 지니게 되면서 조직노동자가 주변노동자의 비중을 압도하게 되고, 화이트칼라의 비중이 크게 증가함과 동시에, 1960~70년대 경제성장과 대민통제 과정에서 국가기구가 높은 수준으로 제도화되기에 이르렀다. 1970년대 후반까지 한국 대학생이나 청년들의 관심을 끌었던 제3세계나 중국에서의 농민혁명의 모델은 한국의 현실에서는 적실성이 없는 것으로 판명되기에 이르렀고, 도시의 공식부문의 노동자층이 가장 핵심적인 사회세력으로 등장하기 시작하였다. 그러나 전두환 신군부가 표방한 자유화, 개방이라는 슬로건과 프로야구, 칼라 TV로 상징되는 자본주의 소비문화 도입이 전두환 세력의 국가폭력인 삼청교육대, 의문사, 분신, 고문치사와 같은 야만적인 국가폭력이 계속되는 상황 속에서 진행되었다. 그래서 반독재 민주화 운동은 급진화되었고, 조직적인 반체제 운동의 양상을 지녔다. 그래서 분단과 군사독재 하의 한국의 민주화 운동은 언제나 반미 통일 등의 민족적 구호와 결합되었다.

한국의 민주화 운동은 1960~70년대에 여러 제3세계 국가에서 발생한 반독재 민주화 운동과 공통된 점이 있다. 즉 1970~80년대 제3세계의 군부 권위주의 체제 하에서 신음하던 나라에서는 민중과 지식인이 주도한 반체제 반독재 운동이 활성화되었는데, 한국도 그런 흐름 속에 있었다고 볼 수 있다. 그런데 후발국의 반독재 민주화 운동은 서구에서의 사회운동의 발전 경로과 그것에 바탕을 둔 이론으로서는 잘 설명되지 않는다. 왜냐하면 이들 나라에서의 국가의 형성이 식민지 지배지구의 이전을 통해 이루어졌고, 산업화가 국가의 주도 혹은 후원하에 이루어졌으며, 산업 부르주아가 국가 이전에 형성된 이루어진 것이 아니라, 오히려 식민지 지배, 혹은 독립 이후 수립된 국가에 의해 육성되었기 때문이다.

이들 후발 자본주의 지역에서는 19세기 유럽이나 미국의 근대화 과정과 달리 시민사회가 국가와 분리되어 독자성을 갖기 보다는 애초부터 국가가 시장, 자본주의화를 조성했기 때문에 국가가 시민사회를 위로부터 주조하였다. 이들 지역에서 1970년대의 쿠테타와 군부권위주의 체제의 등장은 공업화 및 자본주의적 사회관계의 확대에 따른 체제위기의 산물이었다. 따라서 자본주의적인 공업화에도 불구하고 시민사회의 성장, 즉 노동조합 등 작종의 자발적인 결사체의 등장은 대단히 낙후되었으며, 정치사회는 시민사회에 직접적으로 호응하지 않았다.

즉 이들 지역에서는 자본주의적인 산업화가 국가 제도가 완비된 터진 위에서 이루어졌기 때문에 각종의 법적인 장치나 민주주의 제도들은 물론 반제국주의 투쟁의 성과가 없었다고는 말할 수 없으나 독립 이후 주요한 사회세력들의 저항과 투쟁으로 얻어진 것이 아니라 구제국주의 모국 혹은 제2차 세계대전의 결과물로서 '수입'된 것이다. 즉 1960~70년대 등장한 군부권위주의는 그 이전에 존재하던 민주주의적인 절차를 억압하면서 군부파시즘 체제를 구축하였으나, 선거절차 등 과거에 존재하던 형식 민주주의 자체를 전면적으로 부인하지는 않았다. 그래서 군사독재나 권위주의 체제를 매우 제한적인 파시즘, 다원주의 요소를 지닌 파시즘라고 불러도 좋을 것이다. 결국 국가별로 다소 편차가 있기는 선거제도가 일정하게 작동하고, 의회 권력 등 정치변동의 가능성이 존재하며, 야당이나 시민사회의 최소한의 입지가 있었다는 점에서 제2세계대전 이전의 파시즘과는 성격을 달리하고 있었다.

이들 후발국은 자본주의적인 산업화가 세계체제적 관점에서 이미 구제국주의가 붕괴하고 냉전 질서가 구축된 20세기 중 후반들어서 본격화되었다는 점 또한 민주화 운동의 사회적 조직적 기반의 형성의 관점에서 중요한 의미를 지닌다. 20세기 후반의 공업화 자체가 중공업 중심으로 진행되기는 했으나 서비스산업이 동시에 발전하는 양상을 지니고 있었기 때문에 화이트칼라 혹은 중간층이 육체노동자 층과 동시에. 오히려 그에 앞서서 형성된 특징을 지니고 있다. 이것은 이들 지역에서의 도시화가 단순히 공업도시의 기능으로서 성장하기 보다는 구제국주의의 지배를 위한 행정도시 혹은 교통도시의 성격을 지니면서 발전한 것과도 무관하지 않을 것이다. 한편 이들 지역에서 자본주의 발전은 비교적 뒤늦게 시작했으나 각종 사회제도와 사회적 분화, 교육, 메스컴의 발전은 동시대의 세계사적 조건의 직접적인 영향을 받게 되었다는 점이다. 따라서 도시화, 중간층의 성장, 메스컴과 교육제도의 발달의 측면에서 의사 시민사회는 자본주의 발전, 혹은 군부권위주의 체제의 강화와는 상대적으로 독립적으로 성장해 온 것이 특징이다. 이들 국가에서의 엘리트나 민중들은 그 출발부터 국내적 조건뿐만 아니라 세계사적 정치경제 문화 변동의 영향을 직접적으로 받았다.

결국 이러한 조건이나 배경 때문에 20세기 중후반에 본격화된 한국의 민주화 운동은 19세기 프랑스, 영국, 미국이 겪은 근대 부르주아 혁명과 다르게 진행될 수밖에 없었다. 물론 한국 등 동아시아 국가의 민주화는 같은 동아시아에 속하지만 군부관료 주도의 근대화를 추구해서 후발 제국주의 국가가 된 일본의 경우와도 상이하다. 동아시아의 근대화는 격렬한 혁명의 과정을 거치지도 않았고, 일본과 같은 위로부터의 개혁과 제도화도 아니었고, 주로 군부 독재의 폭압적 지배에 대한 저항, 즉 정치적 민주화를 지향하는 투쟁의 과정을 거쳐서 점차 제도화의 길로 갔다. 한국의 민주화 운동도 그러지만, 1987년 이후의 민주주의의 도정에도 시위와 저항, 권력의 폭력적 통제, 정치세력 간의 적대적 갈등이 여전히 지속되었다. 김영삼 정부 이후 각종 제도개혁의 조치들이 한 걸음씩 민주주의를 진전시켰다. 정권교체를 통해 등장한 김대중 대통령 시기 민주주의의 심화 확대가 어느 정도 성취되었다.

3. 한국 민주화운동의 개념

민주주의란 모든 사람이 여러 가지 방식으로 권력의 행사에 참여하는 것을 의미하는 것이고, 참여는 기회와 자원의 균등한 분배 속에서만 현실화될 수 있다, 그래서 민주화란 군부 혹은 권위주의 정권이 계엄선포 등으로 국민의 참여의 기회를 막고 모든 정치적 자원을 독점하려는 것을 제한하여 민주주의로 나아가기 위한 첫 작업이라 말할 수 있다. 그런데 한국의 1980년 5.18 항쟁의 경우처럼 시위가 항쟁으로 전화한 것은 단순히 선거 등 절치적 민주주의의 회복만, 그리고 시민의 정치 참여의 기회를 달라는 정도가 아닌 신군부가 국가권력을 장악하려는 시도 자체를 거부하는 것이었다. 광주 시민의 행동은 혁명은 아니었으나 반혁명에 대한 거부이기도 했다. 5.18 학살에 대한 과거청산 작업은 이러한 군부 독재 세력의 반혁명의 가능성을 차단하고 민주주의로 공고화하자는 것이었다.

6월 항쟁 이후 새로운 민주 헌법이 통과되고 대통령 5년 단임제를 골자로 하는 대통령 직선제가 부활된 것은 민주주의의 문을 연 것을 의미했지만, 군부 지도자인 노태우가 선거를 통해 당선됨으로써 민주화는 단선적인 과정으로 발전하는 것이 아님을 드러냈다. 결국 한국 6월 항쟁의 성과는 그후 10년의 시간을 더 경과한 후, 1997년 15대 대선에서 군위주의 정권에서 수난을 당한 야당의 상징적인 인물 김대중이 당선됨으로써 비로소 일정한 매듭을 짓게 된다. 그래서 김대중 전대통령은 민주화를 2단계로 설정했는데, 그가 말한 1단계 국민민주혁명은 모든 국민 대중들이 참여하여 직선제 개헌과 각종 민주적 조치 마련을 의미하는 것이며, 2단계는 선거를 통한 평화적 정권교체였다.[2] 그래서 그의 당선은 2단계 즉 평화적 정권교체를 이룬 것이었다. 그에 따르면 군사독재의 청산이 1단계 민주화였으며, 선거를 통한 평화적 정권교체의 실현이 2단계 민주화였다.

그러나 제도 정치가인 김대중과 달리 오랜 군사독재 기간 거의 자신을 던져서 민주화 투쟁에 앞장선 세력은 민주화를 군부독재의 종식, 평화적 정권교체 그 이상의 것으로 이해했다. 예를들어 1983년 9월 설립된 민주화운동 청년연합은 "민족통일, 부정부패특권정치의 청산, 냉전체제 해소 등을 목표로 하였다". 즉 당시의 민주화 운동 세력은 민족운동, 민중운동과 민주화 운동을 별개의 것으로 보지 않았다. 그들은 한국과 같은 분단 냉전체제 하의 군사정권은 외세의 지배, 각종 억압적인 국가기관, 행정과 사법부 언론에 의해 지탱되어 왔기 때문에 이러한 국가의 민주화를 포함하는 것으로 넓게 받아들였다. 그들은 군부독재의 종식이 반드시 민주화를 가져오지 않을 수 있고, 민주화가 반드시 대통령 직선제를 의미하는 것은 아니며, 특히 분단된 한국의 민주화는 분단과 통일의 극복이라는 민족문제의 해결, 그리고 민중의 생존권 해결이라는 민중의 생존 문제와 분리된 것으로 보지 않았다.

1987년 이전까지 한국 민주화 운동 세력이 이후 성취할 민주주의에 대한 명확한 상을 가진 것은 아니었으나 앞의 김대중 김영삼 등 반독재 투쟁을 해온 야당 정치가들이 말하는 대통령 직선제를 거부한 군사 권위주의 정권의 종식, 선거를 통한 평화적 정권교체를 곧 민주화라고 본 것은 아니었다. 이것은 민주화 운동세력이 정권교체 이후 민족문제, 민중생존권 문제를 언제나 동시에 제기한 사실에서도 드러난다. 예를들면 '광주'의 기억은 반미(反美)의 구호가 본격적으로 등장하도록 만들었다. 1980년대 학생운동의 노선과 학생들의 구호 및 용어는 모두 군사적인 색채을 지니기 시작하였으며, 그들은 군부독재의 극복을 넘어서서 분단 체제 자체를 문제삼았다. 그들은 한국의 군사정권이 미국의 지원과 국내의 독점자본에 기초를 두고 있다고 보았기 때문에 민주화 운동과 반미 분단극복 통일을 별개로 보지 않았다. 그래서 1970년대까지 지속된 반독재 민주화 운동은 상당히 급진화되었다.

그러나 아후 한국의 민주화 운동이 제도정치에서 인정받고, 그것을 기념하고 기억하는 과정에서, 그 개념은 보다 축소되어 정의되었다. 예를들어 기존의 민주화 관련 여러 법에서 보는 민주화의 개념은 다음과 같다.

민주화운동 기념사업회법(법률 6495호)상의 민주화운동

"민주화운동"이란 2·28대구민주화운동, 3·8대전민주의거, 3·15의거, 4·19혁명, 부·마항쟁, 인천5·3민주항쟁, 6·10항쟁 등 1948년 8월 15일 대한민국 정부수립 이후 헌법에 보장된 국민의 기본권을 침해한 권위주의적 통치에 항거하여 국민의 자유와 권리를 회복·신장시킨 활동으로서 대통령령으로 정하는 활동을 말한다. (개정 2013. 5. 22; 2023. 8. 16.)

민주화운동 관련자 명예회복 및 보상 등에 관한 법률(약칭: 민주화보상법)

[시행 2015. 5. 18.] [법률 제13289호, 2015. 5. 18., 일부개정]

"민주화운동"이란 1964년 3월 24일 이후 자유민주적 기본질서를 문란하게 하고헌법에 보장된 국민의 기본권을 침해한 권위주의적 통치에 항거하여헌법이 지향하는 이념 및 가치의 실현과 민주헌정질서의 확립에 기여하고 국민의 자유와 권리를 회복·신장시킨 활동을 말한다.

이 두 법 민주화 운동을 기념하거나, 민주화 운동에 가담한 사람에 대한 명예회복과 보상에 관한 법은 1960년 4월 혁명을 시작으로 해서 가까이는 1987년 6월항쟁이전, 약간 넓게는 1992년 김영삼 정부 이전까지의 한국의 자유민주적 헌법질서의 회복, 국민 기본권 보장을 위한 반권위주의 투쟁으로 제한한다. 그 시기 규정과 성격 규정에 대해 계속되는 논란이 발생하는 이유도 민주화 운동이 제도정치에서 공인되는 과정에서 발생한 이러한 제한 때문이다.

이처럼 정부 차원에서 공식적으로 정의한 '민주화 운동'의 개념은 많은 논란과 해석의 여지를 남겨두었고, 그 결과 '관련자'에 대한 국가의 예우(특히 보상) 문제를 둘러싸고 갈등이 야기되기도 했다. 노태우 정권이 서둘러 추진한 광주민주화운동 보상법은 5.18에 대한

진상규명이 없는 상태에서 시작되었으며 이후 5.18 특별법에 의해 전두환 노태우 두 전직 대통령이 처벌되었으나, 사건에 대한 진상규명이 없는 상태에서 처벌이 이루어졌다.

광주 5.18 항쟁을 '민주화 운동'으로 공식화한 것 역시 노태우 정권이 광주 5.18 항쟁을 제도화하는 과정에서 일정한 사회적 타협이 필요했고, 그리고 제도권에 의해 인정받으려는 항쟁 주체들이 현실적으로 받아들였기 때문이다. 즉 5.18 항쟁 당시 애초 시위에 가담한 학생이나 지식인은 전두환 군부 집권 반대에서 시작했으나 신군부는 이들을 적으로 보아서 폭력과 학살을 저질렀고, 결국 무장 항쟁으로 연결되었으며, 무장 항쟁에 나선 사람들은 그것을 그냥 민주화 운동이라고 생각하지는 않았다.[3] 그래서 5.18을 민주화 운동으로 볼 것인지, 항쟁으로 볼 것인지에 대한 논란이 지금까지 지속된다. 즉 1988년 광주 청문회 이후 '민주화 운동'으로 광주 5.18은 공식적인 인정을 받고, 희생자들은 보상을 받게 되었으나 사건에 대한 진상규명은 여전히 미진했고, 학살의 가해는 충분히 단죄되지 않았다. 그리고 무장을 했던 사람들은 자신은 '민주화'에 대해 알지 못했으나 결국 민주화 운동의 '유공자'가 되었다.

결국 6월 항쟁의 경우에는 별로 이견이 없으나 광주 5.18 항쟁을 '민주화 운동'이라는 공식 명칭에 가둔 것이 타당했는가, 그 공식 명칭은 5.18의 이후 과거사 청산 작업이나 역사적 의미 부여에 어떤 한계를 갖고 있었는가는 논란의 여지가 있다. 그래서 한국의 민주화 운동에 대한 제도적 공식적 정의와 당사자들의 개념화 간에는 간극이 있고, 학문적으로도 여전히 다양한 해석과 개념화의 여지들을 남겨두고 있다.

4. 한국 민주화 전개과정과 민주화의 특징

민주화 운동은 집합적 행동, 조직결성 등의 통한 사회운동, 청원, 선거, 혹은 여론의 형성을 위한 켐페인, 무장저항, 분신 등을 통한 항의 등의 방법으로 진행되지만, 한국의 민주화 운동은 주로 시위의 방법으로 진행되었다. 1970년대, 특히 유신 체제 하와 1980년대 5공화국 초기에는 집회나 시위 자체가 엄격하게 통제되었기 때문에 가장 많은 대중이 참가한 시위는 주로 1984년 이후 특히 1987년에 폭발적으로 발생했다.

이승만 정권 하의 1956년 대선과 1958년 총선, 그리고 박정희 유신 체제 하의 1978년 총선, 그리고 전두환 정권 하의 1985년의 총선은 그 동안 국민들과 분리되어 진행되어 오던 민주화 운동 반독재 항쟁이 선거를 통한 정권 교체에 기대를 갇는 도시의 일반 중간층과 결합하게 된 가장 중요한 계기가 되었다. 비록 이 선거국면에 개입한 학생들의 구호는 일반 국민들로서는 "이해할 수 없을 정도로" 과격한 것이었으나, 군사정권에 반대한다는 점에서 공감대를 갖고 있었다. 저항이 국민적인 차원으로 확산된 것은 학생의 구호가 호소력이 있었기 때문이 아니라 제도정치권의 가시적인 변화가 정치적 공간을 확장시켰기 때문이다. 그래서 한국 민주화 운동에서 선거정치는 매우 중요한 계기가 된다.

4.19는 한국 민주화 운동의 출발점이었고, 군부독재의 종식은 6월항쟁으로 가능했다. 따라서 1987년 6월 항쟁은 과거 한국의 반독재 저항운동이 그러하였듯이 혁명도, 선거 절차 회복을 위한 제도개혁 요구도 아닌, 강력한 반독재 투쟁이었다. 결국 6.29 선언으로 군부독재 권력이 선거 절차의 회복을 승인함으로써 민주화 운동과 기존

권위주의 세력 간에 타협을 이룬 것이었다. 1980년 광주 5.18 항쟁 이후 한국의 학생, 지식인들이 목숨을 바쳐 민주화를 외쳤지만, 한국의 민주화는 6.29 선언이라는 군부 정권 자체의 위로부터의 타협안을 민주화운동 세력이나 야당 후보들이 수동적으로 수용한 것이었다.

광주 5.18 항쟁에서, 그리고 5공화국 전 시기의 민주화 운동은 직접 운동에 몸을 던진 청년이나 학생들에게는 사실상 생존과 죽음의 문제였다. 노골적인 국가폭력의 희생자도 많았지만, 수 많은 젊은이들이 의문사, 자살 등으로 사망하였고, 이러한 조건에서 민주화 운동 세력이 군부독재와 정치적으로 양보, 타협할 여지가 별로 없었다. 그것은 한국의 전두환 신군부는 1980년 광주에서의 저항을 학살과 폭압적인 방법으로 진압한 원죄가 있었기 때문이다. 그런데 광주에서의 신군부에 의해 저질러진 민간인 살상은 모든 저항 세력에게 강한 역사적 기억(memory)으로 각인되기에 이른다. 5.18 당시 군부의 진압 과정을 목격하거나 그 실상을 들은 학생과 지식인들은 전두환 정권을 타도의 대상으로 삼게 된다. 즉 군부의 집권과정에서의 폭력성은 반대세력과 집권세력간의 타협의 여지를 애초부터 제거하였다.

전두환 정권이 광주 민주화운동을 진압하는 과정에서 한국군의 작전 지휘권을 가진 미국이 이에 제동을 걸지 않았으며 전두환에 협력했다고 생각했으며,[4] 민주화세력은 민족적, 반민주적, 반민중적 정권으로 규정하였다. 1980년 5.18 항쟁 이후의 민주화 운동은 '광주'의 기억을 환시키려는 세력과 그 기억을 지워버리려는 세력 간의 역사적 고지를 점령하기 위한 투쟁이었다고 볼 수 있다. 5.18 항쟁의 기억을 가진 한국의 민주화 운동 세력은 살아남은 자로서의 수치심을 집권자에 대한 증오감으로 전화시켰다. 이 수치심과 분노의 기억을 가장 강하게 간직한 집단이 당시의 청년 학생들과 광주 혹은 호남 사람들이었다. 1987년 이전 모든 학생시위에서는 '광주를 기억하라'라 단골메뉴로 등장한다. 이들은 그 기억을 끊임없이 확인함으로써 한국 민주주의의 '적'이 누구인가를 공개적으로 환기시키려 하였다. 즉 광주 5.18 학살의 기억은 민주화 운동의 연대 기반이었으며 다가올 '미래의 공동체'를 지향하였다. 1980년대 학생들의 공동체와 집단적 해방을 향한 열정은 여기에 연원을 두고 있었다.

광주 5.18 당시 폭력에 맞선 투쟁의 기억과 신군부의 학살에 대한 분노는 당시 저항 운동에 적극적으로 참가하지 않는 사람에게도 강한 영향을 미쳐 하나의 세대적 수치심과 책임의식의 공감대를 만들어냈다. 이 세대론적 특징을 갖는 공감대는 한국의 민주화 운동 과정에서 지속적으로 형성된 공공(public)의 윤리, 집단적 도덕성이 발현된 현장이었다.

1984년 학원자율화 조치 이후 제적생들이 복학하고 학교에서 자율적인 학생회가 조직됨에 따라 학생운동은 대중적인 양상을 지니게 되었다. 이후 1987년까지 학생운동은 학내의 지하 정치적인 지도부와 공개적인 학생회로 이원화되어 전개되었다. 이후 학생운동은 '선도적 정치투쟁', '민중지원투쟁'과 같은 대중동원의 방법으로 5공화국 정권에 도전하였다. 민정당점거농성사건, 청계피복노조지원 등을 시작으로 하여 1985년 들어서는 각 대학별로 '광주항쟁진상규명 및 책임자 처단' 집회를 벌였고, 5월에는 미문화원점거농성을 벌이기도 했다. 1985년말에는 IMF IBRD 서울총회에 반대하는 가두시위, 민정당중앙정치연수원 점거농성, 1986년 반제국주의론이 등장한 이후 본격화된 전방입소거부 운동으로 연결되었다. 학생들의 이러한 학내외에서의 가두시위는 1986년 5.3 인천 시위에서 정점을 이루었다. 신민당 개헌추진위원회의 현판식을 통해서 표출된 정치적 공간을 활용하여 학생들은 재야인사 및 노동자들과 연합하여 '반미', '신민당 각성' 등의 구호를 외치면서 거대한 도시폭동과 같은 사태를 연출하였다.

대체로 국 내에서의 권력 및 계급관계를 기본모순으로 보았던 학생 세력들은 공장지역에서의 가두시위 등 민중지원 운동, '제헌의회 소집'을 슬로우건으로 한 정치투쟁을 중심적으로 전개하였다면, 외세와 민족 간의 대립을 모순의 기본 축으로 보는 세력들은 '전방입소 거부', '아세안게임 반대', '미군 기지 습격' 등을 통해 분단의 장벽을 허무는 작업에 일차적인 중요성을 두었다. 학생운동은 1986년 10월 28일의 '건국대 사태'에서 그 정점을 이루었다.

한편 1980년대 이후 교육 교사운동, 예술가들이 주도한 문화운동 혹은 출판운동도 민주화 운동에서 중요한 흐름으로 자리 잡았다. 1985년에는 『민중교육』지 사건으로 다수의 교사가 해직되자 이를 항의하는 학생, 동료교사들의 항의운동이 전개되었다. 1986년에는 YMCA 중등교육자 협의회가 '교육민주화 선언'을 발표하였고, 5월에는 민주교육실천협의회가 조직되었다. 1985년 이후에는 교수들도 성명서 발표 등을 통해 학생들의 민주화운동을 지원하는 세력으로 등장하였다. 문화운동의 경우 1984년에는 민중문화운동협의회를 모태로 하여 본격적인 활동을 전개하였다. 음악, 미술, 문학 부문에 종사하는 예술가들은 민중의 각성과 민족의 해방을 개인적 집단적 창작의 가장 중요한 목표로 설정하였다.

1980년대는 사회과학의 시대였다. 문화공보부에 납본된 책을 보면 인문·사회과학 서적이 문학다음의 자리를 굳히고 있는 것으로 나타났다. 그것은 젊은 출판인들이 주도하고 있엇는데, 당시 출판인이나 독자들이 얼마나 한국 사회 내에서 비판적 인식에 목말라하고 있었는지를 단적으로 보여주고 있다. 한편 1980년대 초는 무크(부정기간행물)의 시대였다. 반시, 5월시, 시와경제 등 시동인지와 실천문학, 삶의 문학, 민족과 문학과 같은 문예지, 르뽀시대, 공동체문화, 등의 르뽀지, 민중, 한국사회연구, 역사와 기독교 같은 종합지들이 쏟아져나왔다. 이들 부정기간행물은 정부가 정기간행물 허가를 통제하는 상황에서 현장의 목소리를 표현하고 공유하고하하는 비판적인 지식인 소그룹들이 게릴라전을 하는 식으로 만들어낸 것이었다.

1984년에서 1987년 사이에 특징적인 현상은 학생과 노동자들의 분신 사태가 빈발하였다는 점이다. 서울대의 김세진, 이재호, 이동수를 비롯하여 노동자 박종만, 박영진 등 많은 젊은이들이 분신하였다. 저항세력의 분신 투쟁은 극단적인 저항의 표현인데 대체로는 지배집단의 통제가 인내의 수준을 넘은 상황에서 사회운동이 대중적인 지지나 확고한 동력을 얻지 못할 경우 발생하는 경향이 있다. 이는 한국의 운동세력이 전통적으로 테러와 같은 공격적인 무력행사를 사용하지 않는 것과도 일맥상통하는 것인데, 개인주의적이고 합리적인 판단보다는 공동체주의와 도덕적 요소가 인간 관계에 매우 중요한 비중을 차지하는 사회에서 나타날 수 있는 저항이다. 즉 저항자들은 적을 향해서 무력을 행사하는 것이 아니라 자살이라는 극단적인 자기 부정의 방법을 통해서 동료와 투쟁의 대상 모두에게 경종을 울리는 분신을 택하게 된다.

가두시위, 점거농성과 같은 투쟁들은 그 자체로서는 적극적인 투쟁 세력 외의 일반 대중들을 동참시키기는 어렵다. 이들의 주장에 동조하는 구경꾼들은 '참가로 인한 희생'이 줄어든다는 판단을 가질 때 적극적, 소극적 지지자로 변화될 수 있다. 한국에서 이것은 언제나 제도정치권의 움직임이 본격화되는 것과 궤도를 같이하고 있다.

즉 소수의 열성파들의 저항운동이 선거의 일정과 맞물려 제도권 야당 정치세력과 저항운동 세력이 결합하는 양상을 지닐 때 중간층은 자신의 개인적인 불만을 정치변화의 기대로 연결시킬 수 있게 된다. 그것의 가장 극적인 형태가 신민당의 현판식과 그것을 계기로 하여 발생한 86년의 5.3 인천사태였다.

한국 민주화는 전형적인 '협약에 의한 민주화'로 볼 수 있다. 이 경우 민주주의는 선거라는 극히 제한된 범위까지만 허용되고, 군부의 재집권은 막더라도 국가권력 기관, 즉 공안기관, 검찰과 사법부 등 군사정권의 기둥이었던 기관은 건재했다. '협약에 의한 민주화'는 직선제, 혹은 '정권교체 가능성'으로 민주주의를 제한한다. 1990년 3당 합당과 같은 위임된 정치지도자들의 간의 일방적 연합, 국가정보원(국정원) 등 공안기관의 선거 개입, 선거 절차를 통해서 과거 반민주, 반인권의 전력을 가진 인사들의 대거 정치권 진출, 계급정치 대신에 구소수세력이 동원한 지역주의에 사로잡힌 대중들의 정치적 의사 표출, 사실상 대통령 1인 통치와 측근 가족의 개입, 국회나 사법부의 행정부의 견제 기능 상실, 정치의 사법화 등의 이유로 정당은 사회적 대표성을 갖지 못하고, 선출된 정치가들의 당적 변경과 야합, 불성실한 국회활동 등 수 많은 반민주적인 사례들이 민주화 이후에도 계속되었다.

한국의 대표적인 민주화 운동인 6월 항쟁이 정치적 민주화의 측면에서도 이러한 한계를 갖는 이유는 4.19 이후의 민주화 운동이 그러하였듯이, 운동의 성과가 정점에 도달하기 이전에 지배블럭에서 타협안을 제출하고, 그러한 지배블럭 주도의 타협안이 잠재적 지지자인 국민들에게 호소력을 발휘하였기 때문이다. 즉 지배블럭의 타협안은 운동세력과 그 익명의 지지세력을 분열시키고, 장 밖의 정치의 입지를 축소시킴과 동시에 저항운동을 장내로 끌어들이는데 성공하였기 때문이다. 이것은 군부 및 한국 지배블럭의 유연한 타협전술의 성공이기도 하지만, 동시에 그러한 항쟁이 시민사회 내의 조직적 밀도나 시민들의 높은 정치의식에 뒷받침된 것이 아니라, 지배블럭의 부도덕성이 국민에게 폭로된 국면에서 미조직화된 대중들의 분노가 폭발한 데 기인하고 있다. 이러한 대중의 저항과 분노가 지배권력의 타협전술에 의해 제도화된다면 기존 권력관계는 그대로 남게 된다. 6월 항쟁이 한국 정치적 민주주의의 발전 과정에서 중요한 전기를 이룬 사건이기는 하나, 대중의 정치참여의 공간은 대중적 시위나 선거 외에는 그다지 확대되지 않았다는 한계를 갖는다.

5. 한국 민주화 운동의 주체

한편 1987년까지 반독재 민주화 시위는 경찰, 군대 등 억압적 국가기관의 강력한 탄압과 통제를 수반했다. 그 출발점은 4.19 당시 시위에 대한 경찰의 발포, 다수의 사상자가 발생한 일에서 시작되었다. 그래서 민주화 운동 과정에서 많은 국민들이 피해를 당했다.

4.19 유족단체 집계에 의하면 대구 2.28에서 4월 26일까지 4월 혁명 당시 경찰의 총격 등으로 사망한 사람은 모두 186명이고, 부상자는 6,259명이다. 서울지역에서의 사망자가 130명으로 대부분을 차지한다. 이들 대부분은 10대 청소년 학생들이었다.

우선 5.18 항쟁 관련 피해 사실을 살펴보면, 5.18 재단의 조사에 의하면 2017년 5월 까지 제6차 보상까지 이루어졌는데, 지금까지 광주시에 신고된 5·18민주화운동 관련 피해자는 사망 155명, 상이후 사망 110명, 행방불명 81명, 상이자 3,378명, 기타 910명 등 총 4,634명으로 파악됐다. 그러나 피해자측(5.18민주유공자 유족회와 부상자회, 5.18기념재단 등 4개 단체) 집계에 의하면 5.18 관련 사망자는 모두 606명으로, 이 가운데 165명은 항쟁 당시 숨졌고, 행방불명이 65명, 상이후 사망추정자는 376명 등이다. 당시 사망자 165명 중 129명은 총상, 9명은 자상, 17명은 타박상으로 목숨을 잃었다고 한다.

1987년 6월 항쟁이 과거의 민주화 운동과 다른 점이 있다면, 서울 등지의 '넥타이 부대'가 직접 행동에 참가했다는 점인데, 이 넥타이 부대를 하나의 '계층, 계급적 성격'을 가진 존재로 볼 것인지, 아니면 1970년대 이후 민주화 운동의 세례를 받은 '세대'의 성격을 가진 것인지는 논란의 여지가 있다. 한국의 민주화와 관련하게 가장 빈번하게 제기되는 주장은 급속한 자본주의 산업화의 결과 광범위한 도시 중간층이 성장했고, 이들이 군부권위주의 체제에 비판적인 태도를 취하게 되면서 민주화는 불가피한 대세가 되었다는 것이다. 즉 중산층이 민주화 운동의 주체라는 것이다. 실제 6월 항쟁 당시 국민운동본부 발기인의 구성을 보면 이러한 점을 확인할 수 있다. 당시 발기인 2,191명 가운데 중간 계급에 속하는 종교인, 재야단체 지역대표, 여성계, 문화예술계 등이 대부분을 차지했고 농민운동과 노동운동을 대표하는 발기인은 210명에 불과하였다. 공동대표나 집행위원장의 경우에도 그러한 경향은 두드러졌고, 심지어는 중상계급이라 볼 수 있는 대한변협 소속의 변호사들도 대표단에 참가하였다. 그리고 앞서 언급한 것처럼 6월 항쟁 당시 가두시위에서 상당수의 도시 화이트칼라들이 참여했고, 이들의 '비폭력 평화노선', 절차적 민주주의의 정상화의 요구가 광범위한 중간층의 공감을 일으켜 이 가담이 군사정권으로 하여금 무력의 사용을 포기하게 만들었다는 것이다.

그러나 1989년 이후 노태우 정권 하에서 한국사회의 보수화 일부 권위주의 체제로의 후퇴과정에 과연 1987년 당시 민주화를 지지했던 중간층이 보수화되었는가라는 질문이 제기될 수도 있다. 특히 1989년의 전교조 해직 사태, 1990년 문익환 목사 방북 사건 전후의 노태우의 공안정국 조성과정에서 노골적으로 사용된 억압적 지배체제는 민주적 원칙을 심각하게 침해하는 조치였음에도 불구하고 도시 중간층은 이에 대해 침묵하였으며, 구시대적 억압적 방법이 그대로 관철될 수 있었다는 비판이 있기 때문이다.

1987년 6월항쟁을 이끈 지도부인 국민운동본부의 구성원이 대학의 학생운동에 가담했던 중간층 출신이라고 볼 수 있지만, 이들은 중간층으로서 자신의 출신 계층, 계급적 귀속성보다는 오히려 1987년 이전부터 민주화 운동에 직접 간접으로 관련된 사람들이라고 보는 것이 적절할지 모른다. 즉 이들을 하나로 묶어준 것은 한국 중간층 특유의 가치관이나 정서라기보다는 사회운동에 가담한데서 오는 유대 의식이라고 볼 수 있을 것이다. 이들은 분명히 노동자 계급과는 거리가 먼 구성인자들로 조직된 것이지만, 말 그대로 무정형의 국민을 대표한다고 보는 것이 적절할 것이다.

6월 항쟁 당시 서울이나 대도시 중간층의 지지는 분명히 6.29 선언을 이끌어낸 매우 중요한 힘의 원천이었지만, 자본주의 발전이 일정한 시점에 이른 당시의 도시 중간층의 지지가 과연 79년 부마사태나 80년 광주항쟁, 그리고 훨씬 더 거슬러 올라가 아직 본격적인 산업화가 시작되지 않아서 도시의 화이트칼라층이 본격적으로 형성되지 않았던 1960년 4.19 혁명 당시의 도시 중간층의 지지와 얼마나 다른 특징을 갖고 있었는지는 논란의 여지가 있다. 즉 4.19 혁명 당시부터 도시 중간층은 여론 형성을 통해서 도전세력에게 힘을 실어주고,

독재정권을 양보하게 만드는 중요한 변수로서 작용해왔다.

한국을 비롯한 동아시아의 중간층이 획일적인 국가교육, 유교문화의 영향 때문에 서구의 중간층과는 달리 자유주의적이지 않다는 지적도 있다. 한국, 대만, 말레이시아, 인도네시아의 중간층이 민주주의를 철저히 옹호하기보다는 '질서'를 강조하고, 권위주의 정권에 복종하는지를 물으면서 서구의 시민사회 개념이 동아시아에 적용될 수 없다는 점을 지적한다. 한국의 부르주아 계급 혹은 중간계급이 국가가 위로부터 민주적 제도를 도입하고, 자본주의적 발전을 주도하는 조건에서 출생당시부터 독자적 정치적 의견이나 이해집단으로 등장하지 못했으며 유사 봉건제적 지배구조인 억압적인 지배체제하에서 피해자라기보다는 수혜자였기 때문에 태생적으로 시민의식과 권리의식, 민주화의 신념으로 무장되지 않았던 존재라는 점은 분명하다. 사회이동이 활발한 사회에서 중간층은 노동자와 연대하기보다는 계층상승의 기대, 즉 상층 부르주아처럼 될 수 있다는 생각을 갖는 경향이 있는데, 이러한 조건은 중간층을 정치적으로는 다소 비판적이지만 경제적으로는 매우 보수적인 존재로 만든다.

결국 4.19 혁명에서 6월 항쟁까지, 그리고 그 사이의 1970~80년대 한국의 민주화 운동은 주로 중고등학생과 대학생들에 의해 추진되었다고 해도 과언이 아니다. 사실 1960년 4.19 혁명이 그 출발점인데, 4.19 혁명은 대학생 시위, 교수단 시위로 이승만이 대통령에서 물러남으로써 마무리되었으나 그 시작은 경남 마산에서의 3.15 시위 등은 중학생과 고등학생이 주축이 된 시위였다. 마산 3.15 시위 당시 사망한 사람은 12명이며, 3.15 이후 4월 26일까지 부상자는 183명이다. 사망자 12명 전원은 20세 이하이고 대부분은 학생이다. 광주 5.18 당시 사망자 평균연령은 27.5세, 1980년 이후 평균생존기간은 13년

1개월로 나타났다. 청소년 사망자 41명 가운데 만 18세 미만이 30명으로 73%에 이르고 있다. 학교급별로는 대학생 13명, 고교생 11명, 중학생 6명, 심지어 초등생도 2명으로 조사되었다.

한국에서 학생들이 민주화 운동을 주도하게 된 이유는 후발자본주의 국가인 한국의 미성숙한 부르주아, 즉 시민계급의 결여와 깊은 인과관계를 갖는다고 볼 수 있다. 한국도 유럽, 혹은 남미의 후발국가의 경우처럼 토지귀족들과 결합하지는 않았지만 국가관료 즉 국가계급과 직접 결합하였다. 따라서 오랫동안 국가는 자본가의 역할을 대행하였으며, 시민사회 내부의 차별성을 압도하였다. 노동계급이 일방적으로 배제된 상태에서 모든 형태의 저항운동은 재야세력, 지식인과 학생들이 주도하였다. 이러한 학생 주도성은 노동계급이 경제활동 인구구성에서 중심적 집단으로 성장한 1980년대 중반 이후 상황에서도 그대로 지속되었다.

그러나 1980년대 중반 이후 급속한 산업화를 겪은 한국에서 기업가, 대자본가 집단은 국가의 후원을 받는 존재에서 벗어나 이제 독자적 사회, 정치 집단으로 성장하기 시작하였다. 한국에서 지주세력이 '사회적 존재'로 더 이상 존재하지 않는다고 본다면 민주화는 단순히 군부 권위주의 정권의 퇴진 문제에 국한되는 것이 아니라 대외적으로는 국가의 자율성 문제, 대내적으로는 자본주의 발전과정에서 자본의 힘을 어떻게 견제하는가의 문제, 즉 국가와 대기업 혹은 재벌간의 관계를 어떻게 정립하느냐의 문제로 집약된다.

1970~80년대 대학생들은 4.19혁명의 기억과 1960년대의 반독재 민주화 운동, 그리고 광주 민주화운동의 기억을 가진 가장 조직화된 세력이었다. 그래서 한국 민주화 과정의 주역은 언제나 학생, 지식인, 노동자 등의 연합 세력이었다. 한국의 중산층, 그리고 부르주아

층, 그리고 자유주의 성향의 지식인들도 반독재 운동에 대해 적극적인 지지를 보내지는 않았다. 19세기 그리고 20세기 초반의 유럽과 달리 노동자, 농민, 중간층 역시 이 민주화 운동에서 주도적인 역할을 하지는 못하였다.

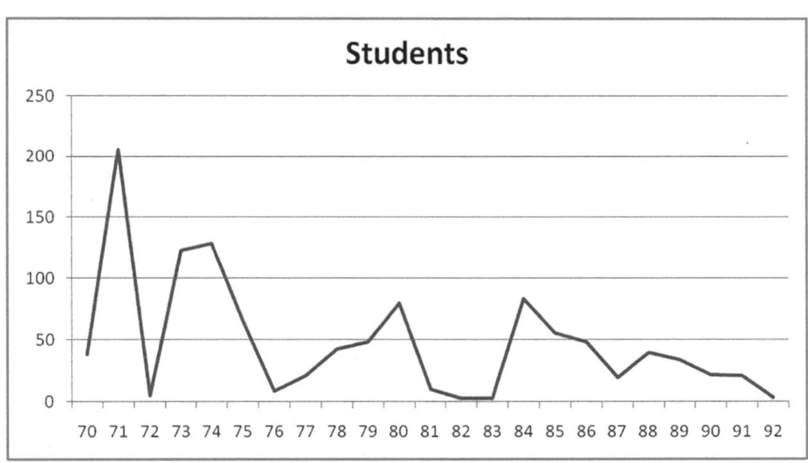

출처: https://guides.loc.gov/south-korean-democratization-movement

1970년 이후 학생들이 주도한 시위 빈도수

과거 운동의 기억은 학생들의 집단적인 문화 속에 녹아들어 그들의 행동을 지시하는 가장 중요한 교사였다. 비록 대학이라는 제도 속에 있었지만, 이들에게는 대학 제도보다는 과거의 기억과 그 기억의 실체인 선배들의 가르침이 사회화 과정에서 더욱 더 중요한 역할을 하였다. 당시 대학생들에게서 가장 가까운 현실은 대학보다는 정치 현실이었으며, 대학 내에서는 과거부터 내려온 써클 그것의 학습 과정, 집단적인 의식과 행사가 더욱 중요한 공적 공간이었다. 이들은 이념의 생산자는 아니었으나 기존의 지식 사회가 이들에게 전수해 준 현실해석과 운동의 이념적 자산이 별로 없었기 때문에 이들 스스로가 이념의 생산자가 되었다. 삶의 존재조건을 바탕으로 하지 않는 집단이 그러하듯이 학생 역시 '광주'에 대한 부채의식, 도덕적 윤리적 기준과 정치사회현실과의 괴리가 저항운동의 가장 큰 동력을 형성하였다.

민주화 운동에서 학생 혹은 지식인 선도성과 적극적인 역할은 한국의 사회운동 나아가 한국사회 그 자체를 이해하는데 매우 중요하다. 과거 인도네시아 전역에서 발생한 반(反)수하트로 운동이나 과거 필리핀의 민주화 운동에서 나타난 것처럼 후발자본주의 국가 중에서 한국만이 학생과 지식인이 민주화 운동에 선도적인 것은 아니었다. 그러나 4.19 혁명에서 6월 항쟁에 이르는 기간의 민주화 운동, 거슬러 올라가서 3.1운동, 6.10만세 운동, 광주학생운동, 일제 하의 독서회 사건과 적색 농민조합 운동에 이르는 오랜 기간 투쟁적인 학생 정치운동이 지속된 사실 자체는 분명 세계사를 보더라도 매우 이례적인 현상이가고 볼 수 있다. 저항운동에서 학생 주도성은 운동이 체제변혁과 정치적 민주화에 갖는 한계와 맞물려서 근대 한국사회운동사의 큰 줄기를 형성하고 있다.

1980년대 초 이들은 1970년대 이래 지속되어 온 학생써클을 중심으로 유인물 배포, 산발적인 시위를 조직하여 저항을 시도하였다. 그 중에서도 1982년 3월의 부산 미문화원 방화 사건은 1980년대 민주화 운동 혹은 학생운동의 획을 긋는 중대한 전기가 되었다. 비록 당시 청년 학생들의 시도는 불발에 그쳤지만, 미국을 더 이상 우방으로 보지 않고 '지배자'로 보는 그들의 시각과 '방화'라는 상징적인 폭력 행동을 시도한 점 자체가 국내외적으로 큰 충격을 주었다. 이후 강원대의 성조기 소각 사건, 서울대 민주화추진위원회의 '깃발' 사건 등도 전투적 학생운동의 등장을 예고해 준 사건들이었다.

학생운동의 지도부는 단순히 학습과 연구의 연장에서 학생운동에 참가하기 보다는 사회변혁을 위한 투사적 자세를 견지하게 되었다. 일부 학생운동 그룹은 직업혁명가의 자세를 연마하기도 하였다. 그리고 1984년 학생회가 부활하자 대중적 학생운동의 기회가 열리게 되었는데, 이 시기 이후 학생운동은 단순한 1970년대의 지사적 운동, 1980년대 초반의 혁명지향적인 운동의 양상을 벗어나 정치운동의 성격을 지니게 되었다. 일반 학생들이 학생운동의 정치적 노선에 따라 분열되는 양상이 나타났으며, 학생회 혹은 운동의 주도권 장악을 위해 서로 간의 심각한 노선투쟁도 벌였다. 이러한 조건에서 지배체제에 대항하는 유일한 정치세력으로 학생들은 정치화되었다. 기성의 사회운동이 학생들의 최신 이론 조류, 학생운동 내의 노선투쟁을 오히려 학습하기에 바빴고, 이들의 동향을 운동의 전개에서 가장 중요한 변수로 고려하기 시작하였다.

한편 1980년대 민주화 운동에서 학생과 더불어 종교인, 교수, 문인 등을 주축으로 한 재야 인사들도 새로운 조직체를 조직하였다. 1983년의 민주화운동청년연합을 필두로 하여 1985년의 민주통일민중운동연합(민통련)이 조직되었다. 이 조직은 유화국면 이후 조직된 각종의 민중운동, 민주화운동, 통일운동을 지도하는 실질적인 구심이 되었다. 민통련은 민주화와 통일을 가장 중요한 운동의 과제로 하였다. 이 조직은 1986년 이후에는 직선제 개헌 문제를 거론하며 6월 항쟁을 유도하는 정신적이고 이념적인 구심의 역할을 하였다.

1970년대부터 1980년대 중반까지의 민주화운동 관련 수형자들의 직업별 분포를 보면 우선 1970년에서 1979년 사이 전체 2,704명 중에서 학생과 청년이 1,197명이고, 다음으로 노동, 농업 관련자가 242명이며, 성직자가 82명이고 종교단체 종사자 50명, 언론인 문인이

〈표 1〉 1970년대 정치범의 직업별 분류

	1970	1971	1972	1973	1974	1975	1976	1977	1978	1979	계
학생청년	2	43	1	165	246	126	27	90	230	267	1197
노동농업		69	7	49	5	5	1	7	58	41	242
성직			1	3	12	4	22	11	7	22	82
종교단체				1	5			1	8	35	50
언론문학	5	3	2		13	14	1	6	20	20	84
기타		41	28	16	50	11	20	5	24	854	1049
합계	7	156	39	234	331	160	71	120	347	1239	2704

자료: 한국기독교교회협의회 인권위원회 편저, 『1970년대 민주화운동』 3, 1987, 한국기독교교회협의회, 2066쪽.

82명, 회사원 연구원 70명, 교직이 52명, 빈민이 43명이다. 학생·청년·성직자·언론인·문인·교직자를 모두 지식인의 범주에 넣는다면 1970년대 민주화운동은 지식인과 준지식인인 학생들에 의해 추동됐다고 볼 수 있다. 노동자, 농민, 빈민 등 민중 세력의 비중은 적어도 구속자 수에 관한한 10퍼센트를 넘지 않았다. 1980년에서 1985년 사이에는 전체 구속자 3,291명 중에서 학생과 청년이 1,981명, 성직자가 6명, 종교단체 종사자 23명, 언론인 문인이 35명, 교직이 53명 등을 차지하고 있으나 노동·농업이 490명을 차지하고 있어서 학생·청년의 비중이 여전히 높기는 하지만 1970년대에 비해서는 민중 세력의 비중이 약간 높아졌다.

학생과 지식인의 정치 참여는 성균관 유생들이 중요한 의견집단의 역할을 했던 조선시기나 일제 하 항일운동 이후의 오랜 전통이다. 지식인 지배자(관료, 선비 등)와 저항 지식인(성균관 유생, 재야 학자 등)의 대립은 조선 초기부터 존재했는데, 학생들이 시위하고 청원하는 방식으로 정치에 참여하는 조선시대의 '선비정신'의 전통이 현대까지 지속되는 나라는 한국이 유일하다. 이것은 '백성'을 정치에서 완전히 배제하고 이들을 오직 자신의 경제활동 즉 생업에만 종사하도록 요구하면서, 정치는 군자, 즉 교육받은 사람들의 독점적인 일로 보는 유교문화의 영향일지도 모른다. 백성들은 극한상황에 몰린 '예외적인 경우'를 제외하고는 자신의 불만과 정치적인 의견을 권력자 혹은 '저항 지식인'에게 위임했고, 저항 지식인은 자신이 세상일에 참여하지 않으면 안 된다는 사명감과 도덕적 의무감을 갖고 있었다.

기독교인들이 이렇듯 민주화 운동의 선봉에 나서게 된 것은 한국의 분단 반공체제, 특히 1970년대의 매우 억압적이고 파시즘적인 정치 상황과 연관시켜 볼 수 있다. 문인, 교수, 기독교인들은 국가와 자본에 가장 덜 포섭적인 존재로서 비교적 자유로운 지식인이며, 이런 이유 때문에 시민사회의 이해관계로 부터 가장 자유로운 존재이다. 사회관계로 부터의 독립성 혹은 정치적 관계로 부터의 상대적 독립성이 오리려 정치문제에 대한 이들의 도덕성이 갖는 호소력을 높일 수 있는 사회적 힘으로 작용하게 되었다. 특히 목회자의 경우 가장 반공주의(Anti-communism)입장을 견지할 것으로 예상되는 존재였으므로, 파시스트적인 반공주의의 이데올로기 지형 속에서 상대적으로 좌익의 혐의를 받지 않고 자유롭게 정권을 비판할 수 있는 존재로서 부각될 수 있었다. 따라서 이들의 힘은 이들이 현실정치에 이해관계를 가지고 있지 않다는 전제 속에서 발휘될 수 있는 것이고, "정치는 정치가만 하는 것이고, 시민사회는 정치에 간섭해서는 안된다"는 이데올로기 지형 위에서 가장 잘 발휘될 수 있는 것이었다.

물론 일부 개혁적인 목회자가 일하는 교회가 저항의 거점 역할을 하게 된 이유는 두 공간이 냉전 분단 아래에서 사상이나 이념과 무관하게 '순수한 입장'에서 세상의 잘못을 고발하고 비판할 수 있는 곳으로 간주되었기 때문이다. 학생과 목회자, 지식인들은 고등교육을 받았다는 공통점을 갖고 있으며, 이들은 '이해관계'보다는 '도덕적 명분'에 따라 움직일 것이라는 기대를 받는 존재였다. 그러나 이들의 발언과 행동이 대한민국의 정당성을 근본적으로 비판하는 반체제 민족주의, 노동자의 이익을 옹호하는 계급적 노선을 지지할 경우 가혹한 탄압을 받았으며, 친북, 좌파로 몰려 탄압을 받았다. 그것은 한국의 분단, 전쟁 체제에서 한국의 저항운동이 자유민주주의라는 헌법적 가치 안에서만 허용됐다는 말도 된다.

6. 한국 민주화의 한계

민주화 이후 대통령이나 의원의 직접 선출권의 확보가 실제 '다수자의 지배'인 민주주의 안정화를 가져오기는 어려웠다. 즉 이론적으로나 경험적으로나 민주화와 민주주의 간에는 심각한 거리, 장애요인이 존재한다. 서유럽이나 미국의 민주주의도 단순한 제도와 법의 고안의 산물이 아니라 민중들의 오랜 투쟁과 지배 엘리트들의 타협 과정에서 제도화된 것이고, 또 과거 파시즘과 전체주의처럼 역전의 과정을 겪기도 했다. 안정된 민주주의 국가로 분류되었던 서구 여러나라에서도 대의제 민주주의, 즉 언론자유, 정당정치, 사법독립, 주기적이고 공정한 선거와 정권의 교체, 자체의 기반도 크게 흔들리고 있다.

1945년 이후에 산업화와 군사독재 등을 겪은 후발국가에서의 민주화가 민주주의의 공고화(democratic consolidation)로 연결될 수 있는 선거외의 시민참여나 정치문화가 저발전되어 있다. 그래서 민주화는 어려가지 한계에 부딪친다. 특히 군사독재 종식 이후 신자유주의 세계화 국면에 들어선 국가들에게 민주화에서 민주주의로 가는 길에 여러 가지 장벽을 맞게 된다. 1989년 사회주의 붕괴 이후 일반화된 '자유시장+민주주의=발전' 도식은 1990년대 중반에 들어 후발국에서 '민주주의 공고화'에 대한 회의와 '불평등 심화'라는 도전에 직면하였다.여기서 군부독재의 종식 혹은 민주화가 이루어지는 방식, 즉 물리적인 충돌, 체제 전복이나 혁명의 방식으로 이루어지는가 혹은 군부와 민주화 세력의 협약을 겨쳐 이루어지는가에 따라 이후 진로가 크게 규정된다. 즉 군사정권이 종식되는 과정, 즉 민주화의 방식에 따라 민주화는 역전될 수도 있고, 선거 민주주의로 민주화가 제한될 수도 있다.

민주주의는 개인의 안전과 표현의 자유, 의사결정에서의 자율성이 보장되지 않으면 작동하기 어렵다. 민주주의는 시민의 생명권, 자기결정권 보장, 그리고 사상과 양심의 자유가 보장을 전제로 한다. 그래서 오늘날 1990년대 이후 세계 대부분의 국가가 겪고 있는 민주주의의 심각한 후퇴 상황은 우선 자유권, 국민 주권 행사의 제한이 그 근저에 있다. 이와 더불어 불평등, 즉 자본주의와 민주주의의 충돌과 긴장, 시민사회의 밀도, 특히 강력한 사회조직이나 사회적 권리의 제약이 중요한 원인으로 작용한다. 특히 선출되지 않는 권력, 특히 관료 집단과 검찰, 사법부, 대자본, 그리고 심화된 사회경제적 불평등과 시민권의 침식은 선거와 삼권분립, 법치가 보장되어도 민주주의를 심각하게 제약하게 된다.

민주화 이후 선거제도가 부활된다고 하더라도, 선출된 권력이 무대 뒤의 선출되지 않은 권력에 조종, 압도당하거나 상황, 엘리트 집단이나 세습되는 자본권력이 선출권력을 압도하는 상황, 법 위의 권력이 존재하는 상황, 이것을 미국 정치학자인 셸던 월린(Sheldon

Wolin)은 '전도된 전체주의'라 불렀다. 그는 법인 기업들로 대변되는 사적인 통치체계와 전통적인 통치(정부) 사이의 공생관계를 부추김으로써 자신의 동력을 획득한다고 주장한다.5) 선거제도, 주기적 정권교체, 언론자유나 시장경제 활성화는 정치적 민주주의의 중요한 기반이지만, 그것만으로는 새로운 권위주의의 도래, 극우 정당의 등장과 민주주의의 심각한 후퇴, 혹은 포퓰리즘(populism)의 확산을 막지는 못한다. 탈냉전, 신자유주의 이후의 상황 속에서 불평등이 심화되고, 소비주의 개인주의 문화가 확산되면서 민주주의에 부정적인 사회문화적 환경이 조성되었다. 특히 정당의 대표성, 시민 참여는 더 심각한 도전을 받게 되었다. 세계화된 경제질서와 맞물린 각국의 신자유주의적인 경제정책은 오랜 투쟁으로 성취했던 사회적 민주주의는 물론 자유민주주의의 기반도 잠식하고 있다.

그래서 보통·평등 선거권에 의한 대표의 정기적이고 자유롭고 공정한 선출이 민주주의의 출발점이라고 한다면, 한국 민주화 운동의 가장 대표적인 두 계기 즉 광주 5.18 항쟁과 6월 항쟁은 엄밀히 말해 이러한 '출발점의 출발점' 정도에 위치해 있다고 볼 수 있다. 그런데, 1987년 6월 항쟁 이후 대통령 선거결과 5공 세력인 노태우가 대통령에 당선이 되었는데, 그것은 '자유롭고 공정한 선출' 과정 자체에 심각한 한계가 있었기 때문이다. 그것은 자유롭고 공정한 선거의 전제가 되는 각 세력의 자유로운 선거참여, 표현과 결사의 완전한 자유의 보장, 의회에 대한 국가의 완전한 책임성이 거의 이루어질 수 없는 제약 속에서 이루어진 제한적인 승리였다고 볼 수 있다.

대통령 직선제는 부활되었으나 이후의 선거 민주주의도 파행을 겪게 되었다. 선거 민주주의를 농단한 대표적인 사례는 한보비리, 세풍사건, 대통령 아들들의 비리사건, 삼성, 두산, SK 등 대선자금 사건 등 각종의 거대한 부패사건 들이 있었고, 지방자치단체 선거, 각 시도 교육감 선거, 국립대학의 총·학장 선거에서도 뇌물수수, 선거법 위반 사례가 발생했다. 자치단체장에 대한 기소 건수는 142건으로, 4명당 1명꼴로 기소되는 불명예가 계속됐다. 간선제인 교육감 선거는 더욱 혼탁하다. 2005년 들어서도 전국 16개 시·도 교육감 가운데 3명이 부정선거 등 혐의로 구속되거나 불구속 상태에서 재판을 받았다. 직선제가 도입된 이후 치러지고 있는 국공립대학의 총학장 선거는 학문의 전당인 대학의 권위와 학자들의 명예를 완전히 실추시킬 정도로 돈과 연고에 지배되고 있으며 혼탁하고, 반지성적이었다.

이익 실현, 사회권 쟁취 운동으로서 노동운동은 1987년 7~9월 대투쟁 이후 본격화된 것은 매우 주목할만한 일이다. 민주화 이후 노동조합의 설립이 자유로워졌고, 노동운동이 사회운동의 전면에 등장했다. 1987년 이전의 노동운동은 학생과 지식인 주도의 민주화 운동이었지만 1987년 이후에는 노조결성을 통한 일터에서의 민주화운동, 노동·인권운동, 임금인상을 통한 분배정의 실현운동의 양상으로 존재했다. 이것은 회사의 일터 단위의 지배구조 개혁 작업과 노조의 인정을 위한 투쟁에서 시작해서 초보적인 형태의 사회적 권력을 확보하기 위한 투쟁으로 전개됐다. 민주화 이후 노동조합을 비롯한 각종의 자발적인 결사체, 언론기관이 팽창하였으며, 지역단위 시민조직화가 괄목하게 진전되었다.

민주화 이후 10년 만에 가까스로 집권한 김대중은 민주주의 발전에 필요한 제도개혁을 구상했고, 정책역량을 갖춘 정당조직 발전과 지방자치체의 정착, 그리고 참여민주주의 실천을 위해 국민경선제 도입을 통해 대통령 후보를 선출하는 방안을 구상하고 실행했다.

그리고 국내 민주주의의 기반 강화를 위해 남북대화와 남북 평화체제 구축을 시도했고, 노동자 정치활동의 자유 보장, 여성 인권 신장과 양성평등 실현을 추진했다.

1961년 5·16부터 1987년 6월항쟁까지의 정치사는 군부와 학생들 간의 정치적 대결로 요약할 수 있는데, 1990년대 이후에는 군부와 학생 양쪽 모두 대결의 장에서 후퇴했다. 그러자 1990년대 이후의 정치권은 박정희, 전두환 그리고 신현확 등이 심어놓은 영남 출신 엘리트의 지배가 더욱 강화됐다. 1987년 대선, 1988년 총선, 1990년 3당 합당 이후 모든 선거에서 지역주의는 민주화의 진로를 제약하는 새로운 정치구도가 됐다. 영남 패권주의 상황에서 호남 출신 김대중 정권의 등장은 그의 민주화 운동과 정치적 탄압의 이력에 힘입은 것으로서, 오히려 예외적인 면이 있었다. 즉 분단과 반공이라는 지배 질서는 박정희와 신현확의 후계자들을 권력자의 자리에 남아 있게 만들었고, 세계적 탈냉전의 기류에도 불구하고 한반도에 엄존한 남북 대결구도는 정치적 이념의 선택 폭을 제한하고 진보정당의 의회 진출을 억제하였으며, 일반 대중의 정치참여를 여전히 제한했다.

1987년 6월항쟁과 정치적 민주화 이후 1990년대 초반 한국은 '사회'의 팽창기라 할 수 있다. 절차적 민주주의의 제도화와 대중의 물질적 조건의 향상은 1987년까지 반복되었던 '분노의 폭발', 급진적 지식인들의 '혁명' 노선이 설득력을 가질 수 없게 만들었다. 정치적 민주화가 일정 정도 성취되고 저항자들도 제도적이고 합법적인 방법에 호소하자, 정부도 공안기관이나 경찰력보다는 언론과 사법을 통한 질서유지에 더 무게를 두었다. 지역운동도 대단히 활발해졌다. 대학생은 정치적 사회운동의 주체로서의 지위를 상실했고 목회자, 교수, 언론인, 문인 등의 지식인은 점차 제도권 안으로 흡수됐다.

대신 여성운동과 환경운동과 같은 새로운 형태의 운동이 본격적으로 등장했다. 그 중에는 지역의 시민운동, 지방자치 단위에서의 시민참여운동, 환경운동 등과 같이 지역 단위에서의 시민권력을 창출하기 위한운동도 있고, 대안교육운동, 협동조합운동, 공동체운동과 같이 새로운 질서를 지향하는운동도 있다.

한국의 민주화 운동은 두 대통령을 감옥에 보낼 정도로 과거 제3세계에 속한 나라 중에서는 보기 드물게 높은 성취를 거두었다. 그러나 자세히 살펴보면 민주화 이후에도 한국의 정치, 사회관계는 여전히 과거와의 연속성이 강하다. 3, 4, 5공화국 하에서 의회, 검찰, 행정부 등 핵심 권력기구를 장악하고 있던 정치엘리트들이 여전히 권력권에 머물러 있다. 6월 항쟁 이후 1970~80년대 이래 저항운동에 몸바쳐온 세력은 자신의 투쟁의 경력, 연대감, 조직적인 힘을 정치적 힘으로 전환하는 데는 제한적인 힘만 발휘했다. 대통령의 권위주의적 통치방식은 여전하며 정치가들과 관료들의 부패와 무책임성은 여전히 지속되었다. 노동조합의 조직형태는 1980년 신군부가 강제한 기업별 조직의 형태를 벗어나지 못하고 있으며, 노동자의 정치사회적 권리도 아직 상당히 낮은 수준에 있다. 1990년대 초 이후 새 시민단체가 등장하여 활발하게 활동하고 있으나 그 운영은 주로 활동가와 전문가에게 크게 의존하고 있으며 대중적, 지역적 토대는 취약하다. 1995년 이후 지방자치제 선거가 실시되기에 이르렀으나 권력의 분산 및 지역민의 자발적인 참여는 여전히 초보상태이다.

6월 항쟁 이후 한국의 반독재 민주화 운동 세력은 강력한 계급계층적 기반을 가진 독자적인 '행위자' 혹은 정당으로 등장하지는 못했다. 민주화 주도세력인 학생과 청년들이 지나칠 정도로 '계급담론'에 의존하거나, 반제국주의 담론을 주창하며 운동을 진행했음에도 불구하고 기존의 지배권력 즉 과거 군부독재를 떠받쳤던 한국의 지배블럭은 지금까지도 건재한다.

민주화 이후 민주주의 한계, 특히 정치적 민주주의와 사회경제적 민주주의의 불일치, 혹은 제한적이고 형식적 민주주의와 실질적 민주주의의 불일치와 충돌 현상은 한국에서만 나타난 것이 아니라 후발자본주의의 경로를 겪은 거의 모든 국가, 그리고 오늘의 선진 민주주의 국가에서도 공통적으로 나타나고 있다. 정치적 민주주의가 어느 정도 확립된 서유럽이나 미국 등 민주주의 선진국에서도 1990년대 신자유주의 질서가 확산되면서 국제 금융자본과 국내 대자본의 통제력이 강화되고, 기업 권력에 의해 노동자의 인권과 생존권, 작업장에서의 권리가 제한되면서 탈정치화 현상이 두드러지고, 정당의 사회 대표기능도 약화되는 경향이 두드러졌다. 그래서 한국의 민주화 운동과 민주주의가 겪고 있는 어려움은 한국만의 현상이 아니라 사실상 전 세계적인 현상의 일부라 볼 수 있다.

물론 선거제도 자체가 민주주의를 의미하는 것은 아니며, 선거제도가 부활했다고 해서 민주주의가 공고화되리라고 기대하기도 어려운 점이 많다. 프랑스 정치학자 버나드 마넹(Bernard Manin)은 민주주의와 선거는 다른 것이며, 어떤 점에서 선거는 엘리트 지배를 영속시키는 기제라고 지적하기도 했다.[6] 죠셉 슘페터(J. A. Schumpeter)는 민주주의를 대표를 선출하는 방법에 불과하며, 단순 다수결에 기초한 선거 제도는 인민의 의사를 유효하게 반영하기보다는 오히려 인민의 의사를 왜곡한다고 비판하기도 했다.[7] 대통령 간접선거 제도를 고수하는 미국은 물론이고, 70년 이상 거의 자민당이 집권해 온 일본, 거대 지주들이 국가를 좌우하는 필리핀, 국왕이 건재한 태국 등 아시아 여러 나라의 사례를 보더라도 선거를 비롯한 자유민주주의의 여러가지 제도가 어떻게 합법적 방식으로 경제력을 가진 계층이나 기존 엘리트들에게 안정된 권력을 보장해주는지를 잘 알 수 있다.

그래서 민주화가 민주주의로 연결되기 위해서는 여러 민주주의 제도가 뿌리내리고 있어야 하고(예를 들면 정당한 정치 경쟁, 공정한 선거, 독립적인 사법부, 자유로운 언론, 권력에 대한 견제 등), 선거에 의해 교체되지 않고, 대표되지도 않는 국가권력, 즉 관료나 사법부에 대한 시민적 개입과 통제의 필요성도 필요하다. 그리고 시민들이 정치 공동체, 그리고 사회경제 질서 내에서 동등한 존재로서 여러 가지 권리를 누릴 수 있어야 하고, 그들이 지속적으로 정치과정에 참여할 수 있는 형식적 실질적 조건이 마련되어 있어야 한다.

오늘의 신자유주의적인 시장 자본주의 하에서 국가 내 권력, 부, 지위의 차이는 민주화 운동 그리고 민주주의의 제도화에 따라 점차 완화될 수는 있으나 완전히 제거되지는 않는다. 한국의 정치적 민주주의는 군사독재의 억압에 의해서만 저발전된 것이 아니라 군사독재가 조성하거나 군사독재를 뒷받침하고 있는 국가의 근원적인 존립 기반, 즉 남북한 간의 군사적인 대결구조 및 국가의 존립기반과 군사독재에 의해 조성된 경제적, 사회적 역학에 의해 지체되어 왔다. 군사독재가 물러가고 정치적민주주의가 확보된 조건에서도, 지역주의 정치구도가 고착화되었고, 민중의 참여가 배제되는 등 실질적인 민주주의는 여전히 지지부진한 수준을 면하지 못하고 있는 이유도 여기에 있다. 경제력을 가진 세력이 여전히 의회를 장악하고 있고, 이들이 각종의 법적 장치를 통해서 새로운 세력과 정당의 진입을 가로막고 있으며, 사법부나 행정부를 통제하고 있으며, 각종의 입법 활동을 통해서 사회 내의 모든 의사결정 과정에서 자신의 독점적 지위를 향유하고 있기 때문이다.

7. 맺음말

한국은 1945년 이후 독립한 국가 중에서 민주화와 경제발전을 동시에 성취한 나라로 국제적으로 종종 거론되고 있다. 그것은 대체로 사실이다. 특히 권위주의 체제를 겪은 나라 중에서 한국 정도의 민주화를 성취한 나라도 세계에서 찾아보기 어렵다. 오늘날 세계 청년들에게 큰 감동을 안겨주고 있는 K-팝 문화, 한국 영화의 세계적 영향력 확대, 그리고 디지털 선도국가로의 위상은 이런 민주화 운동이 없었으면 성립할 수 없었을 것이다. 한국 문화의 개방성과 유연성, 한국 청년들의 세계적 영향력 확대는 민주화가 가져다 준 것이라고 해도 과언이 아니다.

한편 한국은 과거사 청산에서도 매우 모범적인 국가다. 군사정권 시기 발생한 인권침해 사건, 한국전쟁기 학살 사건, 일본 제국주의에 지배 하에서의 피해 사실 등에 대한 진상규명이나 피해자 명예회복 사업도 큰 성과를 거두었고, 그것은 아마 아시아 남미 아프리카 국가 등 과거 권위주의와 국가폭력을 겪은 나라 중에서 가장 모범적인 사례라 봐도 좋을 것이다.

그러나 검찰, 국정원 등 수사기관의 인권침해나 범법에 대한 단죄, 가해자에 대한 처벌은 제대로 이루어지지 않았다. 그래서 여러 국가기관의 설립과 조사 등 과거청산의 노력에도 불구하고 야당이나 사회운동 인사들에 대한 공권력의 사찰과 감시, 인권침해, 권력남용 사건은 완전히 근절되지는 않았다. 이런 민주화의 굴절을 빼져리게 느낀 시민사회 단체는 이런 대통령 직선, 선거민주주의로 협애화된 민주주의 지형 하에서 구세력의 재등장을 저지하려 했다. 2000년 15대 총선시의 낙선. 낙천 운동 등과 같은 초유의 '유권자 정치운동'이 그것이다.

결국 남북한의 적대, 냉전 반공주의 체제의 지속은 민주화 운동의 발목을 잡거나 한국 민주주의를 위협하는 항상적 요인으로 여전히 작동하였다. 지구적 탈냉전의 기류에도 불구하고 한반도의 탈냉전, 즉 분단의 이완은 이루어지지 않았다. 1989년 사회주의 붕괴 이후 냉전체제가 이완되는 조짐이 있었으나, 그것은 교차승인 즉 북한과 미국의 관계 정상화 없이 한국과 중국 간의 국교정상화로만 비대칭적으로 전개되었고, 북한의 핵개발 위기에 맞물려 남북한 간의 긴장은 지속되었고, 선거 시 '북풍 공작' 등의 방식으로 구보수세력은 민주주의의 도정을 계속 저지했다. 결국 사회주의 붕괴로 인한 미국의 단일패권 강화 등 보수적인 국제정치의 분위기와 더불어 신자유주의적인 세계화의 거센 압박 속에서 경제 자유화 흐름은 정치적 민주화의 흐름을 압도하였다.

한국의 민주화의 성과는 1997년 외환위기 이후 본격화된 탈산업사회의 여러 징후들, 세계화, 시장개방, 신자유주의 구조조정, 노동시장 유연화 등으로 인한 경제·사회적 불평등의 심화를 막을 수는 없었다. 김대중 노무현의 집권은 대외적으로는 세계화와 신자유주의의 압박, 국내에서는 분단과 개발독재의 적자인 재벌 대기업과 보수언론의 계속되는 공격을 받지 않을 수 없었다. 특히 1997년 외환위기와 신자유주의 구조조정에 직접 노출되면서 노조운동은 성장의 과실을 얻기도 전에 크게 약화됐다. 기업단위의 조직 체계를 가진 한국에서 노동운동은 회사 내의 조합원 이익 실현에만 주로 관심을 두었으며, 하나의 정치 사회적 힘을 가진 세력으로 커나가지 못했다. 이것이 2004년 국회에서 10석까지 차지하면서 기대를 모았던 민주노동당 등 진보정당이 좌절하면서 민주주의의 사회적 동력도 약해졌다.

결국 한국의 민주화는 정치적으로 크게 성공했으나 그것이 한국 정치사회의 지층으로까지 정착되었다고는 말하기 어렵다. 그것은 군사독재가 종식된 1980년대 중·후반 이후 한국은 민주화 운동의 동력을 민주주의의 공고화로 연결하여, '강한 민주주의'로 나아하기에는 매우 많은 부정적 유산을 안고 있었기 때문이다. 특히 1987년 민주화 이후에도 안기부 등 공안기관, 검찰과 법원, 경찰기구, 관료조직, 우익 관변 사회단체 등에 의해 지탱됐다. 군부독재를 지탱한 구세력은 새로운 방식으로 전열을 가다듬고 계속 영향력을 지속하였다. 특히 냉전 분단의 유물인 국가보안법이 민주화 이후에도 건재했고, 의회민주주의와 책임정치의 실현을 방해해 온 과거의 수사정보기관(중앙정보부, 안기부, 국정원)이 거의 그대로 살아남은 데다가, 군사독재의 중요한 기둥인 언론도 그대로 남았다.

그리고 1987년 헌법으로 대통령 직선제는 부활되었으나 새 헌법에는 단순다수 득표제의 대통령 선거와 총선거 제도가 오히려 정착되어 선거의 국민적 대표 기능이 매우 취약했는데, 특히 다양한 계급계층의 이해를 반영해야한다는 선거정치의 취지를 발휘될 수 없었다. 이처럼 승자독식 제도에 기초한 국회의원 선거제도가 유지되는 이상 거대 여야의 정치적 독점은 오히려 강화될 수밖에 없는 구조적 조건을 안게 되었다. 특히 오랜 군부정권 개발독재 시기에 육성된 재벌 기업, 보수 주류 언론, 매우 정치편향적인 사법 및 검찰 관료기구의 긴밀한 결합구조는 오히려 민주화 이후 더 공고해졌다. 특히 민주화 이후 많은 시민사회 운동이 전개되기는 했으나 행정부에 대한 시민의 감시와 통제, 언론의 자유, 사법부와 검찰의 독립성, 노동자의 시민권과 인권 보장, 학교에서의 민주시민 교육 등이 제대로 뒷받침이 되지 않았기 때문에 민주화가 민주주의 공고화로 나가는 도정에서는 걸림돌이 많았다.

결국 한국의 민주화는 절반의 성공을 거두었고, 이제 새로운 단계로 도약해야할 과제를 안고 있다. 그것은 정치적 민주화를 민주주의의 실질화, 공고화, 질적인 차원으로 어떻게 한 차원 높일 것인가의 과제로 집약된다.

미주

1) 강정인 외, 『민주주의의 한국적 수용: 한국의 민주화, 민주주의의 한국화』, 책세상, 2002, 34쪽.

2) 장신기, 『성공한 대통령, 김대중과 현대사: 김대중 재평가』, 시대의 창, 2021, 68쪽.

3) '살인마 전두환 공개 처단'을 요구한 5월 25일 민주투쟁위원회의 주장과 무력진압을 계획한 계엄군과의 협상의 여지는 없었다. 시민군 측 5월 26일 기자회견에서 윤상원은 "무기를 반납하고 항복할 경우 아무 것도 얻어낼 수 없을 것이고, '이래도 죽고 저래도 죽을 것이고', 군부가 더 많은 사람을 죽이기도 어려울 것이기 때문에, 국제여론이 우호적으로 돌아서고, 시민군이 계엄군이 들어오지 못하도록 방어를 하면서 항쟁을 하면… '설령 진다고 해도 영원히 패배하지는 않을 수 있다"고 말했다.

4) 위컴 전 한미연합사령관은 비상계엄 선포 후 다음과 같은 입장을 표명하였다. "우리는 전두환에 의해 정부가 움직이는 현실을 받아들여야 하며 그들과 협조해야 한다." 그러나 그들은 특전사 부대가 5월 18일 광주로 파견되었다는 사실도 몰랐으며, 한국군의 만행을 알면서도 묵인한 것은 아니었다고 고백하고 있다.

5) 셸던 월린, 우석영 옮김, 『이것을 민주주의라고 말할 수 있을까: 관리되는 민주주의와 전도된 전체주의의 유령』(후마니타스, 2013) 참조.

6) "그래서 그는 권력의 교체가능성과 기회의 평등성이 보장되는 추첨제야 말로 민주주의 정신에 부합한다고 주장한다."(버나드 마넹, 곽준혁 옮김, 『선거는 민주적인가』, 후마니타스, 2004)

7) 죠셉 슘페터, 이상구 역, 『자본주의, 사회주의, 민주주의』, 삼성출판사, 1981, 368쪽.

민주화의 공간 속에서 K-문화의 싹을 틔운 1990년대

김성일

1. 모든 현재의 시작, 1990년대

현재는 도전과 응전의 침전물이 켜켜이 쌓이며 만들어진 역사적 국면이다. 이에 현재에 대한 올바른 이해의 시작은 과거에 대한 진지한 반추와 성실한 복기에 있다. 날로 위상이 높아져 가고 있는 K-문화[1]에 대한 이해 역시 그 시작점에 관한 연구로부터 출발해야 한다. 그렇다면 K-문화의 시작점은 어디인가? 그 시점은 보통 '1990년대 말'로 설정되는데, '한류(韓流)'라는 이름으로 한국 대중음악이 해외에서 인기가 있다는 보도가 미디어에서 처음으로 등장했다. 연구자에 따라 한류의 시작점을 MBC 주말 드라마 〈사랑이 뭐길래〉가 중국에 수출된 '1997년'으로 콕 짚기도 한다.

사실 당시까지만 해도 많은 사람들은 이 소식에 대해 크게 귀 기울이지 않았다. 왜냐하면 한국의 가수가 해외에서 주목받았다는 보도가 종종 있었기 때문이다. 가령, 김 시스터즈는 1959년 아시아 걸그룹으로는 처음으로 미국에 진출해 큰 성공을 거뒀다. 1960년대 미국 최고의 버라이어티쇼였던 CBS TV 〈에드 설리번〉에서 "악기를 20가지나 연주할 줄 아는 소녀들"로 소개되면서 인기를 끌어 25번이나 출연했다.[2] 1988년 서울 올림픽 공식 노래였던 〈손에 손 잡고〉를 부른 혼성그룹 코리아나와 팝페라 가수로 알려진 키메라(한국명 김홍희) 역시 유럽에서의 활동 소식이 전해졌다. 특히 키메라는 '팝페라(popera)'라는 신조어가 나오게 한 장본인인데, 잡지 〈르 몽드〉와의 인터뷰(1985) 중 한국 출신 가수 겸 소프라노로 소개되면서 이 용어가 처음 사용됐다.

이로부터 1990년대 말 한국 대중음악이 해외(동아시아)에서 인기가 많다는 말에 주목한 사람은 별로 없었다. 실제로 남성 듀오 클론은 한 TV 토크쇼에서 당시 타이완에서 자신들의 인기가 얼마나 많았는지 아무리 설명해도 진지하게 받아들인 사람이 별로 없었다고 토로했다. 그만큼 한국 대중음악이 혹은 드라마와 영화가 해외에서 인기를 얻었다는 말은 그저 한때의 유행으로 혹은 한국문화의 우수성 운운하며 애국심에 호소하려는 '국뽕' 마케팅으로 치부됐다. 그러나 그저 댄스음악 정도로 불렸던 노래가 언젠가부터 'K-POP'으로 대체됐고, 외국에서 인기가 있는 국내 가수와 음악에 대한 미디어와 대중의 대접 역시 달라지기 시작했다.[3]

'1997년' 혹은 '1990년대 말'로 한류의 시작점을 잡는다고 했을 때, 한 가지 질문해 볼 것이 있다. '거목도 처음에는 새싹이었다'라는 말이 있듯, 한류가 '갑툭튀(갑자기 툭 튀어나옴)'가 아닌 다음에야 무엇이 한류를 가능케 했는지에 대한 얘기가 있어야 하지 않을까? 즉, K-문화의 성장 배경에 관한 논의(원인 규명)가 있어야 (결과로써의) 한류에 대한 이해가 깊어질 수 있다. 그렇다면 성장 배경을 언제로

잡아 살펴봐야 하는가? 그것은 '모든 현재의 시작'이라 불리는 '1990년대'이다. 이 문구는 책 제목인데, 저자는 현시기 주요 삶의 양식이 1990년대에서 비롯됐음을 역사적으로 살펴보고 있다.

정확히 말하면, '1990년대'의 시작은 민주화의 바람이 사회 곳곳에 불기 시작한 6월 항쟁 직후인 1987년 후반부터이다. 통상 '신세대'라는 명칭이 서태지와 아이들이 데뷔한 1992년 이후에 나온 것으로 알고 있지만, 이 용어는 1990년 한국일보가 발간한 『신세대, 그들은 누구인가』에서 비롯됐다. 1988년 6월부터 이듬해 10월까지 신문에 연재된 기사를 엮은 이 책에서 신세대는 1980년대 후반 학번(88·89학번)이 포함됐고, 소비 주체 외에 민주화운동과 통일운동의 주체로 언급[4)]됐다. 이는 6월 항쟁 이후 민주화 물결이 사회 전반의 변화를 추동하고 있음을 보여주는데, 사회의 한 영역을 차지하는 문화환경 역시 당시의 파동에 민감하게 반응했다.

본론에서 살펴보겠지만, 문화환경의 변화 속에서 한국의 대중문화는 '딴따라'에서 고부가가치를 창출해 세계화 시대를 선도할 첨단산업으로 그 위상이 바뀌었다. 이에 따라 규제 일변도의 문화정책이 진흥으로 바뀌었고, 대학에 관련 학과와 강좌가 대거 개설되면서 전문 인력이 체계적으로 양성됐다. 한마디로 문화가 사회적으로 대접받고 직업으로 할 만한 환경이 만들어지는 가운데 경쟁력을 갖춘 양질의 콘텐츠가 1990년대 말부터 생산되기 시작했다. 그 결과가 대중가요에서는 H.O.T.를 시작으로 하는 1세대 아이돌의 등장이었고, 드라마에서는 〈사랑이 뭐길래〉에서 시작해서 〈겨울연가〉·〈대장금〉으로 이어지는 히트작들의 행렬이다. 한편, 영화에서는 〈쉬리〉와 〈엽기적인 그녀〉의 대흥행과 함께 〈리니지〉, 〈포트리스〉, 〈바람의 나라〉 같은 게임물의 인기도 높아졌다. 그런 의미에서 87년 체제의 구축 과정에서 형성된 일련의 문화환경 변화는 K-문화의 성장과 매우 관련이 높다.

초유의 사태라 할 당시 한류에 대해 다음과 같은 다양한 진단이 나왔다. 가장 대표적인 진단은 경제주의적 관점에서 접근한 방식이다. 세계화 시대를 이끌 고부가가치 산업으로 대중문화를 호명하면서 한류가 국가 브랜드 가치를 높여 수출에 긍정적 영향을 미칠 것이라는 예측이 제시됐다. 다음으로 한국의 문화적 특성과 연결한 진단이 나왔다. 한국의 유교적 정서와 가족주의 혹은 덜 선정적이고 비폭력적인 표현들이 현지인의 해독 코드와 일치했다는 것이다. 마지막으로 문화 민족주의적 관점에서 이뤄진 진단이다. 한 마디로 한국의 문화에는 예로부터 세계인이 좋아할 만한 탁월함이 있었는데, 한류를 통해 이제야 발현됐다는 것이다.

이 글은 K-문화에 관한 논의를 한국의 민주화 과정과 연동해 전개하고자 한다. 상술했듯, 87년 체제는 정치·경제·사회뿐 아니라 문화환경 또한 급격하게 변화시켰다. 그 변화의 대표적 결실이 K-문화인 만큼, 이 글은 6월 항쟁 이후(1980년대 말)부터 1990년대를 가로지르는 문화환경 변화 양상을 살펴보면서 이것이 K-문화에 어떤 영향을 줬는지 고찰하고자 한다. 이를 위해 언제나 레트로 열풍의 중심에 있는 1990년대가 어떤 시절이었는지 먼저 알아본다. 다음으로 탈냉전과 WTO 체제 출범에 따른 문화의 세계화, 국가의 문화에 대한 인식 변화, 문화운동의 변화, 콘텐츠 생산 방식 및 소비 주체의 변화, IMF 외환위기에 대한 대응 등이 K-문화에 미친 영향을 살펴본다. 마지막으로 K-문화가 K-민주주의로 접속하는 현 상황에 주목하면서 K-문화가 나가야 할 방향을 가늠한다.

위 논의에서 한 가지 주의할 점은 민주화 과정에서 나타난 1990년대 일련의 문화환경 변화가 곧바로 K-문화에 영향을 주었다기보다, 일종의 상관관계에 있다는 사실이다. 즉, 단선적 인과관계가 아닌, 여러 요인의 복합적 작용이 영향을 미쳤다. 실로 87년 체제와 당시의 문화환경 변화는 K-문화를 직접 겨냥하지 않았다. 단지 이들 요인과 영역들이 우연한 마주침에 의해 K-문화라는 뜻하지 않은 결과를 만들어냈다. '우연한 마주침'이란 단일한 기원이란 없고, 다른 목적과 지향을 가진 요인들이 특정 정세에서 상호 결합해 새로운 효과나 결과를 만들어내는 상황 혹은 과정을 말한다. 실로 탈냉전과 WTO 체제의 출범 이후 급증한 문화상품 교류, 87년 체제가 열어 놓은 자유화 분위기, 전에 없던 소비 시장의 확대, 새로운 감수성과 스타일로 'X세대 열풍'을 일으킨 청(소)년세대 부상, IMF 외환위기 대응 전략으로 추진된 문화산업정책의 변화 등은 다른 계열의 사건들이지만 '1990년대'라는 블랙홀을 통과하면서 'K-문화'라는 완전히 새로운 형질의 사회구성물을 만들어냈다.

이러한 형상은 여러 선(線)이 엮이면서 만들어진 매듭과 유사하다. 각각의 선들은 그 자체로 독립적이지만 다른 선들과 엮이면서 매듭이라는 새로운 구성물을 만든다. 무엇보다 매듭은 선들의 다양한 엮임에 따라 그 모양이 달라지기에, 늘 생성 중이다.[5] K-문화라는 매듭 역시 정치, 경제, 사회적 요인(선)들의 배치(문화 정세)에 따라 그 의미와 위상, 기능과 효과가 변한다. 이 글은 여전히 생성 중인 혹은 진화하고 있는 K-문화의 한 단면을 1990년대라는 시간 또는 공간 속에서 살펴보려 한다.

2. 1990년대는 어떤 시절인가?

'유행은 돌고 돈다'라는 말이 있는데, 1990년대는 늘 레트로(복고) 열풍의 중심에 서 있다. 이는 지난날을 아름답게 기억하려는 인간 심리의 보편적 속성을 넘어서서 1990년대만의 특이성이 있음을 보여준다. 가령, 〈무한도전〉(MBC 예능 프로그램)의 '토토가(토요일 토요일은 즐거워)' 특집이 온 국민을 '90년대 앓이'로 몰고 간 것은 국민 예능의 명성만으로 설명될 수 없다. 왜냐하면 '토토가' 특집은 종영 이후 하나의 신드롬을 만들면서 그 효과가 확장됐기 때문이다. 가령, 1990년대 당시 인기 정상을 달렸던 가수들이 대거 복귀했다. 서태지는 새 노래로 돌아왔고, 재결합한 god는 관객 11만 명을 동원하며 콘서트를 성황리에 마쳤다. '동행'(6집)을 발표한 김동률과 고인이 된 신해철을 기리는 추모 공연도 1990년대의 부활을 알렸다. 또한 tvN 드라마 응답하라 시리즈(응답하라 1997, 응답하라 1994)의 인기 역시 '추억팔이' 전략이 어쩌다 적중한 일시적 현상으로 치부할 수 없게 만든다.

'90년대 앓이'는 삶의 버거움에 대한 대중의 정서가 반영된 만큼, 단순히 향수의 정서로만 바라볼 수 없다. 신자유주의 재구조화로 인한 시장 원리의 전면화 및 그로부터 초래된 사회 양극화는 대중의 삶을 크게 위협했는데, 만성화된 경제적 추락에의 불안은 현재는 물론 미래에 대한 낙관적 기대를 저버리게 했다. 작금의 팍팍한 삶은 '좋았던' 과거가 아닌, 과거를 '좋게' 추억하게 이끈다. 문제는 '90년대 앓이'가 현실의 모순을 직시하고 미래에의 도전적 기획을 무력화해 현실 도피로 끝나서는 안 된다는 점이다. 이에 1990년대로의 타임머신 여행은 현재를 진단하고 미래를 설계하기 위한 발판이 될 때

의미가 있다.

그렇다면 레트로 열풍의 스테디셀러 1990년대는 과연 어떻게 정의할 수 있는가? 먼저 1990년대를 시기별로 살펴본다면, 본격적인 개방화가 시작된 1988년 서울 올림픽 개최, 1989년 베를린 장벽이 무너진 후 1991년의 소련 붕괴 및 냉전 체제의 종식, 강경대 사태(1991)와 한총련 연대 사태(1996) 이후 급속히 쇠퇴한 학생운동, 1992년 문화 대통령 서태지와 아이들의 데뷔, 1994년 초유의 폭염과 성수대교 붕괴, 1995년 삼풍 백화점 붕괴, 1996년 한국의 OECD 가입, 1997년 IMF 외환위기, 1999년 〈쉬리〉와 〈주유소 습격 사건〉 같은 한국 영화의 대중적 흥행과 씨랜드 화재 참사 등이 일어났다.

그런데 1990년대는 동질적 혹은 연속적 시기로 환원할 수 있는 하나의 실체가 아니다. 정치, 경제, 사회, 문화의 이질적 시간성이 교차하고 혼재하며 갈등하는 여러 국면으로 짜여 있다.[6] 이로부터 1990년대는 사건이나 영역별로 혹은 시기별로 다양하게 그려낼 수 있다. 가령, 1990년대는 정치적으로 6월 항쟁이 불러일으킨 민주화 열풍이 사회 곳곳으로 스며들면서 제도적으로 민주주의가 구축되어 간 시절이다. 여기에 김영삼, 김대중 정부로 이어지는 민선 정부의 출현은 더 이상 국가 자체를 저항의 대상으로 설정하지 못하게 했을 뿐 아니라, '거버넌스'라는 민관협력체계 속에서 새로운 형태의 운동을 모색하게 이끌었다.[7] 그렇다면 찬연히 빛나는 1990년대를 완성한 모자이크의 조각들은 어떤 것들이 있는가?

첫째, 경제적으로 소비 시장이 폭발적으로 커진 가운데, 새로운 소비 주체가 등장했다. 이는 1980년대 말 여러 국가에서 추진된 보호무역 정책으로 타격을 입은 국내 기업들이 내수 시장 개척으로 판로를 바꾸면서 나타난 현상이다. X세대, 오렌지족, 야타족 등은 이러한 소비 시장의 팽창을 대변하는 사례들로서 바야흐로 근검절약에서 개성연출로 소비 규범이 변하기 시작했다. 그중 해외 유학에서 귀국한 부유층 자제들인 오렌지족은 특권층다운 과시적 소비와 일탈적 행태로 자신을 구별지으려 했다. 이들의 행태는 새로운 세대의 소비문화에 대한 사회적 관심을 촉발했는데, 일명 '신세대 문화'로 불리면서 1990년대 문화의 특이성을 만드는 중심에 서게 된다. 이는 '서태지와 아이들'이 일으킨 신드롬과 융합하면서 가능할 수 있었는데, 서태지와 아이들은 대중가요는 물론 대중문화 지형 자체를 새롭게 변화시켰다. 이들이 시도한 다양한 음악적 시도, 가령 강렬한 댄스가 돋보인 〈난 알아요〉, 갱스터 랩 스타일의 〈컴백홈〉, 통일 문제를 다룬 〈발해를 꿈꾸며〉와 교육 문제를 비판한 〈교실 이데아〉 등에서 나타난 다양한 시도들은 향후 1세대 K-POP에 지대한 영향을 미쳤다. 아울러 서태지 신드롬은 대중문화의 주 소비 계층이 10대 청소년으로 이동하고 있음을 확연히 보여줌과 동시에 한국 사회의 변화를 이끌던 진보적 사회운동의 에너지까지 흡수해 새로운 사회갈등의 국면을 만들었다. 이념과 정치적 태도를 중심으로 형성된 1980년대 사회갈등 양상이 신세대의 글로벌한 감성과 소비문화적 실천 속에서 복잡하고 다층적으로 변화한 것이다. 문제는 신세대 문화가 자생력을 갖추지 못한 채 기성 체제가 제공한 선택지 안에서 영위됐다는 점이다. 가령, 랩이나 힙합 패션은 서구에서 들어와 상품화된 행태로 제공된 것이다. 이처럼 스스로 새로운 문화를 창출하는 것이 아니라 주어진 문화와 상품을 소비하는 방식은 한국 대중문화의 소비적 특성을 더욱 강화했다.[8)]

둘째, 운동적 차원에서 1990년대는 의사(개량) 민주화로 인한 적의 상실, 현존 사회주의 붕괴와 북한의 경제위기로 인한 대안적 전망의 소멸, 중간계급의 체제 내로의 통합, 민주화운동에서 시민운동으로의 전환, 맑스주의에 대한 비판과 포스트 담론의 유행 등이 나타난 카오스 법칙이 지배한 시절이었다. 1980년대가 군부독재라는 구체적 적의 실존과 연관된 계몽주의적 미래관이 주류였다면, 1990년대는 그 어떤 자신의 독자적 미래 전망도 내놓지 못한 채 이전 시대의 진보적 미래주의에 대한 단순 부정 혹은 제3의 물결 같은 우회로를 모색한 시절이었다. 이로부터 1980년대에 사회변혁의 이념적 기초를 제공한 맑스주의에 대한 비판이 지식사회에서 일어났고, 어느 시인은 '잔치가 끝났다'라고 말하면서 홀로서기에 실패한 불구의 시대로 당시를 규정했다. 여전히 민중문학과 노래운동 같은 1980년대 문화운동이 이어졌고, 여성운동과 과학자운동 같은 새로운 조류의 운동이 나오며 사회운동의 저변이 확장했지만, 민주화가 초래한 자유화 분위기, 대중소비문화의 급격한 성장, 탈냉전과 세계화는 사회갈등 전선, 사회운동 주체, 대중의 감정 구조에 큰 영향을 미치면서 1990년대의 '단절'적 특성에 더욱 주목하게 했다. 가령, 공동체에서 개인으로, 이념에서 욕망으로, 전장에서 시장으로, 역사에서 일상으로, 광장에서 밀실의 이행이 강조됐다.[9)]

셋째, 문화 검열이 사라지면서 민중문화와 대중문화의 경계가 급속히 해체되어 갔다. 6·29선언(1987) 직후 〈아침이슬〉 등 186곡의 금지곡이 해제됐는데, 나머지 금지곡들은 김영삼 정부 들어 방송위원회의 재심의(1994)를 거쳐 해금됐다. 이때 64곡의 월북작가 작품과 외국 가요 783곡도 함께 금지곡에서 풀렸다. 영화 시나리오에 대한 사전 심의가 폐지(1987)된 이후 연극 등 공연물에 대한 대본 사전 심의도 폐지(1988)됐다. 이러한 대중문화 전반에 걸친 검열 기준 완화 조치는 제도권과 운동권, 대중문화와 민중문화 간 경계를 급속히 허물었다. 가령, 1984년 1집 음반을 냈던 '노래를 찾는 사람들(이하 노찾사)'은 1989년 〈노래를 찾는 사람들2〉를 발표하면서 공전의 인기를 구가했다. 이 음반에 수록된 〈솔아 솔아 푸르른 솔아〉와 〈 사계〉는 방송가요 인기 순위를 오르내렸는데, 이후 〈노래마을〉 2집(1990), 〈꽃다지〉 1집(1994), 〈조국과 청춘〉 5집(1996) 등 민중가요 음반이 발매됐다. 노찾사 출신 김광석, 안치환, 권진원 등은 솔로 가수로도 활동했고, 강산에 같은 비판적 포크 가수들이 등장해 사회성 짙은 노래를 불렀다. 이러한 흐름은 TV에서도 나타났는데, 빨치산을 주인공으로 일제강점기에서 한국전쟁에 이르는 시대를 다룬 드라마 〈여명의 눈동자〉(1991~1992), 광주민주화운동과 삼청교육대를 비중 있게 다룬 〈모래시계〉(1995)가 방영됐다.[10]

넷째, TV 전성시대가 열렸고 삐삐와 PC통신 같은 새로운 미디어가 등장해 소통 문화를 변화시켰다. 6월 항쟁 이후 민주화의 흐름 속에서 TV는 새로운 볼거리를 제공하기 시작했다. 가령, 대선 후보들이 관훈클럽의 패널들과 벌이는 토론 장면(1987), 전두환 전 대통령의 5공 청문회 답변 장면(1989), 지방선거를 앞두고 열린 후보자 간 토론 장면(1995)은 안방에서 정치를 볼 수 있게 했다. 아울러 TV는 소비 자본주의의 첨병 역할을 했는데, 이는 TV 시청이 최고 여가 활동으로 여겨지고 높은 광고 점유율을 보이며 케이블 TV 같은 다매체의 출현에서 확인된다. 1999년 가구당 TV 보유 대수가 1.42대로 나타났는데, 이는 2대 이상 TV를 보유한 가구가 증가했음을 의미함과 아울러 TV 시청이 중요한 문화생활이 됐음을 뜻한다. 한편, 다양한 매체를 통해 매개된 총광고비가 1990년 2조 원을 넘어선 이래 1996년 5조 6000억 원에 달했고, 그중 TV와 신문의 광고비 점유율이 70%였다. 30여 개 채널로 시작(1995)한 케이블 TV는 출범 1년 후인

1996년에 가입자 100만 명을 넘기면서 다매체 시대를 열었다. 1992년에 가입자 100만 명을 넘긴 삐삐는 1997년에 보급 대수가 1,500만 대를 돌파했다. 일방향 송신만 가능하고 그것도 숫자로만 표시할 수 있었지만, 사람들은 이를 이용해 다양한 소통('1010235'는 열열히 사모해, '7942'는 친구 사이를 의미)을 했다. PC의 대중적 보급에 힘입어 성장한 PC통신 역시 새로운 소통 문화를 만들면서 향후 K-POP 팬덤 문화에 큰 영향을 미친다. PC통신은 장르별로 세분화한 동호회, 가령 음악 동호회, 영화 동호회, 사진 동호회, 스포츠 동호회 등과 같이 동일한 관심사와 취향을 공유한 사람 간 소통을 이끌었다. 이들은 획일화된 대중문화 시장에 균열을 내며 다양한 하위문화를 형성했는데, 때때로 대중문화 산업에 영향을 미쳤다. 가령, 룰라의 〈천상유애〉나 변진섭의 〈로라〉가 일본 곡의 표절임을 공론화했다.[11]

다섯째, 세계화에 따른 문화 개방이 이뤄짐과 동시에 장소 전략 차원에서 지역문화에 주목하기 시작했다. WTO 체제 출범(1995)은 문화 개방을 거스를 수 없는 시대의 요청으로 받아들이도록 했다. 1960년대부터 방영된 TV 애니메이션 대부분이 일본산이고, 주말 황금 시간대를 채운 TV 드라마가 미국산이며, FM 라디오 프로그램 대부분이 미국 POP을 들려주었다는 것은 주지의 사실이다. 그런 만큼 외국 문화의 경험은 오래됐고 친숙하다. 그러나 서비스 산업과 지적재산권의 교역을 명시한 WTO 체제에서 문화는 더욱 전면적으로 세계화의 품목이 됐다. 즉, 몇몇 드라마와 음악, 영화를 넘어 광고, 게임, 방송, 뉴스, 컴퓨터 소프트웨어 등에 이르는 다양한 영역에서의 개방과 소비가 이뤄지면서 일상이 세계화되어 갔다. 문제는 문화 개방 흐름을 주도한 초국가 기업 대부분이 미국에 기반을 두고 있다는 점인 바, 세계화는 미소 양국의 균형으로 유지되던 냉전 질서가 해체되고 미국이 유일한 초강대국으로 떠오르면서 세계 질서가 재편되는 과정과 겹쳤다. 자본과 상품의 자유로운 이동을 위해 국가 간 무역 장벽이 허물어져 갔지만, 국제 교역에서 자국 고유의 자원이 비교우위를 점할 수 있다는 판단에서 지역문화를 새롭게 발굴하고 재정비하는 지역화가 동시에 진행됐다. 이는 직선제로 지역 대표를 뽑은 지방자치제의 전면 실시와 맞물리며 탄력을 받았다. 지역민의 표심을 얻기 위한 치적 사업이 토건에서 지역축제로 바뀜에 따라, 지역축제를 통해 지역문화를 발굴하려는 정책과 활동이 경쟁적으로 벌어졌다. 이러한 장소 전략의 모색은 한국 문화산업만의 특질을 발견하고 계발하려는 행보로 이어졌는데, 전통문화뿐 아니라 동시대 문화에 대한 재조명 및 현대화를 이끌면서 향후 K-문화의 자양분이 됐다. 이상의 논의를 도표로 제시하면 다음과 같다.

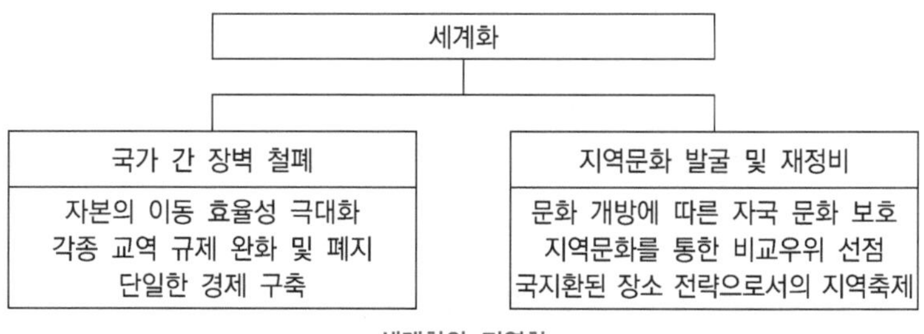

세계화와 지역화

위와 같은 변화가 일어나면서 1990년대 이후 문화는 한국 사회의 변화를 이끄는 핵심 요인으로 부상했다. 이는 6월 항쟁 이후 권위주의적 국가체제에서 민주적 국가체제로의 이행에서 나타난 사회의 문화화와 맞물리며 나타났다. '사회의 문화화'란 인간, 경제, 사회의 전 영역이 문화적인 것으로 이행·확장하는 경향으로서 개인과 집단에 대한 문화적 관리 체제가 확장하고 문화산업이 급속히 성장하며 사회활동이 문화로 전환되는 과정을 말한다. 이 변화는 정치의 문화화와 함께 문화의 정치화, 즉 권력과 갈등 양상이 문화적 형태로 재현되고 문화 활동의 사회적 영향력이 커지는 과정을 동반한다.[12] 이로부터 1990년대는 사건, 영역, 시기, 문화운동의 측면에서 상이한 풍경을 연출했다. 이에 이 시기를 균일하게 혹은 단선적으로 보기보다는, 여러 사항의 비대칭적 배치와 경합에 주목하면서 좀 더 입체적으로 읽을 필요가 있다. 더불어 1990년대가 가진 1980년대와의 연속성과 단절, 2000년대와의 연속성과 단절로 구분해 살펴봐야 '현재의 모든 시작'으로서의 '1990년대'를 이해할 수 있다. 그중 1980년대와의 단절과 2000년대의 연속성은 K-문화의 성장과 깊은 관련이 있다는 점에서 일차적인 검토 대상이 된다. 그 첫 작업으로 이 글은 1980년대와의 단절에 주목하면서 1990년대의 특이성과 K-문화와의 관계를 살펴보고자 한다.

3. 문화환경의 변화와 K-문화

탈냉전과 WTO 체제 출범에 따른 문화의 세계화와 K-문화

탈냉전 이후 다국적 기업의 해외 진출을 막던 정치적 장벽이 없어지면서 자본투자와 상품 교역이 증대됐고 서비스 시장의 자유화가 진척되었다. 아울러 군사력과 경제력 등 물리적 능력(hard power)을 대체해 상대국의 사회적 인식에 영향을 미치는 외교정책 수단으로 문화가 주목[13]받았다. 문화 개방 혹은 문화의 세계화가 전면화된 것은 WTO 체제의 출범에 기인한다. WTO는 제2차 세계대전 이후,

경제·정치·군사적 우위를 점유한 채로 '자유무역'을 주창하던 미국에 의해 1948년 창설된 '관세와 무역에 관한 일반협정(GATT)'을 대체한 후속 체제다. 당시 미국은 자국 내 보험, 금융, 관광, 정보 서비스 분야에서 세계 최고의 경쟁력을 갖고 있던 터라, 서비스 교역에 대한 협정을 주도적으로 제안·관철한 것이다. 글로벌 차원의 문화 개방과 교류는 서비스와 지식재산권과 연동해 이뤄졌는데, 각 국가는 시청각서비스분야로 분류된 TV 방송, 라디오, 영화의 제작과 배급 및 상영, 사운드 녹음 등의 개방에 관한 이행서를 제출했다.[14]

GATT 체제가 말 그대로 '관세와 무역에 관한 일반협정'인 데에 반해, WTO 체제는 국제기구의 성격[15]을 가진다. 이는 전자가 국제무역에 관한 업무를 수행하면서도 권고 이상의 권한이 없었던 데에 비해, 후자는 국제무역을 관장하는 실질적 규범과 원칙을 제시하는 국제기구로써 무역 분쟁과 관련한 판결에 대해 보다 강력한 영향력을 행사했다. 또한 GATT 체제가 일반 무역 상품만을 다뤘던 반면, WTO 체제는 서비스와 지적재산권까지 상품 영역으로 포함해 다룬다. 본격적인 서비스와 문화 개방을 이끈 서비스 무역에 관한 일반협정(GATS)은 일반적 원칙과 의무를 포함한 주요 본문, 특정 부분의 규범을 다룬 부속서로 구성됐는데, 시장접근을 허용하는 개별국가들의 개방 일정이 포함되어 있다.

바야흐로 문화의 '상품성'이 강화되는 가운데 그에 대한 우려와 비판이 '문화적 예외'와 '문화다양성' 논의를 통해 거세게 제기됐다. '문화적 예외'는 문화는 공산품과 달라서 다른 방식으로 다뤄야 한다며 프랑스가 제기하면서 세계적 쟁점이 됐다. 문화다양성은 신자유주의 세계화에 따른 문화 개방이 본격화되면서 캐나다와 프랑스를 중심으로 제기된 정치적 담론의 키워드다. 문화적 예외와 문화다양성은 문화 개방의 압력 속에서 문화적 균형을 찾으려는 시도라 하겠는데, 문화를 '교역'이 아닌 '교류'의 관점에서 접근해 일방적 상업 논리에 대항하고자 했다.16)

WTO 체제가 일으킨 파장은 한국의 문화산업에까지 미쳤다. 이에 1998년 문화관광부는 일본 대중문화를 4단계에 따라 개방한다고 발표했다. 4대 국제 영화제 수상 일본 영화의 상영을 허용한 1차 개방(1998.10.)을 기점으로 2,000석 이하 공연장에서 하는 대중가요 공연을 허용한 2차 개방(1999.9.), 18세 미만 관람 불가를 제외한 모든 영화의 상영이 가능한 3차 개방(2000.6.), '18세 이상 관람가' 등급 영화와 일본어 음반 및 가정용 비디오 게임물의 수입을 허용한 4차 개방(2004.1.)이 이뤄졌다. 당시 일본 대중문화 개방에 대한 우려는 매우 컸는데, 언론은 문화적 정체성이 침해되어 문화 점령이 이뤄질 수 있다며 반발했다. 아울러 한미투자협정이 한국의 스크린쿼터제를 문제 삼자, 영화인들은 '스크린쿼터 사수를 위한 범영화인 비상대책위원회'를 결성해 대응(1998)했다.

당시 한국 대중문화의 제작 환경과 콘텐츠 질이 세계적 경쟁력과 거리가 있었기에, 문화 개방을 비판한 일은 일면 타당하다. 그러나 현시기 K-문화의 비상과 견주어 볼 때, 문화 개방에 따른 당시의 우려는 기우에 불과했다. 1990년대를 경유하면서 문화산업 환경이 점차 개선되고, 콘텐츠 질 역시 올라가고 있었던 점을 읽지 못한 것을 한계로 지적할 수 있다. 이 변화를 한국이 아닌 해외에서 먼저 알았다는 점이 특이하다. 가령, '한류'라는 말은 H.O.T.의 베이징 공연(2000)이 성황리에 종료된 직후 중국 대중매체가 처음 사용했고, 'K-POP' 역시 국내 언론에서 잠시 언급(2001)하고 지나갔지만, 동아시아 시청자를 대상으로 한 음악방송 Channel V에서 1990년대 후반

〈케이팝 스테이션〉이란 프로그램을 방영한 것을 시작으로 2000년대 초반 동아시아 각지에서 광범위하게 사용됐다.[17)]

이렇듯, 탈냉전과 WTO 체제 출범은 문화의 개방과 교류를 거부할 수 없는 시대적 대세로 인식하게 했고, 문화에 대한 인식 전환 및 문화산업에 대한 국가적 지원을 이끌었다. 즉 문화는 관리와 통제의 대상 혹은 공보 수단에서 벗어나 한국의 국제 이미지 제고와 경쟁력을 키울 전략 산업으로 환골탈태한다. 그렇다면 K-문화의 경쟁력은 어떻게 갖춰져야 하는가? 통상 문화의 세계화는 지역별 혹은 권역별로 상이한 맥락을 생산하면서 다양하게 소비된다. 미국에서 음식을 빠르게 먹기 위해 만들어진 맥도날드 같은 패스트푸드 가맹점은 아시아 지역에서는 대화 공간으로 변모하는가 하면, 인도 뱅갈의 소프트웨어 회사에서는 인도의 종교의식대로 컴퓨터에 화관을 씌운다. 글로벌한 문화양식들의 생존은 대개 그 양식들이 국지적 조건에 맞게 현지화하거나 변형됨으로써 이뤄진다. 그래서 글로컬한 문화양식들은 미국과 같은 나라의 강한 흡입력에 일방적으로 빨려들기보다 서로 영향을 주며 혼종화된다. 이로부터 K-문화의 경쟁력은 세계 대부분 사람의 보편적 삶(근대적 삶)에 대해 한국인만이 겪은 국지화된 경험을 문화 속에 어떻게 투영할 것인지에서 찾아질 필요가 있다.

국가의 문화에 대한 인식 변화와 K-문화

1993년에 개봉한 스티븐 스필버그의 〈쥬라기 공원〉은 세계적으로 대흥행을 이뤘는데, 당해 세계에서 벌어들인 흥행 수입은 8억 5,000만 달러나 됐다. 이는 한국에서 자동차 150만 대를 수출해 벌어들일 수 있는 액수인데, 이 내용은 1994년 5월 대통령 자문기구인 국가과

학기술자문회의가 대통령에게 보고한 '첨단 영상산업 진흥 방안'에서 언급됐다. 이를 통해 〈쥬라기 공원〉 같은 콘텐츠를 생산할 영상산업 육성에 관한 논의가 활발히 전개됐고, 대기업의 영상산업 진출을 가속했다. 연간 1~2편에 머물렀던 대기업의 영화 제작은 1994년에 20편에 이르게 됐고, 대중문화 산업계에 '할리우드를 본받자'라는 구호가 유행했다. 이 구호에 따라 제일제당(현 CJ)은 1995년 3억 달러를 투자해 미국의 드림웍스 SKG 영화사의 지분 11.2%를 확보하면서 첨단 영상산업 시스템을 한국 영화계에 도입하려 했다.[18)]

위와 같은 일련의 흐름 속에서 문화에 대한 국가와 기업의 인식은 1980년대와 비교해 크게 달라진다. 1980년대에 문화는 관리·규제·통제의 대상이었는데, 이는 5공화국 문화정책 속에서 확인된다. 광주의 원죄를 안고 출범한 5공화국의 지배 세력은 의도적 육성과 폭압적 통제를 통해 문화예술을 관리했다. 의도적 육성과 관련해, 미스 유니버스 경연대회(1980), 국풍 81(1981), 아시안 게임(1986), 서울 올림픽(1988) 등의 대규모 행사가 개최됐다. 이 행사들은 5공화국 수립의 정당성을 대내외에 알리고 국민의 저항 의식을 탈정치화하려는 의도에서 추진됐다. 폭압적 통제와 관련해, 전격 단행된 언론 통폐합과 정기간행물 172종에 대한 등록 취소, 영화와 대중가요 등 대중문화 전 영역에 걸친 사전·사후 검열이 자행됐다.[19)]

그러나 1990년대에서는 문화가 지원과 육성의 대상으로 바뀐다. 이는 상술한 바와 같이 〈쥬라기 공원〉의 세계적 흥행에 고무된 문화산업의 중요성이 국가와 기업, 사회에서 다 같이 인식됐기 때문이다. 바야흐로 21세기를 대비한 미래 전략으로서 문화를 고부가가치 생산의 첨단 분야로 설정되게 이르렀고, 국가적 차원에서의 진흥과 육성에 관한 지원이 광범위하게 전개됐다. 가령, 문화 관련 예산이 증액됐고, 대학에서 관련 학과와 강좌가 만들어졌으며, 관련 직종이 많아지면서 해당 업종에 종사하는 인력 역시 늘었다. 싸구려 저질 문화로, 선정적이고 퇴폐적인 문화로, 우민화 정책의 도구로, 외래문화의 추종으로 비판받던 대중문화의 평판과 위세가 완전히 달라진 것이다. 이제 대중문화는 그 자체 예술로, 고수익 직종으로, 첨단산업으로, 고상한 개성 연출과 취향으로 여겨졌다.

무릇 문화정책은 특정 사회에서 특정 문화가 생산·유통·수용되는 흐름의 성격에 영향을 미치고 나아가 그 사회의 성격을 결정하는 데 일조한다. 즉 문화 활동의 경계와 방향에 영향을 끼치며 문화의 꼴과 구성원의 삶의 양식을 특정한 방식으로 구조화한다. 해방 이후 1990년대 초반까지 문화정책에서 문화가 어떻게 규정됐는지는 「문화예술진흥법」(1972)과 전통문화를 강조한 「문예 진흥 5개년 계획」(1973, 1978)을 통해 알 수 있다. 문화의 대체어로 사용된 '문화예술'이 위 조항에서 문학, 미술, 음악, 연예, 출판으로 국한됐다. 당시 문화를 담당했던 부서가 문화공보부였는데, 문화예술을 문화로 분류했고 대중문화를 공보의 대상으로 다뤘다. 이로부터 국가는 문화를 고급예술로 한정했고, 이에 대해서만 지원했다. 반면 대중문화는 오락으로 이해됐고, 대중매체는 공보나 홍보의 수단으로 활용됐다. 「문예진흥법」(1987)에서는 기존의 문학, 미술, 음악, 연예, 출판에서 무용, 연극, 영화까지 대상이 확대됐지만, 문화에 대한 인식에 근본적 변화가 있지는 않았다. 당시 문화부 초대 장관이었던 이어령(1990)과 그 뒤를 이은 이수정(1992)이 문화에 대해 가진 인식은 고급문화나 교양에 가까웠다.[20]

그러나 1990년대 들어 문화의 위상과 인식에 대한 전환이 거세게 몰아치자, 문화를 육성하기 위한 정책의 변화가 생겨났다. 실제로

1990년대에 추진된 문화정책은 문화산업을 활성화했고 사회적 문화화를 촉진하면서 '문화의 민주화'를 구현해 나갔다. 정부는 문화공보부에서 공보처를 독립시키고 문화부를 별도로 신설(1990)하면서 「문화발전 10개년 계획」을 발표했다. 이는 그동안 산업정책의 변방에 머물렀던 문화가 별도의 독립된 부문으로 설정됨과 동시에 본격적인 '문화'정책이 시행됨을 의미한다. 이후 문화부는 체육 청소년부와 합쳐진 문화체육부로 개편(1993)됐고, 개정된 「문화예술진흥법」에 '문화산업' 개념을 처음으로 등장(1995)시키며 문화산업에 대한 지원을 의무로 규정했다.

1995년 정부는 새로운 문화환경에 대처하고 국민의 문화 수요를 충족시킨다는 명분으로 기존의 문학, 미술, 음악, 무용, 연극, 영화, 연예, 어문 및 출판에다가 국악, 사진, 건축으로 문화영역을 확장하면서 문화산업도 새롭게 추가했다. 1995년은 WTO 체제가 출범한 원년으로, 문화시장 개방이 본격적으로 이뤄짐에 따라 '문화전쟁'에 돌입했다는 위기의식이 한층 고조된 시절이다. 무한경쟁 시대에 살아남기 위한 국가적·개인적 역량 함양이 소리높여 외쳐지는 가운데, 문화산업은 변변한 부존자원 없는 한국이 생존할 주요 자원으로 부상했다. 이에 정부뿐 아니라 언론과 지식사회에서 문화산업 육성을 위한 논의와 대응책이 활발하게 전개됐다. 이러한 상황에 더해, 디지털 기술 발전이 초래할 정보화 사회에 대한 전망이 국가 차원에서 문화산업 육성의 필요성을 더욱 확고하게 각인시켰다. 가령, 1995년에 시작한 위성방송과 케이블 TV 시장은 문화를 예술이나 문화재가 아닌 고부가가치를 창출하는 유망 산업으로, 차세대 국가 발전의 원동력으로 인식하게 했다.

이때부터 영화는 서비스업에서 제조업으로 분류되었다. 이미 부분적으로 비디오 콘텐츠 사업에 참여하고 있던 삼성, 대우 등 대기업들은 케이블 방송의 등장으로 영상 시장이 확대된 상황을 직시하면서 할리우드 메이저들에 맞서 콘텐츠를 확보하기 위해 영화 제작에 직접 투자를 하기 시작했다. 아울러 1994년 스크린 프린트 벌수 제한이 사라지면서 대기업이 주도하는 복합 상영관이 등장했고, 투자-배급-상영의 전 과정을 아우르는 수직계열화가 이뤄지면서 특정 영화의 스크린 독점 현상이 나타났다. 한편, 서울에서 개봉하던 관행에서 벗어나 전국 동시 개봉 체제가 구축되기 시작했다.[21]

위와 같은 급격한 신분 전환과 호감도 증가 속에서 대중문화는 더욱 삶의 일상으로 침투했다. 누구나 노래를 듣고 영화를 볼 뿐만 아니라, 자유롭게 자신을 연출할 수 있는 환경은 문화 소비자와 생산자의 저변을 확대함으로써 커다란 대중문화 생태계(씬)를 만들어냈다. 이것은 체계적 훈련과 투명한 경쟁 체계로 최상위 퍼포먼스를 보여주며 세계적 규모의 관객을 끌어모은 영국의 EPL과 미국의 NBA·MLB에 버금가는 것이다. 이에 K-POP 시장이 '아이돌의 EPL'이라는 말은 허언이 아니다. 어렸을 때부터 좋은 음악과 영상을 접하며 연예인이나 제작자로 꿈을 키우고, 성장 과정에서 관련 동호회나 전문 기관에 들어가 기술과 기예를 익힌 과정은 창의력이 뛰어난 대중문화 생산자와 능동적 수용 능력을 지닌 소비자의 저변을 넓히면서 고도의 대중문화 생태계를 구축하게 했다.

요컨대, 현재의 K-문화는 〈쥬라기 공원〉의 대성공에 대한 개인, 기업, 국가의 호응이 만들어낸 나비효과의 결과물이다. 누가 이 영화에서 느낀 즐거움과 놀라움이 한국이라는 나라의 문화 부흥에 영향을 줄 것이라 예상했겠는가? 그렇다면 문화에 대한 국가와 기업의 지원과 육성은 지속될 필요가 있다. 물론 이러한 진흥은 '지원은 하되, 간섭은 하지 않는다'라는 원칙 속에서 이뤄져야 한다. 왜냐하면 국가와 기업이 지원을 명분으로 제작에 깊숙이 관여해서는 안 되기 때문이다. 지원과 육성은 전적으로 창작자나 제작자의 '흥'과 '신명'을 돋구는 데 주력해야 한다. 또한 현장의 목소리를 경청하면서 제작과 유통상의 현안을 조속히 해결할 수 있어야 한다. 영화의 수직계열화, 기획사의 경영 합리화, 감정 노동자로서의 아이돌 인정 등에 대해 국가와 기업은 '갑'의 위치에서가 아니라 '동반자'로서의 협력이 필요하다. 이러한 과제의 해결 속에서 K-문화는 지속 가능할 수 있고 문화민주주의 역시 앞당길 수 있다.

문화운동의 변화와 K-문화

6월 항쟁 이후 구축되기 시작한 87년 체제는 사회 민주화와 더불어 문화환경과 문화운동에 큰 영향을 미쳤는데, K-문화의 발아도 이러한 변화에 적잖은 영향을 받았다. 이로부터 이전과 다른 문화운동 환경이 다음의 두 가지 측면에서 조성됐다. 먼저 새로운 소비주체로 등장한 신세대의 소비문화는 새로운 감수성과 스타일을 만들며 대중의 감성과 취향을 비롯한 일상의 생활 감각을 급격히 바꿔놓았다. 신세대는 오렌지족 문화로 명명되던 압구정동을 무대로 한 청(소)년들의 소비문화, 장정일의 〈아담이 눈 뜰 때〉와 이인화의 〈내가 누구라고 말할 수 있는 자는 누구인가〉로 대표된 새로운 경향의 문학, 서태지 음악과 그에 열광한 청(소)년을 포괄한다. 처음에는 향락 퇴폐문화나 저속한 쾌락의 탐닉으로 비판됐으나, 1993년에 오면서 새로운 소비문화의 징후로 읽히기 시작했다. 주지하듯, 서태지와 아이들이 만들어낸 새로운 경향의 감수성과 스타일이 이 같은 태도 변화를 이끌었다.[22]

다음으로 민중문화의 실험과 성과까지 흡수할 정도로 급부상한 대중문화는 '민중문화 對 대중문화'라는 기존 이항 대립을 해체하면서 문화 정세와 지형을 급속도로 바꿔놓았다. 1980년대 문화운동은 민중의 삶을 왜곡하고 정권 유지의 도구로 전락한 주류문화에 대한 투쟁을 전개했다. 당시 주류문화는 비민주적 정책과 이념의 선전도구로, 현실을 외면하며 예술의 순수성과 중립성에 집착한, 대중의 비판 정신을 마비시켜 말초적 쾌락에 빠지게 만든 것으로 규정됐다.[23] 억압적 지배와 저항적 실천이라는 당대의 대립적 상황에서 대중문화와 민중문화는 지배와 저항이라는 이념적 도식에 따라 구분됐다. 대중문화가 제도권의 문화였다면, 민중문화는 제도에 저항하는 운동권 문화였고, 대중문화가 보수의 이데올로기를 대변했다면, 민중문화는 진보의 이데올로기를 드러냈다. 대중문화가 개인주의와 도피의 출구로 여겨졌지만, 민중문화는 공동체와 참여의 통로로 받아들여졌다.[24] 그러나 1990년대 들어 자유화 물결에 편승한 자기표현 욕구의 증대, 정보통신 혁명(PC 대중적 보급, 삐삐·휴대폰 대중화, PC통신 신드롬)을 통한 다양한 매체의 등장, 문화산업의 탈규제 정책에 따른 대기업의 참여, CA TV·지역민방·위성방송·통신사업 같은 문화유통 부문에서의 혁신은 1990년대를 '대중문화의 시대'로 이끌었다.[25]

이로부터 1990년대 문화운동은 이론, 이념, 주체, 조직과 실천 측면에서 다음과 같이 새롭게 변한다. 이론과 관련하여, 문화연구(Cultural Studies)의 수용을 통해 맑스-레닌주의와 확연히 다른 토픽 설정으로 문화 정세를 다르게 보기 시작했다. 정신분석학과 언어학 같은 비(非)맑스주의를 수용한 문화연구는 명시적으로 맑스를 비판하는 듯 보이지만 실질적으로 맑스의 강력한 후계자이다. 소위 '이론의 우회' 전략을 구사한 문화연구는 사회주의권 붕괴에 따른 운동 이념의 부재로 방황하던 한국 문화운동 진영에게 새로운 정치적 상상력을 제공했다. 이제 상부구조에 한정됐던 문화는 표상과 이데올로기, 육체와 욕망이라는 새로운 토픽을 통해 다층적으로 분석되기 시작됐다.[26] 이로부터 대중문화는 3S 정책으로 무조건 비판되기보다, 지배와 저항의 격전장(헤게모니)으로 새롭게 인식됨과 동시에 진지한 분석 대상이 됐다. 대중문화에 대한 새로운 담론은 대중문화에 대한 사회적 인식의 전환을 이끌었는데, 이는 1990년대 대중문화의 만개에 적잖은 영향을 주었다.

이념과 관련해, 체제 변혁 운동의 부문 운동에서 시민문화운동으로의 전환이 모색되는 가운데 문화권 확보와 문화민주주의 구현이 목표로 제시됐다. 1980년대 사회운동은 광주의 원죄를 안고 출범한 5공화국에 대한 전면적 투쟁이었는데, 문화운동은 국가권력과 첨예하게 대립하며 사회민주화운동의 일환으로 전개됐다. 즉 '예술에 대한 정치의 우위'가 단호히 주창[27]되는 가운데, 순수예술과 예술지상주의를 표방한 문화주의를 전면 거부하고 예술의 정치성에 주목하면서 체제 변혁 운동의 한 형태(부문 운동)로 전개됐다.[28] 이후 87년 체제의 구축 과정에서 민주화 열풍이 사회 전 영역으로 확산하는 가운데, 문화운동은 체제 변혁에서 시민의 문화적 권리(문화권) 증진과 문화민주주의 구현으로 목표의 수정을 꾀한다. 문화권(Cultural Rights)이란 사회의 구성원으로서의 인간이라면 누구나 갖고 있는 문화적 욕구의 충족을 통해 삶의 질을 향상하는 기본 권리를 말한다. 문화적 권리는 소수 엘리트의 특권이 아닌, 누구나 누릴 수 있고 인간 존엄성을 지켜낼 기본권이라는 점에서 새로운 인권 개념이라 하겠다. 문화권이라는 새로운 권리는 '자유와 평등'에 기초했던 근대

민주주의를 문화민주주의로 대체하게 이끈다. 법적 구속력이라는 신체 외부 기제를 통해 자연권으로 보장한 근대민주주의와 달리, 문화민주주의는 욕구와 욕망이라는 신체 내부의 기제를 통해 권리를 보장한다. 문화가 삶의 특정한 방식과 의미를 만들어내는 사회적 실천이라 할 때, 문화권은 의미와 가치를 생산하는 이데올로기적 혹은 담론적 실천이고 삶을 총체적으로 구성하는 생존전략이다. 그런 의미에서 문화민주주의는 1990년대에 새롭게 펼쳐진 문화 정세에 대응해 대안 사회를 모색하는 실천적 지향점이 된다.

민중과 민족을 문화운동 주체로 설정했던 1980년대와 달리, 1990년대에 들어 새로운 실천 주체가 모색된다. 6월 항쟁을 이끈 '넥타이 부대'로 지칭된 '시민'은 자유화의 훈풍 속에서 자신의 목소리를 높이면서 체제 전복을 지향한 과거 민주화운동을 시민권 확보를 위한 시민운동으로 바꾸면서 사회 개혁의 새로운 주체로 등장했다. 국가와 시장에 대해 견제와 비판을 수행한다는 '시민'의 뒤늦은 출현은 이후 지역, 취향, 주거, 건강, 환경 등 제 영역에서 권리 확보를 위한 운동을 이끎과 동시에, 세대와 젠더 문제를 제기하며 기성세대와 가부장제가 구축한 정상성에 정면 도전했다. 아울러 급격히 팽창한 대중소비문화 속에서 근검과 성실, 금욕과 자제의 노동 윤리가 해체되는 가운데 개성과 새로움, 솔직한 자기표현의 정동으로 유행을 선도하는 적극적 소비 세대가 등장했다. 일명 'X세대'로 지칭된 당시 10·20세대는 '쿨'한 감성과 '힙'한 스타일을 선보이며 그들만의 세계를 구축했다. 이들의 소비문화가 한국 자본주의의 자장 속으로 급속히 편입됐다면, 이에 대한 반발로 청년문화운동을 전개한 주체들은 새로운 탈주의 흐름을 만들어냈다. 이들은 대학가에서 혹은 신촌과 홍대 일대에서 反자본·非주류 성향의 인디문화를 만들어내면서 세대문화의 저항성과 다양성을 주창했다. 이러한 일련의 흐름 속에서 문화운동의 주체는 시민, 청소년, 여성, 성 소수자, 인디문화 주체, 팬덤 등 다양하게 분화됐고, 이들이 전개하는 다양한 '문화적 실천'의 성격과 의미에 대한 논의가 활발하게 전개[29]됐다.

조직·실천과 관련해, 문예 중심의 조직에서 벗어나 시민문화를 표방한 문화운동이 조직됐다. 1980년대는 문예 일꾼 혹은 문예 활동가라는 전문인을 중심으로 문화운동이 전개됐는데, 창작에서의 전문성 확보나 민중에게 비판 의식을 심어주는 활동이 주류를 이뤘다. 그러나 1990년대로 오면서 전통적 문화예술 영역이 해체되고, 일반인의 문화예술 참여 욕구 및 기회가 증가함에 따라 직업적 문예인 중심에서 시민 중심으로, 창작 환경 개선에서 문화 공공성 구축으로 문화운동이 변하게 됐다.[30] 이로부터 〈문화개혁을위한시민연대〉(이하 문화연대)가 출범(1999)하게 됐는데, 문화복지 구현(용산 미군기지 생태공원 조성 추진 운동, 광화문 문화공간 조성 운동), 문화정책·행정 감시(청소년보호법 폐지 운동, 천년의문 사업 중단 운동, 문화 감리 운동), 문화산업 구조 개선(가요 순위프로그램 폐지 운동, 연예계 PR비 개혁 운동) 활동이 펼쳐졌다.

위와 같은 일련의 변화 속에서 문화의 공공성이 강화되고 시민의 문화 향수권이 증대되는 문화민주주의가 조금씩 구축되어 나갔다. 사실 이러한 변화는 K-문화를 직접 겨냥한 것은 아니었지만, 향후 K-문화가 성장할 환경을 제공했다는 점에서 의미가 있다. 가령, 가수 정태춘의 지난한 투쟁으로 결실을 본 가요 사전심의제 폐지(1996)는 '어떤 노래든 만들 수 있음'이 공포된 만큼, 창작자와 가수 그 누구도 자기 검열 없이 자유롭게 노래를 만들거나 부를 수 있게 했다.[31] 가요 순위프로그램 폐지 역시 일시적이긴 했지만, 문화에 서열이 있을 수 없음을 각인시키면서 상업성보다 '작가정신'에 충실한 콘텐츠를 만들어보게 이끌었다. 또한 공공 문화기반시설(문화의집, 주민센터, 도서관, 박물관, 체육관 등)의 확충으로 일반인의 문화 향수 기회를 늘림으로써 문화 활동의 저변을 넓혔다. 이후 기획사 문제(기획사의 갑질, 성 상납과 성폭력, 노예 계약, 연습생 육성 과정에서의 인권 침해 등)와 영화계 문제(수직계열화로 인한 독점 구조, 멀티플렉스의 스크린 독점 등) 등을 공론화하면서 K-문화의 투명성과 합리성, 민주성 확보에 영향을 주었다. 아울러 당시 인디문화 혹은 하위문화 활동을 전개한 주체 중 일부는 문화산업에 종사하거나 직업적인 창작 활동을 이어갔다. 대중문화가 만개하기 시작한 1990년대라는 거시적 사회 변화를 주관화하여 관련 직업에 종사하면서 본인 삶의 형태로 변형[32)]해 나간 것이다. 이들이 현업으로 활동하며 인고의 결실을 보기 시작한 시점이 K-문화의 시작이라고 할 1990년대 말과 일치하는 것은 우연이 아니다.

콘텐츠 생산 방식 및 소비 주체의 변화와 K-문화

1명의 사망과 부상 40여 명이 발생한 뉴 키즈 온 더 블록의 내한 공연(1992)은 비극적 사건으로 간주하기에는 부족한 점이 있다. 이 사건은 1990년대 문화환경 변화의 한 단면을 보여주는데, 향후 K-POP의 전신인 '신세대 댄스음악'의 열풍과 그에 대한 주 소비 계층의 교체를 알리는 신호탄이었다. 뉴 키즈 온 더 블록은 작곡가이자 프로듀서인 모리스 스타(Maurice Starr)가 노래와 춤에 능한 백인 소년들을 오디션으로 뽑아 훈련해 데뷔시킨 보이그룹이다. 당시 국내 언론은 청소년의 일탈과 병리로 이 사건을 다뤘는데, 완전히 다른 방식으로 생각한 사람이 있었다.

그 사람은 바로 이수만이었는데, 그는 미국 캘리포니아 주립 대학원에서 컴퓨터 엔지니어링 석사학위를 마친 후 현지 업체의 스카우트 제의를 거절하고 귀국 길에 올랐다. 이수만은 귀국 후 방송 활동, 이태원 디스코텍 DJ, 인천 월미도에서의 카페 운영으로 마련한 5,000만 원으로 SM 기획을 설립(1989)했고, 1990년 1호 소속 가수 현진영과 와와를 데뷔시키며 큰 성공을 거뒀다. 이후 현진영이 대마초 사건으로 구속된 상황에서 소속 연예인에 대한 철저한 관리의 필요성을 깨달으며 '인-하우스 시스템'을 도입하기에 이른다.[33] 일명 '시스템주의'라 부르는 이 방식은 향후 다른 기획사도 따르는 표준이 됐다. 시스템주의 속에서 기획사의 운영 목표는 음악을 넘어 연예산업 전반으로 확장한다. 즉 음악의 작곡·작사·편곡, 안무 구성과 의상 선정, 가수의 공적·사적 생활 관리 등 음악 외의 분야까지 하나의 체계 안에서 관리·운영됐다.

H.O.T.의 등장은 시스템주의가 만들어낸 첫 번째 결과물이다. 완벽한 가창력의 노래 담당, 화려한 댄스 담당, 힙합 스타일의 랩 담당, 그룹 얼굴인 외모 담당, 방송에서 입담을 책임질 예능 담당 등 각각의 역할에 맞춰 멤버가 선발됐고 치밀한 계획에 따라 각 멤버에게 역할이 할당됐다. 노래에서 퍼포먼스 중심으로 무대 연출이 변모함에 따라 기획사의 중요성은 더욱 커졌다. 예전에는 개인의 재능이 우선이었지만, 각 멤버의 유기적 연출이 무대의 중심을 차지함에 따라 이들의 '합'을 맞추는 것이 중요해졌다. 이를 위해 오랜 기간 연습하고 훈련하는 과정이 필요해졌고, SM엔터테인먼트는 이를 하나의 시스템으로 조직하면서 소속 가수를 철저히 관리했다.[34]

현진영의 인기는 1990년대 초 대중음악 트렌드를 주도한 '신세대 댄스음악'의 대중적 인기에 힘입은 바 크다. 1980년대 대중음악계는 트로트와 발라드로 양분돼 있었으나, 1990년대 들어와 유럽과 미국, 일본의 댄스음악에 영향을 받은 리듬감 넘치는 음악과 화려한 춤으로 관객을 사로잡은 완전히 새로운 음악이 등장했다. 그것이 바로 '신세대 댄스음악'인데 향후 K-POP의 스타일과 정서에 직접적 영향을 끼쳤다. 신세대 댄스음악은 1990년대 초 나이트클럽에서 DJ를 하던 사람들이 많이 만들었는데, 이들은 이런저런 음악적 시도를 하면서 어떻게 해야 사람들을 춤추게 할지에 대한 현장 경험이 풍부했다. 가령, 신철은 이태원 문라이트 최고의 DJ로서, 나미와 붐붐, 철이와 미애를 결성해 활동했을 뿐만 아니라, DJ DOC와 유승준의 음반 제작에도 참여했다. 단연코 당시 최고의 프로듀서는 김창환이었는데, 그 역시 나이트클럽 DJ 출신으로서 폭발적인 나이트클럽 비트에 한국적 '뽕' 정서를 가득 담은 멜로디로 당시 가요계를 평정했다.35)

한편, 1990년대의 10대는 과거와 달리 막강한 구매력과 영향력을 가진 세대로 부상한다. 이는 1992년 당시 전체 인구에서 중고생 비율이 26.7%나 차지한 사실에서 확인된다. 아울러 가족당 자녀 수가 줄어들면서 그들이 가계의 소비 행위에 미치는 영향력도 커졌다. 가령, 백화점과 호텔은 어린이 영화 무료 시사회, 만화 올림픽, 어린이 동화극 공연 등을 통해 자녀와 그 부모를 유인했다. 이러한 소비문화는 이들이 10대로 성장하는 과정에서도 이어졌다. 이들을 가장 먼저 고객으로 호출한 곳은 방송사의 공개 프로그램이었다. 당시 3개 방송사의 공개 프로그램은 25개였는데, 쇼와 코미디 프로그램에서 10대 관객은 90% 이상을 차지했다.36)

특히 대중가요는 10대들의 절대적 호응과 소비의 대상이었다. 당시 한국 음반 시장 매출액의 70%가 이들 10대를 통해 이뤄졌고,

'오빠 부대' 혹은 '빠순이'로 불렸던 이들은 향후 '이모팬'과 '삼촌팬'으로 불리며 K-POP의 절대적 후원자로 거듭난다. 이러한 팬덤 문화의 형태가 본격적으로 나타나기 시작한 때가 바로 1990년대이며, K-POP의 대표적 특징 중 하나인 아이돌과 팬덤 간 친밀성 형성에 큰 영향을 미쳤다. 2021년 트위터와 〈케이팝레이더〉가 함께 분석한 '트위터 사용 패턴에 따른 K-POP 세대 분석'을 보면, 최근 아이돌 그룹들은 데뷔 전부터 트위터 계정을 개설하고 팬들과 미리 소통해 친근감을 높이는 전략을 취하고 있음이 드러났다.[37] 이로부터 콘서트와 팬 미팅에 그쳤던 과거와 달리, 현재는 개인 차원에서 소셜 미디어 플랫폼을 통해 리액션·챌린지 영상, 랜덤 플레이 댄스 등을 올리면서 글로벌 팬덤으로 거듭나는 중이다.

대중문화 소비 계층으로 10대가 부상한 것은 민주화의 또 다른 결과라 할 수 있다. 왜냐하면 통제와 규제 일변도의 학교 운영 방침이 민주화의 물결 속에서 조금씩 바뀌기 시작했기 때문이다. 공식적으로 빵집과 전자오락실마저 학생의 출입을 금지했던 전례에 비춰 볼 때, 6월 항쟁 이후 학교 당국의 강압적 학생 통제(복장, 두발, 가방 검사 등)는 점차 줄어들었다. 이 속에서 10대들은 조금이나마 학업 스트레스에서 벗어날 기회를 얻었고, 때마침 등장한 새로운 스타일의 대중음악과 패션은 이들의 전폭적인 호응을 끌어냈다. 주목할 점은 당시 만들어지기 시작한 이들의 팬덤 문화가 향후 K-문화의 글로벌 팬덤 활동에 큰 영향을 줬다는 사실이다. 가령, 세계에서 유례없는 팬덤 문화를 보여준 BTS 팬클럽 '아미'의 활동은 대부분 국내 아이돌 팬클럽이 하던 활동들에 기반한다. 그중 대표적인 사례가 음반을 비롯해 다양한 굿즈 구매 문화이다. 한발 더 나아가 이들은 팬아트나 창작 영상물로 서로를 하나로 묶는 '세계관'을 창출하며 팬덤 문화 자체를 풍성하게 하고 성장시켰다.

IMF 외환위기에 대한 대응과 K-문화

앞에서 상술한 바와 같이 1990년대 국가의 문화에 대한 인식 변화와 함께 추진된 문화산업 진흥 정책은 K-문화가 성장할 토대가 됐다. 그러나 정책의 추진 속도는 더뎠는데, 이는 1994년 정부예산 대비 문화관광부 예산이 0.68%로 이전에 비해 큰 폭으로 증가하지 않은 것에서 확인된다. 아울러 문화산업국 예산이 문화부 전체 예산에서 차지하는 비중이 1994년 1.8%에서 1995년 4.0%로 증가했지만 1997년에는 2.0%로 감소했다. 영상문화 및 영상산업의 실질적 진흥을 목표로 제정된 '영상진흥기본법'(이하 영진법, 1995) 역시 여느 문화산업 법제와 비교해 선언적 수준에 그쳤다. 이러한 상황에서 IMF 외환위기(1997)는 문화산업 발전에 날개를 달아준 중요한 사건이었다. 김대중 정부에서 문화산업정책 예산이 큰 폭으로 증가한 것이다. 1998년 정부예산 중 문화부 예산이 0.94%로 증가했는데, 1999년 0.97%, 2000년 1.20%로 지속적으로 증가세를 보였다. 특히 문화산업국의 예산이 가장 큰 폭으로 증가했다. 김영삼 정부 시절 문화부 예산에서 문화산업정책 예산 비중은 2% 내외였지만, 1999년 11.7%로 대폭 증액됐고 이후에는 14% 전후로 유지됐다.[38] 김대중 정부의 문화산업 정책은 1990년대 초반 시장개방과 제도 변화로 시작된 정책 이념이 외환위기라는 계기를 거치면서 강화된 것으로 볼 수 있다. 그렇다면 이러한 변화가 생겨난 이유는 무엇인가?

먼저 그간 진행되어 온 문화산업 시장의 확장에서 형성된 낙관적 기대이다. 문화시장이 본격 개방되면서 국내 지상파 방송사들은 프로그램 제작과 판매를 위해 해외에 자회사를 설립하고 드라마를 일본, 중국, 홍콩 등지로 수출했다. 하지만 외환위기 이전까지 방송 3사는 영상 프로그램의 수출 가능성이나 필요성을 심각하게 인식하지 않았다. 그런데 IMF 외환위기 이후 기업들의 잇따른 부도로 인해 전체 매출의 90% 이상을 광고 수입에 의존한 방송사들은 경영난에 직면하기 시작했다. 이에 대응하기 위해 방송사들은 해외 프로그램의 수입을 줄이는 대신 프로그램 수출로 경영난을 극복하고자 했다. 때마침 대만 케이블 방송사들이 일본 드라마를 대체할 프로그램 수입을 확대하면서 드라마 수출이 증가하기 시작했다. 한국 방송 프로그램은 일본이나 미국 드라마에 비해 가격이 저렴했고 아시아권의 문화적 정서에 부합한 한국 드라마가 대만에서 큰 인기를 끌었다. 1998년 KBS의 방송 프로그램 수출은 1997년의 두 배를 넘는 34만 달러를 기록했다.[39] 위기를 기회를 바꾼 이 사례는 문화산업이 외환위기를 극복해 줄 해결사로 인식하기에 충분했다.

다음으로 일본문화 개방에 따른 대응 방안의 모색이다. 한일 간 국교를 정상화할 것을 선언한 한일협정(1965)[40]에서 '문화 관계를 증진하기 위해 가능한 협력을 한다'고 원칙적으로 합의했지만, 한국 정부는 일본문화 수입을 금지했다. 이후 양국의 문화 개방에 관한 논의가 몇 차례 진행됐으나, 역사 문제를 둘러싼 갈등으로 인해 번번이 중단됐다. 일본 문화 개방을 본격적으로 추진한 것은 김대중 정부가 출범한 이후이다. 당시 정부는 문화시장 개방을 한국문화의 보호라는 민족주의 입장보다 문화교류와 협력으로 새로운 도약을 이끌 것으로 보았다. 이에 김대중 정부는 한일문화교류 정책자문위원회를 설치해 일본문화 개방을 위한 준비 작업에 착수하면서 '21세기의 새로운 한일 파트너십 공동선언'을 발표(1998)했다. 이에 대해 사회 각계는 양국 간 역사 갈등에서 빚어진 일본에 대한 부정적 인식,

문화산업의 규모와 경쟁력에서 드러난 절대적 열세에 주목하면서 거세게 반발했다. 정부는 이미 추진하기로 한 개방 정책의 원활한 수행은 물론, 사회 각계의 비판에 대응하기 위해서라도 문화산업 진흥 정책을 강력하게 밀고 나가야만 했다.[41]

상술했듯, IMF 외환위기는 국가의 문화산업에 대한 정책 패러다임을 근본적으로 변화시키는 계기가 됐다. 국가는 IMF 외환위기를 극복할 일련의 조치들, 가령 부실기업의 구조조정과 함께 금융시장과 노동시장의 유연화를 대대적으로 추진했다. 이러한 경제개혁의 핵심 과제는 정경유착과 관치금융 구조를 개혁하고 대기업에 의존한 제조업 중심의 경제구조를 개편하는 것이었다. 이때 '신산업 육성'이라는 경제정책 과제가 제시됐는데 부품소재 산업육성, 벤처기업 지원 등과 함께 문화산업이 선정됐다. 정부는 문화산업을 수출산업으로 육성하기 위해 창작, 제작, 마케팅, 해외 진출, 인력 양성, 신용 지원, 연구개발 등 문화산업 전반에 대한 포괄적인 지원을 아끼지 않았다. 이를 위해 관련 법안이 만들어졌는데, 1999년 문화산업을 포괄하는 일반적인 법제인 문화산업진흥기본법(이하 문진법)이 제정됐다. 문진법은 문화산업의 정책적 개념과 범위를 최초로 규정한 법제다. 여기서 대상은 영화, 음반, 비디오, 게임, 출판, 인쇄, 방송프로그램, 방송 프로그램과 관련된 산업, 문화재와 관련된 산업, 캐릭터, 애니메이션, 디자인, 광고, 공연, 미술품, 전통공예품뿐만 아니라 멀티미디어 콘텐츠와 관련된 산업, 그리고 대통령령으로 정하는 산업이 문화산업으로 규정됐다.[42] 1995년 문화산업의 세계화를 추진한 김영삼 정부 역시 영상진흥기본법과 영화진흥법을 제정하고 문화산업 육성을 위한 정책을 추진했다. 그러나 관련 법률안이나 문화정책의 양적 규모가 큰 폭으로 증가한 것은 김대중 정부 출범 이후이다.

국가의 문화산업 육성 정책은 한편으로 문화 개방에 따른 자국의 문화 보호, 다른 한편으로 IMF 외환위기에 대한 대응으로 설정된 신산업 육성의 하나로 추진됐다. 이는 문화산업 육성이 시장 기능(시장의 자율성)만으로 충족될 수 없다는 위기의식에서 비롯됐다. IMF 외환위기 이후 대기업이 주도한 제조업 중심의 수출산업이 초래한 한계를 직시한 국가는 그 타개책의 하나로 문화산업 육성을 들고나온 것이다. 바야흐로 세계화 시대에 국가 이미지를 제고하고 경제를 선도하는 유망 산업으로 부상하게 되면서 K-문화의 성장과 세계 진출에 순풍이 불었다. 그러나 이러한 행보는 IMF 외환위기 이후 본격화된 신자유주의 재구조화 속에서 문화의 가치보다 시장의 가치가 우위를 점하는 방향으로 나아갔다. 이는 공공정책 중심에서 시장적 접근으로, 시민사회 요구를 포용하는 것에서 업계 이익이 확대되는 방식으로 추진된 노무현 정부의 문화정책에서 확인된다.[43] 이때부터 문화산업의 상품 논리와 시장 논리가 전면 부각됐고, 영화계의 수직계열화나 가요계의 아이돌 노예 계약 같은 문화자본의 독과점, 예능 프로그램에서 동일 소속사 연예인의 끼워넣기 출연이나 유명 연예인의 갑질 같은 문화 권력의 횡포 등의 문제가 발생했다.

4. K-문화와 K-민주주의의 접속

2025년 여름부터 현재까지 전 세계를 강타한 노래는 단연코 영화 〈K-POP 데몬 헌터스〉의 OST 곡 중 하나인 '골든'이다. 골든은 빌보드 핫100 차트에서 7주 연속 1위이자 비연속으로 통산 8주째 정상을 차지하며 글로벌 인기를 이어갔다. 이 노래는 68회 그래미 어워즈 본상 후보에서 올해의 노래 등 5개 부분 후보에 지명됐는데, 사전 행사에서 '베스트 송 리튼 포 비중얼 미지더' 부문을 수상했다. 공교롭게도 이 부문에서 경쟁하게 된 노래 중 하나는 블랙핑크 로제의 '아파트'인데, 올해의 노래와 올해의 레코드 등 3개 부문에서 후보에 올랐다. 그래미 최고 영예인 본상 후보에 K-POP이 오른 것은 사상 처음이다. 과거 BTS가 2021년부터 3년 연속 베스트 팝 듀오, 그룹 퍼포먼스상 후보에 올랐으나 수상은 하지 못했다. 이에 대해 LA타임스는 "그래미가 K-POP을 단순한 팬덤이 아닌 예술로 평가하기 시작했다"라는 기사를 냈다.

K-문화의 글로벌 신드롬에 대해 잠깐의 유행이라 치부하던 1990년대 말의 분위기를 떠올리면, 현시기 골든의 인기는 경이롭기까지 하다. 사실 1990년대 중반까지 노래와 영화, 드라마 등 한국의 문화산업은 경쟁력이 취약한 산업으로 인식됐다. 가령, 『옥스퍼드 세계영화사』(1996)에는 홍콩, 일본, 대만 영화에 관한 내용이 있지만 한국 영화에 대한 언급이 없다. 1990년대 초반까지 한국 영화산업은 생존을 고민해야 할 정도였다. 왜냐하면 1980년대 중반 외화 직배가 허용된 이후 1980년대까지 30%를 유지하던 한국 영화의 시장점유율이 1993년에 15.9%까지 떨어졌기 때문이다. 그런데 1995년 15편에 그쳤던 한국 영화 수출이 2004년에는 193편으로 증가했고 같은 기간 수출액은 20만 달러에서 5,828만 달러로 증가했다.44)

이러한 극적 반전이 1990년대에 발생한 만큼, 어떤 요인이 이런 기적을 이뤘는지에 대한 규명은 K-문화를 이해하는 첫걸음이 된다. 이와 관련해 이 글은 탈냉전과 WTO 체제 출범에 따른 문화의 세계화가 K-문화에 어떤 영향을 미쳤는지 살펴봤다. 무엇보다 탈냉전과

WTO 체제 출범은 문화의 개방과 교류를 시대의 대세로 인식하게 만들면서 문화의 위상 제고와 문화산업 진흥에 대한 국가적 지원을 이끌었다. 둘째, 국가의 문화에 대한 인식 변화가 K-문화에 미친 영향을 살펴봤다. 1980년대까지 문화가 고급 예술로 혹은 지배권력의 공보 수단으로 인식됐다면, 1990년대 들어 국가 경쟁력 제고와 고부가가치를 창출할 자원으로 규정되면서 대중문화가 만개할 환경이 마련됐다. 셋째, 문화운동의 변화가 K-문화에 어떤 영향을 미쳤는지 살펴봤다. 체제 변혁 운동으로 전개됐던 과거와 달리, 1990년대 문화운동은 문화를 대상으로 혹은 문화를 위한 운동으로 변모한다. 즉, 창조성과 미학 같이 문화 자체의 내적 원리에 천착하면서 문화권 증진과 문화민주주의 구현에 힘썼다. 이는 대중의 문화 향수 기회를 증진하면서 K-문화가 확산할 저변을 확장했고, '뭐든 창작할 수 있다'라는 표현의 자유를 보장해서 다양한 창작 실험이 가능하게 했다. 넷째, 콘텐츠 생산 방식 및 소비 주체의 변화가 K-문화에 미친 영향에 대해 검토했다. 시스템주의라는 현대적 제작 방식의 도입과 대중문화 시장의 주도권을 잡게 된 10·20세대가 만들어낸 팬덤 문화는 향후 K-문화 글로벌 팬덤에 크나큰 영향을 미쳤다. 다섯째, IMF 외환위기가 K-문화에 미친 영향이 무엇인지 살펴봤다. 사상 초유의 경제위기에 대응하기 위해 정부가 마련한 신산업 육성 정책에 문화산업이 포함되면서 K-문화는 대폭적 지원을 받으면서 질적·양적 성장을 거듭하게 된다.

지난 2015년 보훈처는 5·18 광주민중항쟁 35돌 기념식을 앞두고 〈임을 위한 행진곡〉을 제창이 아닌 합창 방식으로 부를 것을 결정해 논란이 일어났다. 특히 보훈처는 이 곡이 북한 영화의 배경음악으로 사용된 점을 거론하면서 이 노래를 제창하면 국민 통합을 저해할 수 있다고 주장했다. 즉, 〈임을 위한 행진곡〉이 “1991년 황석영, 리춘구(북한 작가)가 공동 집필해 제작한 북한의 5·18 영화 ‘님을 위한 교향시’ 배경음악으로 사용됨으로 인해 노래 제목과 가사 내용인 ‘임과 새날’의 의미에 대해 논란”이 있음을 지적했다. 이렇게 한국의 보수 정권에서 〈임을 위한 행진곡〉이 수난을 받고 있었던 데 반해, 해외에서 민주주의를 상징하는 노래로 불리고 있다는 사실은 실로 놀랍다.

2019년 홍콩의 ‘범죄인 인도 법안’(중국 송환법) 반대 집회에서 〈임을 위한 행진곡〉이 시위대 속에서 울려 퍼졌다. 기타를 들고 무대에 오른 한 참가자는 〈우산 혁명〉으로 개사한 노래의 후반부를 한국어로 불렀고 큰 환호성이 터졌다. 이와 관련해 정근식 서울대 교수는 〈임을 위한 행진곡〉이 1980년대 중반부터 태국, 대만, 중국, 말레이시아, 홍콩, 미얀마, 일본 등 아시아 주요국에 전파돼 민주·노동·평화·인권의 상징 노래가 됐다고 밝혔다. 2002년 한일 월드컵 때 붉은 악마의 응원가에도 포함됐던 걸 보면, 가히 민주화의 대표적 문화유산이라 할 만하다.[45)]

2024년 대만의 입법원(의회)에서 야당 연합이 여당과의 난투극 끝에 의원 소환과 헌법재판소 탄핵 결정 요건을 어렵게 만드는 법 개정안을 가결했다. 이에 반대하는 시민들은 한국의 윤석열 대통령 탄핵 촉구 시위 때처럼 K팝 아이돌의 응원봉을 들고 모였다. 법 개정안에 반대하는 1만 5,000여 명의 시민들은 의회 앞에 모여서 한국에서처럼 소녀시대의 〈다시 만난 세계〉(이하 다만세)를 따라 불렀다. 응원봉을 들고 온 시위 참석자는 “오늘은 (K팝 아이돌이 아닌) 대만을 응원한다”라고 말했는데, 대만 언론들은 “슈퍼주니어와 동방신기, 인피니트, 세븐틴, NCT, 미쓰에이 등 다양한 한국 연예인 응원봉이 등장했

다"라며 "윤 대통령 탄핵 촉구 시위의 영향을 받았다"라고 전했다.[46]

〈다만세〉야 워낙 잘 알려진 곡이지만, 〈임을 위한 행진곡〉이 여느 K-POP같이 해외에서 불리고 있다는 사실은 실로 놀랍다. 이는 K-POP과 더불어 'K-민주주의'라는 또 다른 문화가 세계적으로 만들어지고 있음을 뜻한다. 원래 〈다만세〉는 2003년 걸그룹 밀크의 2집 앨범에 수록될 예정이었는데, 밀크의 활동 중단으로 앨범 발매가 무산되는 바람에 묻힐 뻔했다. 다행스럽게 이 노래는 소녀시대의 데뷔곡(2007)이 되어 세상에 나올 수 있었다. 이 곡이 집회에서 호응을 얻게 된 것은 2016년에 이화여대 학생들이 미래라이프대학(평생교육 단과대학) 설립을 반대하며 본관 점거 농성 때 부르면서이다. 사랑하는 사람들과 용기를 내 함께 미지의 세계에 도전하겠다는 가사와 함께 비장한 분위기를 연출한 단조 음계는 '떼창'에 알맞은 조건을 두루 갖췄다. 이후 이 곡은 크고 작은 집회에서 젊은 여성들의 목소리를 대변했다.

이 곡이 집회 현장에서 또다시 불리며 주목받기 시작한 것은 윤석열 탄핵 집회에서이다. 무엇보다도 12·3 비상계엄은 헌법과 계엄법이 규정한 계엄 선포 조건에 전혀 부합하지 않는다는 점에서 민주적 헌정 체제를 전면 부인한 처사이다. 윤석열 대통령이 주장한 계엄 선포의 사유로 든 '국민 계몽'은 어디에도 해당하지 않는다.[47] 다음으로 12·3 비상계엄은 전제군주를 꿈꾸며 반공 독재체제를 구축하려는 친위 쿠데타이다. '친위 쿠데타'란 특정 정권이 헌법에 규정된 한계를 넘어 권력을 강화하거나 연장하려는 독단적 정치 행태를 말한다. 마지막으로 12·3 비상계엄은 일시적인 정치적 일탈이 아니라 지배 블록이 권력 강화를 위해 국가 조직을 체계적으로 동원·활용한 범죄이다. 이에 영구집권을 꿈꾸는 반민주 세력이 치밀하게 계획해

국권을 침탈한 명백한 내란 행위로 볼 수 있다.[48]

이러한 엄중한 시국에서 울려 퍼진 〈다만세〉는 '응원봉 집회'라는 새로운 시위 문화를 상징하는 주제곡이 됐다.[49] 2008년 '미국산 쇠고기 수입 반대 촛불집회'에서 '촛불 소녀'로 지칭된 청(소)년들이 〈임을 위한 행진곡〉을 배우며 참여했다면, 윤석열 탄핵 촉구 집회에서는 그 부모 세대가 〈다만세〉를 배우며 집회의 열기를 끌어 올렸다. 이에 대해 언론은 탄핵 촉구 집회가 정치 집회라기보다 K-POP 콘서트를 방불케 한다고 보도했다. 아울러 MZ세대의 적극적인 참여로 비폭력과 연대의 새로운 시위 문화가 탄생했다며 K-집회 문화가 차세대 민주주의를 이끌 것이라 보았다.

어느 누가 K-POP이 한국을 비롯해 세계 각국의 집회 문화를 새롭게 이끌면서 민주주의 발전의 원동력이 될 것을 예상했겠는가? 아울러 어느 누가 K-POP이 부모 세대와 자녀 세대가 떼창으로 공감하고 한마음이 되게 해서 세대 갈등 해결에 물꼬를 트게 할 것을 알았겠는가? 이 모든 경이로움의 중심에 K-문화가 있다. 한때는 지배권력의 도구로 활용됐고, 진보 진영에서조차 3S 정책으로 비판됐던 한국의 대중문화가 세계적 호응을 넘어 민주주의 발전과 접속하고 있다는 사실은 매우 고무적이다. 왜냐하면 '트럼프 신드롬' 같이 민주주의의 후퇴 양상이 세계적으로 벌어지고 있기 때문이다. 이와 관련해 2010년대 중후반부터 '공고화되고 있는 민주주의'와 '결손 민주주의' 체제가 감소하고 강경 독재와 온건 독재가 득세하고 있다는 보고가 있다.[50]

그렇다면 K-문화가 걸어가야 할 방향은 명백하다. 그것은 문화의 '충만함'뿐 아니라 민주주의의 '보편성'을 전 세계적으로 확장하는 것이다. 한때의 유행에 그칠 것이라는 1990년대 말의 냉소로부터

K-민주주의로 거듭나고 있는 현 상황은 이러한 과제 수행에 힘을 북돋운다. 놀랍다 못해 경이로운 현시기 K-문화의 비상에 있어 '1990년대'는 그 씨앗이 뿌려지고 발아하게 만든 인큐베이터였다. 그리고 1990년대가 87년 체제라는 민주화의 세례를 직접적으로 받은 시점이라는 점에서 당시 문화환경과 문화운동의 변화는 K-문화와 깊은 관련이 있다. 이 글은 이들 관계에 대한 시론적 고찰로서, 향후 다각적이면서도 실증적인 연구로 이어지길 기대한다.

미주

1) 보통 'Korean wave'라고 지칭되는 한류는 1997년부터 2010년대 중반까지, 2010년대 후반부터 현재의 국면을 '한류 2.0' 혹은 'K-Culture'로 부른다. 한류가 대중가요, 드라마, 영화, 게임 등의 콘텐츠에 대한 해외 마니아층의 선호를 뜻한다면, 'K-Culture'는 한국의 생활양식 전반을 아우르고 이에 대한 선호층도 일반인으로 확대된 국면을 말한다. 이 글에서 'K-문화'는 한류와 K-Culture 국면 모두를 포함하는 용어로 사용할 것이다.
2) 강준만, 『한류의 역사』, 인물과사상사, 2020, 25쪽.
3) 이규탁, 『케이팝의 시대』, 한울, 2016, 14쪽.
4) 이동연, 「세대문화의 구별짓기와 주체형성: 세대담론에 대한 비판적 재구성」, 『문화과학』 37, 문화과학사, 2004, 140~141쪽.
5) 팀 잉골드, 차은정 외 역, 『모든 것은 선을 만든다』, 이비, 2024, 35~40쪽.
6) 윤여일, 『모든 현재의 시작, 1990년대』, 돌베개, 2023, 19쪽.
7) 1980년대 사회운동을 민주화운동으로, 1990년대 사회운동을 시민운동을 나눠 부른다. 민주화운동은 국가권력의 교체를 목적으로 설정하지만, 시민운동은 시민의 제 권리 확보와 신장을 지향한다.
8) 김창남, 『한국대중문화사』, 한울, 2021, 305~310쪽.
9) 윤여일, 앞의 책, 29~32쪽.
10) 김창남, 앞의 책, 290~294쪽.
11) 같은 책, 299~304쪽.
12) 김예린, 「1990년대 이후 한국사회의 문화생산 공간과 실천에 관한 연구」, 『언론과사회』 15(1), 성곡언론문화재단, 2007, 3~8쪽.
13) 윤대엽·김기훈, 「문화의 지배: 시장개방, 경제위기와 문화산업정책의 정치경제」, 『東西硏究』 28(4), 연세대학교 동서문제연구원, 2016, 166쪽.
14) 한국 역시 우루과이라운드에서 GATT 사무국이 분류한 서비스업종 11개 부문 155개 업종 중 사업서비스, 통신, 환경, 금융, 운송, 관광 등 8개 부문 78개 업종을 일정 기간을 두고 개방하기로 양허했다. 특히 시청각서비스 분야로 분류되는 TV 방송, 라디오, 영화의 제작과 배급 및 상영, 사운드 녹음 등의 영역 중 영화 제작 및 배급과 사운드 녹음 부문을 개방하기로 약속했다. 세계문화기구를위한연대회의 정책위원회, 『WTO 시대의 문화』, 세계문화기구를위한연대회의, 2003, 20~26쪽.
15) GATT 체제에서 WTO 체제로의 전환이 이뤄진 주요 배경에는 ① 이전부터 논쟁이 되어온 농산물 교역 자유화에 대한 요구, ② 이미 상품무역의 1/4에 달할 정도로 규모가 커진 서비스 분야의 교역에 관한 새로운 국제규범 제정 요구, ③ 지적재산권의 국제적 보호에 대한 요구가 있었다. 최세형, 『신국제통상론』, 두남, 1999, 95~98쪽.
16) 이동연 외, 『문화다양성협약과 한국영화』, 커뮤니케이션북스, 2009, 70~72쪽.
17) 이규탁, 앞의 책, 90쪽.
18) 강준만, 앞의 책, 111~112쪽.

19) 당시 국가보안법, 집시법 등 문화예술과 직접 관련이 없는 법적 장치들 또한 문화예술을 통제하는 수단으로 활용됐다. 특히 국가권력에 대한 전면 투쟁을 전개한 민중(민족)문화운동에 대해 정권은 탄압과 통제 정책을 일관되게 전개했다.

20) 염찬희, 「1990년대 이후 한국 문화정책의 '문화' 이해 변화 과정」, 『민주사회와정책연구』 16, 민주사회정책연구원, 2009, 220~224쪽.

21) 김창남, 앞의 책, 320~321쪽.

22) 김성일, 「6월 항쟁 이후 30년간 문화운동이 걸어온 궤적」, 『문화과학』 100, 문화과학사, 2019, 320~321쪽.

23) 황선진 외, 「대중문화에 대한 비판적 고찰과 실천적 대안」, 『한국민족주의론Ⅱ』, 창작과비평사, 1983, 405쪽.

24) 김창남, 앞의 책, 294~295쪽.

25) 김성일, 앞의 글, 321쪽.

26) 같은 글, 322쪽.

27) 권두좌담, 『공동체문화』, 공동체, 1983, 40~41쪽.

28) 김성일, 「1980년대 문화운동담론의 구조와 의미에 관한 연구」, 『인문사회21』 9(5), 아시아문화학술원, 2018, 679쪽.

29) 1980년대가 '사회과학의 시대'였다면, 1990년대는 '문예지의 시대'라 할 정도로 다종다양의 책들이 다음과 같이 발간됐다. 『오늘의 문예비평』, 『비평의 시대』, 『현대비평과 이론』, 『현대예술비평』, 『한길문학』, 『문화과학』, 『문학동네』, 『황해문화』, 『현실문화연구』, 『상상』, 『오늘 예감』, 『리뷰』, 『이다』, 『또하나의 문화』.

30) 이동연, 『대안문화의 형성』, 문화과학사, 2010, 44쪽.

31) 당해 10월 4일 장산곶매가 제기한 영화 사전심의제도에 대한 위헌 판정도 함께 나오면서 대중문화에 대한 사전검열제도는 완전히 철폐된다.

32) 김예린, 앞의 글, 14쪽.

33) 강준만, 앞의 책, 95쪽.

34) 김윤지, 『한류 외전』, 어크로스, 2023, 141~142쪽.

35) 태양비, 『케이팝의 시간』, 지노, 2023, 34~36쪽.

36) 강준만, 앞의 책, 96~97쪽.

37) 이종임, 『미디어 기술 부상하는 케이팝』, 북코리아, 2024, 178쪽.

38) 윤대엽·김기훈, 앞의 글, 176~177쪽.

39) 같은 글, 177~178쪽.

40) 한일회담에 반대하기 위해 당시 청년세대가 전개한 활동들은 향후 문화운동의 기초를 마련해 주었다. 가령, 〈향토의식 초혼굿〉(1963)은 농촌과 농민을 중심으로 주체성 확립을 내건 탈춤의 현대적 재현이었고, 전통 연행 형식으로 진행된 〈민족적 민주주의 장례식〉(1964)은 굴욕적 외교를 벌인 박정희 정권에 대해 민족적 자존심이 살아 있음을 경고한 활동이었다. 전통문화에 대한 주체적 수용으로 촉발된 탈춤·마당극운동은 1970년대 민족문학론을 주창한 문학 진영의 실천적 작업과 함께 1980년대 노래·미술·영화에 이르는 장르 분화 속에서 문화운동을 선도했다. 김성일, 「1980년대 문화운동 문예지를 통해

본 민족주의를 통한 미시 동원 전략 연구」, 『민주주의와 인권』 24(4), 전남대학교 5.18연구소, 2024, 40~41쪽.

41) 윤대엽·김기훈, 앞의 글, 178쪽.

42) 같은 글, 179~181쪽.

43) 김예린, 앞의 글, 11~12쪽.

44) 윤대엽·김기훈, 앞의 글, 169쪽.

45) 한국일보, 「홍콩의 '임을 위한 행진곡'」, 한국일보, 2019년 6월 16일자.

46) 서울신문, 「대만 헌재법 '의회 난투극'…K응원봉 든 시민들 '다만세' 열창」, 서울신문, 2024년 12월 23일자.

47) 이재승, 「내란죄: 12월 3일 쿠데타의 밤」, 『문화과학』 121, 문화과학사, 2025, 72쪽.

48) 김용태, 「어둠 속에서 빛처럼」, 『황해문화』 126, 새얼문화재단, 2025, 183쪽.

49) 집회 현장에서는 〈다만세〉 외에 〈내가 제일 잘나가〉, 〈링딩동〉, 〈쏘리 쏘리〉, 〈아파트〉, 〈삐딱하게〉, 〈불타오르네〉 등의 여러 K-POP이 떼창으로 불리었다.

50) 신진욱, 「12·3 비상계엄 국면에 나타난 네 가지 폭력의 키워드에 대한 사회학적 고찰」, 『문화과학』 121, 문화과학사, 2025, 52~53쪽.

참고문헌

강준만, 『한류의 역사』, 인물과사상사, 2020.

권두좌담, 『공동체문화』, 공동체, 1983.

김성일, 「1980년대 문화운동 문예지를 통해 본 민족주의를 통한 미시 동원 전략 연구」, 『민주주의와 인권』 24(4), 전남대학교 5.18연구소, 2024, 37~78쪽.

김성일, 「1980년대 문화운동담론의 구조와 의미에 관한 연구」, 『인문사회21』 9(5), 아시아문화학술원, 2018, 673~689쪽.

김성일, 「6월 항쟁 이후 30년간 문화운동이 걸어온 궤적」, 『문화과학』 100, 문화과학사, 2019, 316~338쪽.

김예린, 「1990년대 이후 한국사회의 문화생산 공간과 실천에 관한 연구」, 『언론과사회』 15(1), 성곡언론문화재단, 2007, 2~40쪽.

김용태, 「어둠 속에서 빛처럼」, 『황해문화』 126, 새얼문화재단, 2025.

김윤지, 『한류 외전』, 어크로스, 2023.

김창남, 『한국대중문화사』, 한울, 2021.

세계문화기구를위한연대회의 정책위원회, 『WTO 시대의 문화』, 세계문화기구를위한연대회의, 2003.

신진욱, 「12·3 비상계엄 국면에 나타난 네 가지 폭력의 키워드에 대한 사회학적 고찰」, 『문화과학』 121, 문화과학사, 2025.

염찬희, 「1990년대 이후 한국 문화정책의 '문화' 이해 변화 과정」, 『민주사회와정책연구』 16, 민주사회정책연구원, 2009, 212~243쪽.

윤대엽·김기훈, 「문화의 지배: 시장개방, 경제위기와 문화산업정책의 정치경제」, 『東西硏究』 28(4), 연세대학교 동서문제연구원, 2016, 165~

194쪽.
윤여일, 『모든 현재의 시작, 1990년대』, 돌베개, 2023.
이규탁, 『케이팝의 시대』, 한울, 2016.
이동연, 「세대문화의 구별짓기와 주체형성: 세대담론에 대한 비판적 재구성」, 『문화과학』 37호, 문화과학사, 2004.
이동연, 『대안문화의 형성』, 문화과학사, 2010.
이동연 외, 『문화다양성협약과 한국영화』, 커뮤니케이션북스, 2009.
이재승, 「내란죄: 12월 3일 쿠데타의 밤」, 『문화과학』 121, 문화과학사, 2025.
이종임, 『미디어 기술 부상하는 케이팝』, 북코리아, 2024.
최세형, 『신국제통상론』, 두남, 1999.
태양비, 『케이팝의 시간』, 지노, 2023.
팀 잉골드, 차은정 외 역, 『모든 것은 선을 만든다』, 이비, 2024.
황선진 외, 「대중문화에 대한 비판적 고찰과 실천적 대안」, 『한국민족주의론 II』, 창작과비평사, 1983.
서울신문, 「대만 헌재법 '의회 난투극'…K응원봉 든 시민들 '다만세' 열창」, 서울신문, 2024년 12월 23일자.
한국일보, 「홍콩의 '임을 위한 행진곡'」, 한국일보, 2019년 6월 16일자.

제3부 세계화

: 한국의 세계화와 K-문화

한국 세계화의 정치사회적 수용과 다층성

: 'Segyehwa'에서 'K-culture'까지

김성조

1. 세계화의 개념과 등장 배경

'세계화(Globalization)'는 생산요소의 이동과 함께 전 세계 사람들이 정치, 경제, 사회, 문화 등 여러 영역에서 점점 더 밀접하게 상호 연결되는 과정을 의미한다. 이러한 움직임은 이미 18~19세기부터 존재해 왔고 'Globalization'라는 영어 단어 역시 1930년대에 이미 등장한 바 있다. 그러나 학술적으로나 저널리즘적으로도 세계화라는 1990년대 이후 냉전의 종료와 ICT 기술의 발전을 통해 시장의 확산이 일어나고 "국경 없는 세계"를 지향하는 움직임 속에서 이해하는 것이 일반적이다(Steger, 2023: 1).

1990년대 이후 세계화는 단순한 경제 현상이 아닌 정치·사회·문화적 질서의 재편과정으로 자리잡았다. 세계화 과정 속에서 국가의 주권이나 통제력은 제한되며, 글로벌 구조와 기술 발전에 의해 외부 영향에 노출되기 쉬운 구조로 변모하였다. 문화적 측면에서는 맥루

언은 미디어가 전 세계를 하나로 묶는 '지구촌'이 될 것이라 전망한 것과 같이 지구적 미디어가 등장하는 등 전 세계적으로 문화산업이 등장하였다.

물론 이러한 세계화가 한 방향으로 진행된 것만은 아니다. 정치, 문화적 측면에서 글로벌화되면서도 동시에 지역적 방식으로 수용, 저항, 조합되는 '혼종화(hybridization)' 현상이 나타났으며 이러한 점에서 보편성과 특수성이 동시에 존재하는 글로컬라이제이션(Glocalization)과 같이 세계화는 전 지구적으로 확산됨과 동시에 지역적 수용이 교차되는 과정이었다(Roudometof, 2016). 또한, 문화적으로도 여전히 '지구촌'보다는 다양한 언어·문화·권력의 충돌이 발생하는 '바벨탑(Global Village of Babel)'에 가까운 현실에 살아가고 있다(Lule, 2021).

한국의 경우, 김영삼 정부가 '세계화(Segyehwa)'를 국정운영의 중심 기조로 천명한 데 이어, 1997년 외환위기 국면에서 국제통화기금(IMF)과의 협상에서 신자유주의적 구조조정을 수용함으로써 세계화의 흐름에 급속히 편입되었다. 그러나 이러한 수용은 준비 없는 급격한 개방과 하향식 개혁으로 인해 노동자, 농민, 중소기업 등 사회적 약자에게 불균형적 피해를 안겨주었고, 이에 대한 반작용으로 시민사회의 반세계화 및 대안세계화 운동이 활성화되었다.

이 과정에서 한국 사회는 '세계화는 피할 수 없는 구조적 변화인가, 아니면 정치적 선택의 결과인가'라는 근본적 질문에 직면한 적도 있었다. 세계화를 구조적 필연으로 보는 관점은 주로 신자유주의적 경제학자와 정책결정자들에 의해 채택되었으며, 이들은 "세계화에 적응하지 못하면 도태된다"는 담론을 통해 급격한 개방과 시장 중심 개혁의 정당성을 주장했다. 반면, 세계화를 선택의 문제로 보는 관점은 정치경제학자들과 시민사회 활동가들을 중심으로 형성되었고,

이들은 세계화의 방향과 속도, 내용을 정치적으로 통제할 수 있다고 주장했다.

한편, 2020년 이후 코로나19 팬데믹, 국가주의의 부상, 자유주의적 국제질서의 붕괴 등으로 세계화에 대한 회의와 반발은 최근 더욱 강해졌다. 이러한 시점에서 본 연구는 한국의 세계화가 어떠한 정치경제적 맥락에서 수용되었는지, 그리고 이 과정에서 시민사회는 어떤 방식으로 대응하며 새로운 정치질서를 요구하게 되었는지를 분석하고자 한다. 아울러, 세계화 담론을 넘어 다중적 근대화 및 인간적 세계화의 가능성에 대해 탐색한다. 특히 본 연구는 세계화를 둘러싼 국가–자본–시민사회의 삼각관계와 권력 역학을 중심으로, 한국 사회가 경험한 세계화의 특수성과 그 정치적 함의를 조명하고자 한다.

2. 정치학에서 세계화 논의

세계화와 주권국가, 글로벌 거버넌스

정치적 세계화는 국경을 넘어선 정치적 상호작용이 확대되고 강화되는 과정을 의미한다. 이는 전통적인 국민국가 중심의 정치 질서에 근본적인 도전을 제기하며, 주권의 의미, 국제기구의 역할, 지역 및 글로벌 거버넌스의 가능성, 인구학적 변화, 이주의 문제 등을 포괄한다. 현대의 국제정치 환경은 점점 더 국민국가의 경계를 넘어서 작동하고 있으며, 이러한 현실은 새로운 개념적, 제도적 지형을 형성하고 있다.

국민국가는 지난 수 세기 동안 개인과 집단의 정치적 소속감을 규정해온 가장 기본적인 단위였다. 특히 제1차 세계대전 이후 미국의 윌슨 대통령이 주장한 민족자결주의 원칙은 영토에 기반한 민족국가의 정당성을 국제질서의 핵심 원리로 확립하였다. 그러나 이러한 체계는 실천 과정에서 많은 문제를 낳았으며, 오히려 극단적 민족주의의 토대가 되어 제2차 세계대전의 전운을 부추기는 데 일조하기도 했다. 국민국가 체제는 내부적으로는 국민의 충성과 정체성을 요구하고, 외부적으로는 타자에 대한 배제와 위협 인식을 통해 정체성을 강화해 왔다.

국가의 위상 변화와 관련하여 최근 세계화 흐름 속에서 제기되는 가장 핵심적인 질문은 다음과 같다. 첫째, 세계화로 인해 국민국가의 권력은 정말로 약화되었는가? 둘째, 정치가 세계화를 주도하는가, 아니면 경제나 기술이 주도하는가? 셋째, 우리는 지금 글로벌 거버넌스라는 새로운 정치 질서의 형성을 목격하고 있는가? 이러한 질문들은 정치적 세계화의 본질과 방향성을 판단하는 데 중요한 기준이 된다(Steger, 2023).

이러한 맥락 속에서 학자들은 크게 두 가지 상반된 입장을 취해왔다. 첫째는 하이퍼글로벌리스트(hyperglobalist)로, 이들은 세계화가 국민국가의 경계를 무의미하게 만들고 있으며, 경제와 기술이 정치를 압도한다고 주장한다(Friedman, 1999, 2003). 이들은 글로벌 자본의 흐름이 환율 정책이나 국가 통화 정책에 대한 통제력을 약화시킨다고 보고, 국가는 더 이상 독립적인 정책 단위가 아니라고 본다. 결국 국가는 글로벌 자본주의를 전달하는 통로로 전락하며, '국경 없는 세계'가 도래할 것이라고 전망한다(Ohmae, 1995).

반면, 세계화 회의론자(sceptics)들은 이러한 주장에 반박하며, 국가는 여전히 현대 사회의 핵심 정치 단위로 기능하고 있다고 본다(Hirst and Bromley, 2009). 이들은 지역통합체의 부상, 정치권력의 주도적 역할, 시장통합이 정치 결정의 산물이라는 점 등을 들어 여전히 국가의 중요성은 유효하다고 강조한다. 이러한 양자택일적 논쟁에서 많은 학자들은 세계화가 국민국가를 완전히 해체하거나 지속시키는 것이 아니라, 국가의 기능과 역할을 '변형(transform)'시키고 있다고 본다. 즉, 일부 영역에서는 국가의 자율성이 약화되지만, 다른 영역에서는 새로운 역할을 수행하며 오히려 더 중요한 행위자로 부상하기도 한다. 예컨대, 국가는 환경 문제, 사이버 안보, 국제 테러 대응 등 초국가적 이슈에 대해 국내와 국제를 연결하는 중개자로서 중요한 역할을 수행하게 된다. 또한 세계화의 효과는 모든 국가에서 동일하게 나타나지 않으며, 국가의 제도, 역사, 정치문화에 따라 다양하게 표현된다는 점에서, 세계화는 일률적인 현상이 아니라 다층적이고 복합적인 과정이라는 관점을 제시한다.

이러한 논쟁을 넘어, 국민국가는 실제로 여러 복합적 도전에 직면해 있다(Sobel, 2009). 그중 첫 번째는 인구 구조의 변화이다. 2040년까지 세계 인구는 92억 명에 이를 것으로 예상되며, 그중 대부분이 글로벌 남반구(특히 아프리카)에서 증가할 것으로 보인다. 많은 개발도상국은 이미 교육, 고용, 의료 등의 기본적인 사회 서비스를 감당하기 어려운 상황이며, 젊은 인구의 폭발적 증가는 정치적 불안정성의 요인이 되고 있다. 두 번째 도전은 도시화의 급속한 진행이다. 2020년 기준 세계 인구의 56%가 도시에 거주했으며, 2040년에는 그 수치가 66%로 상승할 것으로 보인다. 특히 인도, 방글라데시, 나이지리아 등 개발도상국 대도시는 3,000만 명 이상의 인구를 수용해야 할 것으로 예상된다. 이러한 메가 시티의 확장은 빈곤, 환경파괴, 슬럼 확산 등의 사회 문제를 야기하며, 지방정부와 중앙정부

간의 정치적 책임 분담의 위기를 초래할 수 있다.

세 번째로, 국제 이주의 확대도 국가에 큰 도전이 되고 있다. 2000년 이후 국제 이주자는 1억 명 이상 증가하여 2020년 기준 약 2억 8,000만 명에 달하며, 이는 전 세계 인구의 약 3.6%에 해당한다. 이주 통제, 신원 등록, 국경 보안 등은 국가가 보유한 핵심 권한이지만, 거대한 인구 이동 앞에서 점점 그 유효성이 약화되고 있음이 드러난다. 시리아 난민 사태나 중미 이주자 문제는 이러한 현실을 단적으로 보여주는 사례이다.

이처럼 정치적 세계화는 정체성 제공, 영토 통제, 정책 자율성 유지 등 국민국가가 수행해 온 전통적 기능에 끊임없는 도전을 제기하며, 동시에 국가와 초국가적 체계 간의 새로운 균형을 요구하는 방향으로 세계질서를 재편하고 있다. 국가의 역할은 줄어드는 것이 아니라 형태가 바뀌고 있으며, 이는 앞으로의 정치질서와 시민의식 형성에도 큰 영향을 미치게 될 것이다.

반세계화 운동과 정의의 세계화

1990년대 이후 본격화된 세계화는 정보통신기술의 혁신, 금융과 상품의 국경 없는 흐름, 인권과 민주주의의 보편적 확산이라는 기대 속에 추진되었다. 그러나 21세기에 접어들며 세계화의 수혜가 불균등하게 분배되고, 문화적 정체성의 충돌이 심화되면서, 많은 국가와 시민들이 세계화를 더 이상 긍정적인 흐름으로 받아들이지 않게 되었다. 1990년대는 WTO(세계무역기구)의 출범, 다자간 투자협정 추진, 자유무역협정의 확산 등으로 신자유주의적 경제 세계화가 급속히 진전된 시기였다.

이와 동시에 세계화는 다양한 문제를 야기하며 전 세계적인 반세계화 운동(Anti-Globalization Movement)을 촉발하게 되었다(Sobel, 2009). 세계화는 사회가 그 이점을 활용하는 동시에 극적인 사회적 변혁이 초래할 수 있는 위험과 두려움을 관리해야 할 필요성을 제기한다. 특히 1980년대 이후 규제 완화와 시장 중심 정책이 확산되면서, 변동성 증가, 소득 불평등 심화, 그리고 국경을 넘어 확산될 수 있는 금융 실패와 같은 잠재적인 위협들이 활성화되었다. 이러한 초국가적 문제에 대응하기 위한 글로벌 거버넌스 시스템은 적절히 작동되지 않았으며 이러한 세계화의 부정적 결과들은 특정 개인과 공동체를 파괴하였다. 이는 세계화에 대한 저항과 반대 운동이 조직되는 계기로 이어졌다. 세계화가 다국적 기업의 이익을 우선시하고, 노동자·농민·환경에 대한 보호 장치는 부족하다는 비판이 제기되었다. 특히, 개발도상국의 자율성과 생존권이 위협받는다는 인식이 확산되면서 세계 각국의 노동조합, 환경단체, 인권운동가, 학생들 사이에 반세계화 연대가 형성되기 시작했다.

특히, 1999년 '시애틀 WTO 반대 시위'는 세계화에 대한 저항이 본격적으로 글로벌 시민사회 차원에서 조직화되고 가시화된 역사적 전환점으로 평가된다(Summers, 2001; Levi & Murphy, 2006; Hopewell, 2016). 이 사건은 단순한 시위나 물리적 충돌을 넘어서, 세계화의 문제점에 대한 새로운 정치적 상상력과 윤리적 문제제기를 국제사회에 던졌다는 점에서 그 의의가 크다.

앞서 지적한 글로벌 차원의 반(反)세계화 움직임 역시도 국제 연대적 성격을 지닌다는 점에서 세계화 현상과 맥을 같이하는 부분이 존재한다. 이들은 세계 북반구와 남반구 간의 보다 공정한 관계 수립을 목표로 활동했으며, 지구환경 보호, 공정무역, 국제 노동 문제, 인권, 여성 문제 등에 대한 의제를 중심으로 목소리를 높여왔다. 이러한 움직임은 스위스 다보스에서 열리는 시장 세계화의 대표 기구인 '세계경제포럼(World Economic Forum, WEF)'에 대응하는 세계사회포럼(World Social Forum, WSF)의 출범 등으로 이어져 왔다(Teivainen, 2002).

이는 시장과 자본의 논리가 아닌 인간의 존엄성, 사회 정의, 그리고 지속 가능한 발전을 최우선 가치로 삼는 대안적 세계화를 모색하는 장으로 자리 매김하였다(Byrd, 2005). 이들 진영은 시장 세계화의 핵심 주장들에 도전하며, "또 다른 세계는 가능하다(Another world is possible)"는 세계사회포럼의 주요 슬로건을 중심으로 새로운 세계 질서의 비전을 제시하였다(Pleyers, 2010). 이들은 부와 권력의 글로벌 재분배를 강조하며, 세계화와 지역사회 복지 간의 밀접한 연관성을 주장하였다. 시장 세계화 엘리트들이 추진하는 신자유주의 정책으로 인해 글로벌 차원의 불평등이 심화되고 복지국가가 해체되는 등 다양한 사회경제적 문제가 야기되고 있다고 비판하였다. 또한, 시장 세계화가 '기업 중심 의제(corporate agenda)'를 중심으로 진행되고 있다는 점을 비판하였다.

이를 '시장의 세계화'에 대항하는 '정의의 세계화(Justice Globalism)' 등의 이름을 명명하기도 한다. 정의 세계화란 '정의로운 세계화 운동(Global Justice Movement, GJM)'으로 알려진 사회적 연대와 정치 행위자들이 공유하는 정치적 이념과 가치를 의미한다(Steger & Wilson, 2012; Steger et al., 2013; Steger 2023). 이 운동은 1990년대에 등장한 국제 NGO들과 활동가 집단의 진보적 네트워크로 '세계 시민사회(global civil society)'의 일환으로 볼 수 있기 때문이다.

반세계화 운동에서 후기 세계화로

그러나 최근의 반세계화 움직임은 이전의 정의를 추구하는 글로벌 시민사회의 연대와는 성격이 다르다. 후기 세계화 시대는 백래시(backlash), 즉 세계화에 대한 심리적·정치적 반발의 시기로 특징지어진다(Walter, 2008; Scheiring et al., 2024). 2008년 글로벌 금융위기는 세계화의 긍정적 이미지에 결정적인 균열을 가져왔다. 중산층의 경제적 불안정, 실업의 증가, 고용의 질 하락은 많은 시민들로 하여금 세계화가 '모두에게 혜택을 주는 흐름'이라는 믿음을 버리게 만들었다. 특히 이민자 유입의 증가와 그에 따른 문화적 동질성 약화는 많은 국가에서 '잃어버린 주권', '사라진 일자리', '위협받는 정체성'이라는 대중적 인식을 확산시켰다. 이러한 정서적 반발은 단순한 여론 차원을 넘어 포퓰리즘의 성장, 국수주의의 부활, 권위주의적 통치 강화 등으로 구체화되며, 기존의 국제규범과 다자주의 질서에 대한 본격적인 도전으로 이어지고 있다(Mudde and Kaltwasser, 2017).

세계화의 초기 단계, 특히 1990~2000년대 초반에는 민주주의와 인권이 국제사회에서 보편적 가치로 확산되는 듯 보였다. 그러나 최근에는 '민주주의의 후퇴(democratic backsliding)'라는 표현이 보편화될 만큼, 세계 곳곳에서 민주주의와 인권의 퇴행이 뚜렷해지고 있다.

우선, 형식적인 선거는 유지되나 실질적인 민주주의는 약화되는 양상이 나타나고 있다. 헝가리, 터키, 인도, 러시아 등의 국가에서는 선거를 통한 권력 재창출은 이루어지지만, 언론의 자유, 시민사회의 자율성, 사법부의 독립성과 같은 핵심 민주주의 지표는 크게 후퇴하였다. 동시에, 보편적 인권보다는 국가 중심의 인권 개념이 부상하고 있다. '국익'이나 '문화적 특수성'을 앞세워 국제 인권 체계를 비판하고, 자국 내 인권 문제에 대한 외부의 개입을 거부하는 경향이 강해지고 있다.

또한, 국제기구나 NGO 등 글로벌 시민사회 행위자들에 대한 신뢰도 약화되고 있다. 많은 시민들이 이들을 '글로벌 엘리트' 혹은 실질적 책임을 지지 않는 비민주적 행위자로 간주하며 거리감을 느낀다. 이러한 경향은 경제적 불평등의 심화, 복지국가의 축소 및 공공서비스의 약화, 정보 생태계의 왜곡(가짜뉴스, 확증편향적 알고리즘), 포퓰리즘 지도자의 반(反)엘리트적 레토릭과 권위주의적 리더십 강화 등과 함께 더욱 심화되고 있다.

마지막으로, 다문화주의의 위기와 포용성의 후퇴가 지구촌 곳곳에서 동시다발적으로 목격되고 있다. 한때 선진 산업사회에서 이민자, 소수자, 다양한 정체성 집단을 제도적으로 포용하기 위한 노력으로 평가받았던 '다문화주의(multiculturalism)'는 최근 그 정당성과 지속 가능성에 대한 의문에 직면해 있다. 후기 세계화 시대의 다양한 위기 국면은 다문화적 포용력의 쇠퇴를 촉진하며, 이민자와 소수자를 배제하거나 정치적 갈등의 대상으로 삼는 흐름을 강화하고 있다.

가장 먼저 나타나는 현상은 이민자와 난민에 대한 배타적 정책의 확대이다. 미국의 멕시코 국경 장벽 정책이나 유럽 국가들의 난민 통제 강화 조치 등은 다문화 포용보다는 국경 통제와 문화적 동질성 보호를 우선시하는 조치들로 해석된다. 이에 더해, 유럽 각국에서는 이슬람 포비아와 극우 민족주의가 확산되고 있다. 프랑스, 독일, 스웨덴 등에서는 극우정당이 다문화주의를 '실패한 실험'으로 규정하며 정치적 지지를 얻고 있으며, 이들은 이민자와 문화적 소수자를 사회 문제의 원인으로 지목한다.

또한, 정체성 정치의 양극화도 심각한 수준에 이르고 있다. 여성,

성소수자, 이민자 등의 권리를 옹호하는 집단과 기독교 기반 보수층 등 전통적 다수 집단 간의 '문화전쟁(culture war)'이 격화되면서, 사회적 통합이 점점 어려워지고 있다. '국적은 같지만 권리는 다르다'는 현실은 시민권의 차별적 적용 문제로 이어지고 있으며, 이는 정치 공동체의 정당성 자체를 약화시키는 결과를 초래한다.

3. 한국에서의 세계화 논의

김영삼 정부의 '세계화' 정책: 통치 담론으로서의 세계화

김영삼 정부는 1994년 11월 호주에서 열린 제 2차 APEC 정상회의 직후 '세계화'를 국가 비전으로 천명하는 소위 '시드니 구상'을 발표하였다.[1] 이후, 세계화추진의 중심기구로서 세계화추진위원회가 발족(1995.1.21)되고 이를 구체화한 정책 구상이 연달아 발표되면서 세계화가 정부의 주요 과제로 본격적 추진 궤도에 오르게 된다. 이른바 세계화('Segyehwa')는 경제 개방, 규제 완화, WTO·OECD 가입 등 제도적 조치를 포함한 포괄적 개념으로, 국내외에 한국이 글로벌 규범에 능동적으로 편입하고자 함을 선언하는 수단이었다.

김영삼 정부의 세계화 정책은 다음과 같은 특징을 지닌다. 첫째, '선진국 진입'이라는 국가적 목표를 달성하기 위한 수단으로서 세계화를 추진했다. 이는 한국의 세계화가 서구 선진국들과 달리 '내부로부터의' 세계화가 아닌, '외부로부터의 수용'이라는 성격을 지녔음을 의미한다. 실제로 정부는 경제 개방과 규제 완화를 가속화하고, 국제 기준을 수용함으로써 한국 경제를 글로벌 스탠다드에 맞게 재편하고자 했다.

둘째, 세계화는 권위주의 시대 이후 한국의 정치적 정체성을 재구성하는 과정과 맞물려 있었다. 김영삼 정부는 문민정부로서의 정당성을 확보하기 위해 세계화를 민주화의 연장선상에 놓고, 과거 군사정권과의 단절을 강조했다. 세계화가 개방과 민주화를 이끈다는 담론을 통해 정권의 정당성을 강화시키고자 하였다. 또한, 세계화는 국가적 자부심을 고취하고 국민적 동원을 도모하는 통치 이데올로기로 작동하였다.

셋째, 세계화는 국내 경제 개혁의 명분으로 활용되었다. 김영삼 정부는 세계화를 내세워 금융 부문 개혁과 재벌 개혁, 공정경쟁 질서 확립 등의 경제 구조조정을 추진하고자 했다. 겉으로는 외부 압력을 이용해 국내 개혁을 정당화했지만, 실제로는 기존 재벌 중심 경제구조를 근본적으로 변화시키는 데에는 한계가 있었다.

김영삼 정부의 세계화 담론은 정치적으로는 '세계 속의 한국'이라는 국가적 자부심을 고취하는 데 성공했으나, 그 실체는 모호했다. 정부 내에서도 세계화의 의미와 범위에 대한 이견이 존재했으며, 재정경제원은 경제 개방과 자유화에, 외무부는 국제적 위상 강화에, 교육부는 국제 경쟁력 있는 인적자원 개발에 초점을 맞추는 등 부처별로 상이한 해석이 공존했다. 송호근(1998)은 이러한 모호성이 오히려 세계화를 정치적 동원의 수단으로 활용하는 데 유리했다고 분석한다. 세계화라는 추상적 개념은 다양한 이해관계자들이 각자의 입장에서 해석할 수 있는 여지를 제공했고, 이는 정부가 상충되는 요구 사이에서 정책적 유연성을 확보하는 데 도움이 되었다.

더불어, 세계화('Segyehwa') 전략은 한국 사회의 내적 통합을 강조하는 모순적 성격을 지녔다. 세계화 시대의 국가경쟁력이라는 프레임은 노사관계, 교육, 문화 등 사회 전 영역에서 국가 주도의 개혁을 정당화하는 근거로 작용했다. 이는 서구의 신자유주의적 세계화와 달리, 한국의 세계화가 국가의 역할 축소가 아닌 재조정 또는 강화와 함께 이루어졌음을 보여준다. 이러한 점에서 '국가 주도의 세계화'라는 역설적 현상은 한국의 발전국가적 유산과 맞물려서 설명될 수 있을 것이다. 이러한 세계화 전략은 상향식 논의보다는 국가 중심의 일방적 담론 주도에 가까웠으며, 세계화의 사회경제적 비용에 대한 고려 없이 추진되었다. 이상철(1995)은 이를 '통치형 세계화'라고 지적하며, 국가-자본 연합에 의해 기획된 정치 이데올로기로 분석한 바 있다.

1997년 외환위기와 신자유주의적 세계화의 수용

한국의 세계화 수용은 동아시아 외환위기를 계기로 더욱 심화되었다. 1997년 위기 이후 체결된 국제통화기금(IMF)과의 협약은 금융시장 개방, 노동시장 유연화, 정리해고 합법화, 공기업 민영화 등 신자유주의적 정책을 강력히 요구하였다. 이는 단순한 경제적 처방이 아니라, 정치·경제·노동 질서 전반의 구조적 재편을 요구한 것이며, 한국 사회의 복지국가적 요소를 약화시키고 시장 논리에 입각한 국가를 재구성하는 계기가 되었다. 그러나 이러한 개혁은 상층 재벌 중심의 이해관계와 결합되어 재벌 중심 경제구조의 해체가 아닌 재편으로 귀결되었고, 노동자 및 중산층에 대한 희생만이 가시화되었다는 비판점도 존재한다.

외환위기는 한국 사회에 세 가지 중요한 변화를 가져왔다. 첫째, 경제적 차원에서 소위 '워싱턴 컨센서스'로 대표되는 신자유주의적 경제 모델이 대안 없이 수용되었다(임성학, 2004; Chang, 1998). IMF의 구제금융 조건으로 제시된 구조조정 프로그램은 재정긴축, 고금리

정책, 기업 및 금융 구조조정, 노동시장 유연화 등을 포함했으며, 이는 한국의 발전국가 모델은 '앵글로색슨형' 시장 중심 모델의 부분을 대폭 수용하게 되었다. 김대중 정부는 이러한 변화를 '민주적 시장경제'라는 개념으로 포장했으나, 실질적으로는 노동에 대한 자본의 우위가 강화되고 사회안전망이 충분히 발전하지 못한 불완전한 전환이었다.

둘째, 정치적 차원에서 의사결정 권한이 국내 정치체제에서 IMF, 세계은행 등 초국적 기구와 글로벌 금융자본으로 부분적으로 이전되었다. 이는 사실상 한국의 경제주권이 제한되는 결과를 가져왔으며, 국내 정책결정 과정에서 외부 행위자들의 영향력이 크게 증대되었다. 외환위기 이후 외국인 투자자들은 한국 금융시장과 기업에 대한 소유권을 확대했고, 이는 한국 경제의 의사결정 구조를 변화시켰다.

셋째, 사회문화적 차원에서 시장 중심의 가치와 경쟁 이데올로기가 사회 전반에 확산되었다. '글로벌 스탠다드'라는 이름으로 서구식 경영 관행과 문화가 도입되었고, 성과주의, 개인주의적 가치관이 전통적 공동체 가치를 대체하기 시작했다. 외환위기는 또한 한국 사회의 불평등 구조를 심화시켰다. 위기 이후 10년간 소득 불평등과 부의 양극화는 지속적으로 심화되었으며, 비정규직의 급증, 청년 실업의 구조화, 중소기업과 대기업 간 격차 확대 등의 현상이 나타났다. 이러한 변화는 한국 사회의 계층 구조와 사회적 이동성에 근본적인 변화를 가져왔다.

외환위기 이후의 신자유주의적 세계화는 그 효과와 의미에 있어 양면성을 지닌다. 김세균(2007)은 한국의 세계화가 '강제된 동의'의 형태로 이루어졌다고 지적한다. 즉, 위기 상황에서 IMF의 처방을 따르는 것 외에 다른 선택지가 없었던 강제성과 동시에 국내 정치 엘리트와 재벌 그룹이 이를 자신들의 이해관계에 맞게 재해석하고 수용한 측면이 공존했다. 특히 김대중, 노무현 정부에서 추진된 구조조정은 재벌체제의 개혁보다는 재벌의 국제경쟁력 강화에 초점을 맞추었고, 이는 궁극적으로 재벌 중심의 경제구조를 더욱 공고히 하는 결과를 낳았다.

시민사회의 반세계화 담론과 대안적 모색

IMF 사태 이후 신자유주의 세계화의 폐해는 시민사회의 자각을 촉진시켰다. 1999년 시애틀 WTO 반대 시위를 기점으로, 한국 내에서도 농민운동, 노동운동, 시민단체들이 글로벌 시장주의에 반대하는 사회운동을 조직화하였다. 참여연대, 민주노총, 전농 등의 단체들은 WTO, FTA, 쌀 시장 개방 등에 대해 강력히 대응하였고, 이 과정에서 세계화에 대한 비판은 정치화된 담론으로 진화했다.

한국의 반세계화 운동은 세 가지 핵심적 특징을 지닌다. 첫째, 다양한 사회운동 간의 연대를 통해 성장 및 진화해 나갔다(김의동, 2010). 초기에는 민주노총(전국민주노동조합총연맹)과 전농(전국농민회총연맹) 등 노동운동과 농민운동이 이를 주도해 나갔다. 점차 환경운동, 여성운동, 인권운동, 소비자운동, 청년·학생운동 등과 결합하며 그 범위를 확장하였다. 특히 2000년 ASEM(아시아-유럽 정상회의) 반대 시위와 2005년 WTO 홍콩 각료회의 반대 시위는 노동자·농민뿐 아니라 환경·여성·청년 그룹들이 함께 참여하여 부문과 계층을 가로지르는 연대를 실천하였다. 이는 한국 시민사회가 세계화 이슈를 중심으로 횡적 연결망을 구축한 중요한 성과였다.

둘째, 한국의 반세계화 운동은 국내 정치적 맥락과 밀접하게 연관되어 있었다. 2000년대 초반 한미 FTA 반대 운동은 단순한 통상정책 반대를 넘어, 미국 주도의 신자유주의적 세계질서와 한국의 종속적 관계에 대한 문제제기를 담고 있었다. 이는 한국 사회의 오랜 반미(反美) 정서 및 민족주의적 정서와 결합하며, 정치적 함의를 지닌 사회운동으로 발전했다. 주목할 점은 이러한 운동이 단순한 민족주의나 폐쇄적 보호주의로 귀결되지 않고, 초국적 연대와 글로벌 시민사회의 형성을 지향했다는 점이다.

셋째, 한국의 반세계화 운동은 점차 대안 형성의 정치로 발전했다. 반세계화는 더 이상 단순한 반대가 아니라, '대안세계화(alternative globalization)'를 지향하는 실천적 흐름으로 발전하였다. 공정무역, 윤리적 소비, 사회적 경제, 세계시민운동, 협동조합 등의 새로운 사회경제 모델을 실험과 실천은 기존 세계화에 대한 대안적 모델을 구축하려는 시도였다(류미경, 2006; 임현진·공석기, 2014). 특히 2008년 글로벌 금융위기 이후 이러한 흐름은 더욱 강화되었으며, '사회적 경제'와 '지역순환경제'라는 개념을 중심으로 구체화되기 시작했다.

한국의 대안 세계화 운동은 다음과 같은 구체적 실천으로 나타났다. 먼저, 생활협동조합, 마을기업 등을 통한 대안적 경제 모델의 구축이었다. 이는 글로벌 상품사슬에서 벗어나 지역 기반의 생산-소비 네트워크를 형성하려는 시도였다. 둘째, 지역화폐, 사회적 금융, 공유경제 등 대안적 경제제도의 실험이었다. 이는 신자유주의적 금융체제의 대안으로서, 사회적 가치와 공동체적 필요를 중심으로 자원을 배분하는 방식을 모색했다. 셋째, 풀뿌리 민주주의와 직접민주주의의 강화를 통한 정치적 대안의 모색이었다. 주민참여예산제, 주민자치위원회, 마을의회 등의 제도적 실험은 세계화 시대 민주주의의 위기에 대응하는 방식이었다.

이러한 흐름은 특히 2000년대 이후 지역 공동체 기반 운동과 맞물려 하향식 국가 주도의 세계화와는 다른, 시민사회 주도의 탈중앙화된 대응 모델을 형성하였다. 김의영(2001)은 이를 '협력적 거버넌스의 정치'로 개념화하며, 국가와 시장을 넘어선 제3의 공간으로서 시민사회의 역할을 강조한다. 이러한 접근은 세계화를 단순히 수용하거나 거부하는 이분법을 넘어, 시민사회의 자율성과 창의성을 바탕으로 세계화를 재구성하고 전유하는 방식을 제시한다.

다중적 근대화와 인간적 세계화의 가능성

기존 세계화 논의는 서구 중심의 단선적 근대화 모델을 전제로 하고 있다. 그러나 임현진(2005)은 한국 사회의 세계화 경험을 '다중적 근대화(multiple modernities)'의 맥락에서 재해석할 것을 제안한다. 한국은 자본주의적 산업화, 권위주의적 정치체제, 유교적 공동체주의, 민주화 이후의 시민사회 등 이질적인 요소들이 병존하는 혼합체로서, 하나의 고정된 서구형 모델로 설명될 수 없다. 세계화 역시 이러한 복합성과 병렬성을 수용하는 방식으로 재정의되어야 하며, 이를 통해 인간 중심의 윤리적·사회적 가치가 제도화될 수 있는 기반을 마련해야 한다.

'다중적 근대화' 이론은 샤무엘 아이젠슈타트(S. N. Eisenstadt, 2002) 등의 학자들에 의해 발전된 개념으로, 근대화가 서구의 경험을 모방하는 단일한 과정이 아니라, 각 사회의 문화적·역사적 맥락에 따라 다양한 형태로 전개될 수 있다는 관점이다. 한국의 경우, 압축적 산업화와 민주화를 경험하면서 서구와는 다른 독특한 근대성을 발전시켜왔다. 예를 들어, 한국의 경제발전은 국가 주도의 계획과 시장 메커니즘의 결합, 대기업(재벌)과 중소기업의 위계적 공존, 가족주의와 개인주의의 혼합 등 서구 자본주의 모델과는 차별화된 특성을 보인다.

장경섭(2023)은 이를 '압축적 근대성(compressed modernity)'으로 개념화하며, 한국 사회가 경제적 발전, 정치적 민주화, 문화적 변동을 압축적으로 경험하면서 전통과 근대, 토착적 요소와 외래적 요소가 복잡하게 얽힌 독특한 사회구성체를 형성했다고 분석한다. 이러한 관점에서 보면, 한국의 세계화 경험 역시 단순히 서구의 신자유주의적 세계화 모델을 수용하는 과정이 아니라, 한국적 맥락에서 재해석되고 변형되는 과정으로 이해할 수 있다.

다중적 근대화론의 관점에서 한국의 세계화를 적용한 논의들은 한국의 세계화에 대한 논의를 확장시키는 데 크게 기여하였다. 우선, 한국의 세계화는 경제적 개방화를 넘어 정치적·문화적·사회적 차원을 포괄하는 복합적 과정으로 이해될 수 있었다. 한국의 세계화는 단순히 시장 개방이 아니라 정치·문화·사회 구조 전반의 변화를 수반했으며, 따라서 각 차원에서 상이한 근대화 논리가 작동하였다. 또한, 세계화 과정에서 글로벌 표준과 지역적 특수성 간의 갈등, 경제적 효율성과 사회적 정의 간의 대립 등 다양한 모순과 긴장이 발생하는 데 이는 단일한 모델로 해소될 수 없다는 점을 지적하였다. 따라서 다층적 세계화의 다원성을 인정하고 적절히 조율 및 관리하는 다원적 정치가 요구된다. 셋째, 한국의 정치경제 체제 역시 이러한 복합성을 반영하도록 재구성될 필요가 있다. 발전국가 유산과 민주화 성과, 그리고 세계화로 인한 새로운 이해관계 구조를 균형있게 담아낼 수 있는 제도 개혁이 과제로 떠오른다. 다시 말해, 세계화를 수용 혹은 거부의 이분법으로 볼 것이 아니라, 한국적 맥락에 맞게 재구성하고 관리하는 능력이 중요해진 것이다.

이와 함께 세계화를 바라보는 또 다른 대안적 관점으로 '인간적 세계화(humane globalization)'의 개념이 제시되었다. 이는 세계화 과정에서 인간의 존엄성과 삶의 질을 중심에 두는 접근을 의미한다. 이는 경제적 효율성과 시장 확대만을 추구하는 신자유주의적 세계화와 대비되는 개념으로, 사회적 정의, 생태적 지속 가능성, 문화적 다양성, 민주적 참여를 핵심 가치로 삼는다. 유엔 등 국제기구에서도 2000년대 초반부터 "세계화의 인간화"를 강조하며 "모두를 위한 세계화(globalization for all)" 비전을 제시한 바 있다.

인간적 세계화를 주장한 학자 및 운동가들은 이를 실현하기 위한 개혁적 과제를 제시하였다(박광기, 2003). 경제적 세계화의 혜택이 사회 구성원들에게 공정하게 분배될 수 있도록 하는 사회 정책이 강화될 필요가 있다고 주장하였다. 이는 소득재분배, 사회안전망 확충, 노동권 보장 등을 포함한다. 또한, 세계화 과정에서 약화된 민주주의의 회복과 심화를 요구하였다. 초국적 기업과 금융자본의 영향력 증대로 인해 국민국가의 민주적 의사결정 능력이 제한되는 상황에서, 시민참여의 확대와 다층적 거버넌스의 민주화가 요구된다. 나아가, 문화적 다양성과 지역적 정체성을 보존하면서도 글로벌 공동체 의식을 함양하는 교육과 문화정책의 발전을 요구하였다. 세계화는 문화의 획일화를 초래할 위험이 있으므로, 지역 문화와 정체성을 보존하면서 글로벌 공동체 의식을 함양하는 문화·교육 정책의 중요성을 강조하였다.

이처럼 다중적 근대화론과 인간적 세계화 담론은 한국 사회가 세계화를 주체적으로 재해석하고 질적으로 전환하기 위한 이론적·실천적 틀을 제공하였다. 이는 일방적인 세계화 추종이나 폐쇄적 민족주의를 넘어서, 세계화의 방향과 내용을 인간 중심으로 재구성하려는 노력으로 평가될 수 있다. 물론, 이러한 대안 담론은 완결된 해답이라기보다 지향점으로서의 의미를 가지며, 궁극적으로는 한국뿐 아니라 전 지구적 차원에서 보다 지속 가능하고 포용적인 글로벌 질서를 모색하였다는 점에서 큰 의의를 갖는다.

최근 한국 세계화 담론의 다중성

한편, 코로나19 팬데믹은 세계화의 구조를 전방위적으로 흔들며, 각국의 대응 방식에 따라 세계화에 대한 태도와 전략이 다층적으로 재편되는 계기를 마련했다. 한국 역시 예외는 아니었으며, 특히 문화적, 경제적, 기술적 영역에서 서로 다른 층위의 세계화 전략을 추구하고 있다.

첫째, 문화적 층위에서는 K-pop, K-드라마, K-푸드, K-의료 등을 포함한 소위 'K-브랜드'가 전 세계적으로 확산되었다. 이는 한국 사회 내부에서도 '문화 강국'으로서의 정체성과 세계적 '인정 욕구'를 동시에 내재하고 있다. 여기에는 오랜 기간 주변부 또는 후발주자로 인식되었던 역사적 경험에서 비롯된 국제적 인정 욕구와 동시에 더 이상 후발국이 아닌 문화·규범의 선도주체로 자리매김하고자 하는 민족적 감정이 공존하고 있다(이동연, 2022). 실제로 K-pop이나 한국 드라마의 글로벌 팬덤 확산은 단지 '한류'의 수출을 넘어, 한국적 감성과 가치, 생활양식이 새로운 문화 기준으로 받아들여질 수 있다는 자신감을 증폭시키고 있다. 이 같은 문화적 세계화는 정부 주도의 국가 브랜드 전략과 시민사회 및 개인 창작자의 자발적 콘텐츠 생산이 결합한 결과로(김민승·류웅재, 2025), 기존의 수동적 세계화 참여를 넘어 능동적 담론 형성과 영향력 확대를 추구하는 방향으로 진화하고 있다.

둘째, 팬데믹 이후의 경제적 충격과 보호주의의 부상과 글로벌 공급망의 지역화 혹은 블록화 경향을 가속화시켰다. 이는 세계화가 경제적 개방과 등치되던 시대를 넘어 동맹국 및 자국 중심의 공급 안정화 전략으로의 전환을 의미한다(김양희, 2025). 한국은 반도체, 배터리, 원자재 등 전략산업을 중심으로 글로벌 가치사슬(Global Value Chains)의 재편에 직면하게 되었고, 이에 대응하여 '경제안보' 개념을 강화하고 있다. 특히 미국 주도의 반도체(CHIPS) 동맹과 같은 '친(親) 민주주의 경제 동맹에 부분적으로 참여하면서, 한국은 경제적 이익과 외교적 균형이라는 이중 과제를 동시에 관리해야 하는 복합적 상황에 놓였다(안정은, 2025). 이러한 현실은 세계화에 대한 한국의 전략이 보다 다극적이고 유연하게 조정되어야 함을 시사한다.

셋째, 디지털 전환과 인공지능(AI)을 중심으로 한 기술 경쟁의 심화는 후기 발전국가(post-developmental state)의 경쟁력 강화 전략을 형성하고 있다(Scharf, 2025). 한국은 ICT 인프라, 인공지능 기술 개발 등에서 선도적 위치를 확보하려는 정책적 노력을 강화하고 있다. 이러한 전략은 단지 경제 성장을 위한 기술투자를 넘어, 향후 글로벌 기술 질서 내에서의 주도권을 확보하려는 국가 전략으로 볼 수 있다. 특히 이와 같은 기술 중심의 세계화 전략이 한국이 1960년대 이후 발전국가 체제 하에서 채택했던 국가 주도형 기술 산업화 모델, 그리고 1990년대 세계화 초기 단계에서의 산업 고도화와 정보화 정책과 구조적으로 유사한 성격이 존재한다. 정부는 여전히 주요 기술 분야의 투자 방향을 주도하고,이는 단순한 기술 경쟁을 넘어 국가 정체성과 글로벌 위상에 대한 중층적 기획과 연결된다.

이러한 세 층위의 대응은 상호 충돌하거나 모순되는 방향이라기보다, 한국이 코로나19 이후 복합위기 시대의 세계화 전략을 다층적이고 입체적으로 구성하고 있음을 보여준다. 문화적 영향력 확대는 국가 이미지와 외교자산 강화에 기여하고, 경제안보 전략은 실질적인 생존과 연결되며, 기술적 세계화는 미래의 패권 경쟁에 대비하는 수단이다. 이는 곧 한국의 세계화 담론이 더 이상 '개방 대 폐쇄'의 이분법에 머무르지 않고, 문화적 주체성과 경제적 현실성, 기술적 선도성을 유기적으로 연결하려는 복합적 기획임을 시사한다.

4. 한국 정치의 과제와 세계화 이후의 길

한국 사회가 경험한 세계화의 여정은 세 단계로 요약할 수 있다. 첫째, 1990년대 중반 김영삼 정부의 '세계화 선언'으로 시작된 능동적 수용 단계다. 이 시기 세계화는 국가 주도의 정치적 프로젝트로서, 선진국 진입이라는 국가적 목표를 위한 전략으로 추진되었다. 둘째, 1997년 외환위기 이후 IMF 체제 하에서의 강제적 수용 단계다. 이 시기 세계화는 외부로부터 부과된 구조조정 프로그램의 형태로 진행되었으며, 신자유주의적 성격이 강화되었다. 셋째, 2000년대 이후 시민사회를 중심으로 한 비판적 재구성 단계다. 이 시기 세계화는 더 이상 불가피한 운명이 아닌, 정치적으로 통제되고 방향이 재설정될 수 있는 과정으로 인식되기 시작했다.

이러한 과정을 거치며 한국 사회는 세계화의 빛과 그림자를 모두 경험했다. 세계화의 빛은 한국 경제의 양적 성장, 글로벌 위상 제고, 문화 한류의 확산 등에서 확인할 수 있다. 그러나 세계화의 그림자는 경제 위기의 충격과 심화된 사회 양극화, 정체성 갈등 등으로 나타났다. 특히, COVID-19 팬데믹은 한국 사회에 세계화의 양면성을 극명하게 드러내는 계기가 되었다. 한편으로, 공급망의 불안정과 국가 간 이동의 단절은 그간 한국이 구축해 온 글로벌 의존 구조의 취약성을 드러냈다. 반도체, 백신, 에너지, 식량 등 필수 자원에서 나타난 글로벌 병목현상은 자국 중심의 공급망 전략, '경제안보'라는 새로운 정책 프레임을 부상시켰다. 동시에, 디지털 전환과 비대면 기술의 비약적 발전은 오히려 '비물질적 세계화(disembodied globalization)'를 가속화하며 한국의 ICT 기반 경쟁력을 재조명하는 계기가 되기도 했다.

이러한 다중적 경험은 한국 사회에서 세계화에 대한 인식과 정책 방향을 재구성할 필요성을 제기한다. 기존의 세계화는 '더 많은 개방', '더 빠른 통합'에 방점이 찍혀 있었지만, 팬데믹 이후에는 연결의 질, 포용성, 회복력이라는 기준이 강조되고 있다. 단지 국경을 넘는 것이 아니라, 그 연결이 누구를 위한 것인지, 어떻게 공정성과 지속 가능성을 보장할 것인지가 중심 과제로 떠오르고 있다. 포스트 세계화 시대에 한국이 직면한 질문은 단순히 "세계화를 계속할 것인가, 멈출 것인가"가 아니다. 세계화는 이미 우리 삶에 깊숙이 스며들어 있기에, 현실적으로 되돌릴 수 없는 측면이 많다. 중요한 것은 세계화의 질(質)을 어떻게 바꿀 것인가의 문제다. 글로벌 연결을 무작정 확대하고 속도를 높이는 것이 아니라, 연결의 내용과 방식을 조정해야 한다는 뜻이다. 더 포용적이고 더 지속 가능하게 한 세계화의 기대와 요구가 확산되고 있는 것이다.

특히, 코로나19 이후 세계화 담론의 재구성은 기존의 대안적 논의가 제기했던 문제의식과 새로운 도전과제가 교차하는 지점에서 전개되고 있다. 문화적 측면에서는 K-pop, K-민주주의, K-방역 등 'K-브랜드'의 세계적 부상과 함께, 후발 수용자가 아닌 선도 주체로서의 위상 전환에 대한 국내적 인정 욕구와 열망이 분명히 드러났다. 경제적으로는 전통적 자유무역 세계화가 후퇴하고 글로벌 공급망 재편과 기술 블록화 흐름이 등장하였다. 이런 변화속에서, 반도체·배터리 등 전략 산업을 중심으로 한 '경제안보'와 가치사슬 주도권 확보가 핵심 정책 의제로 부상하고 있다. 동시에 디지털 전환과 인공지능 기술 주도권 경쟁은 과거 발전국가 체제와 유사한 국가주도 기술 선도 전략으로 이어지고 있으며, 이는 경제생존과 규범질서 주도라는 이중 과제를 동반한다.

이러한 경향은 세계화에 대한 한국의 입장이 단순한 수동적 적응이나 민족주의적 고립이 아닌, 다층적 세계화 전략의 구성으로 진화하고 있음을 보여준다. 향후 한국은 문화적 주체성, 경제안보, 기술 표준이라는 세 축을 어떻게 조율하고 연결해낼지에 따라 세계 질서 속 위상이 결정될 것이다. 대안세계화 논의 또한 이 세 층위와 연결되는 방식으로 갱신되어야 하며, 단순한 규범적 지향을 넘는 전략적 실천 구상으로 전환되어야 할 시점이다.

미주

1) 국가기록원 '세계화 추진위원회' 항목 https://www.archives.go.kr/next/newsearch/listSubjectDescription.do?id=000845&pageFlag=&sitePage=1-2-1

참고문헌

김동춘, 『1997년 이후 한국사회의 성찰: 기업사회로의 변환과 그 과제』, 도서출판 길, 2006.

김민승·류웅재, 「글로벌라이제이션 하 국가 주도의 'K-'담론과 문화 정경들: 한류 관련 정책보고서의 담론 분석을 중심으로」, 『사회과학 담론과 정책』 18(2), 2025, 77~112쪽.

김세균, 「미국 헤게모니의 위기」, 『문화과학』 51, 문화과학사, 2007, 51~76쪽.

김양희, 「보호주의 진영화와 트럼프 시대 2.0의 도래」, 『동향과 전망』 125, 2025, 197~207쪽.

김의동, 「한국 시민사회단체의 대안세계화 운동: 특징과 한계 및 이념적·실천적 과제를 중심으로」, 『마르크스주의 연구』 26(4), 경성대학교 사회과학연구소, 2010, 371~398쪽.

김의영, 「세계화와 한국정치경제의 가버넌스(Governance): 결사체 가버넌스(Associative Governance)를 중심으로」, 『국제정치논총』 41(2), 한국국제정치학회, 2001, 291~309쪽.

류미경, 「대안세계화운동의 현황과 쟁점」, 『문화과학』 46, 문화과학사, 2006, 25~40쪽.

박광기, 「세계화와 한국사회의 변화」, 『대한정치학회보』 10(3), 대한정치학회, 2003, 105~126쪽.

송호근, 『또 하나의 기적을 향한 짧은 시련』, 나남출판, 1998.

안정은, 「트럼프 2.0 시대의 경제 안보와 한중일 경제협력」, 『국가안보와 전략』 25(3), 2025, 33~70쪽.

이동연, 「한류는 문화민족주의의 산물인가?」, 『황해문화』 115, 새얼문화재단, 2022, 56~75쪽.

이상철, 「세계화, 세계화 담론 그리고 한국사회」, 『인문학연구』 1, 제주대학교 인문과학연구소, 1995, 267~298쪽.

임성학, 「IMF위기 전후 한국 금융개혁의 정치경제」, 『한국정치외교사논총』 25(2), 한국정치외교사학회, 2004, 277~308쪽.

임현진, 「신자유주의적 세계화와 한국적 근대의 향방」, 『황해문화』 47, 새얼문화재단, 2005, 20~39쪽.

임현진·공석기, 『뒤틀린 세계화: 한국의 대안찾기』, 나남, 2014.

장경섭, 박홍경 옮김, 『압축적 근대성의 논리』, 문학사상, 2023.

Barber, B. R., *Consumed: How Markets Corrupt Children, Infantilize Adults, and Swallow Citizens Whole*, W. W. Norton and Company, 2007.

Baylis, J., & Smith, S., *The globalization of world politics*(8th ed.), Oxford University Press, 2020.

Byrd, S. C., "The Porto Alegre consensus: Theorizing the forum movement", *Globalizations*, 2(1), 2005, pp. 51~61.

Chang, H. J., "Korea: The misunderstood crisis", *World Development*, 26(8), 1998, pp. 1555~1577.

Darian-Smith, E., & McCarthy, P., *The global turn: Theories, research designs, and methods for global studies*, University of California Press, 2017.

Eisenstadt, S. N., *Multiple modernities*(1st ed.), Routledge, 2002.

Friedman, T. L., *The Lexus and the olive tree: Understanding globalization*, Farrar, Straus and Giroux, 1999.

Friedman, T. L., *The world is flat 3.0: A brief history of the twenty-first century*, Picador, 2007.

Hirst, P., Thompson, G., & Bromley, S., *Globalization in question*(3rd ed.), Polity Press, 2009.

Hopewell, K., *Breaking the WTO: How emerging powers disrupted the neoliberal project*, Stanford University Press, 2016.

Juergensmeyer, M., Sassen, S., & Steger, M. B.(Eds.), *The Oxford handbook of global studies*, Oxford University Press, 2019.

Kim, S. Y., "Development and developmentalism of artificial intelligence: Decoding South Korean policy discourse on artificial intelligence", In S. Cave & K. Dihal(Eds.), *Imagining AI: How the world sees intelligent machines* (pp. 318~337). Oxford University Press, 2023.

Levi, M., & Murphy, G. H., "Coalitions of contention: The case of the WTO protests in Seattle", *Political Studies*, 54(4), 2006, pp. 651~670.

Lule, J., *Globalization and the media: Global village of Babel*(4th ed.), Rowman & Littlefield, 2021.

Mudde, C., & Rovira Kaltwasser, C., *Populism: A very short introduction*, Oxford University Press, 2017.

Ohmae, K., *The end of the nation-state: The Rise of Regional Economies*, Free Press, 1995.

Pleyers, G., *Alter-globalization: Becoming actors in the global age*, Polity Press, 2010.

Roudometof, V., *Glocalization: A critical introduction*, Routledge, 2016.

Scharf, S. A., *Artificial intelligence and innovation policy: A comparative perspective*, Centre for International Governance Innovation, 2025.

Scheiring, G., Serrano-Alarcón, M., Moise, A., McNamara, C., & Stuckler, D., "The populist backlash against globalization: A meta-analysis of the causal evidence", *British Journal of Political Science*, 54(3), 2024, pp. 892~916.

Sobel, A. C.(Ed.), *Challenges of globalization: Immigration, social welfare, global governance*, Routledge, 2009.

Steger, M. B., & James, P., *Globalization matters: Engaging the global in unsettled times*, Cambridge University Press, 2019.

Steger, M. B., & Roy, R. K., *Neoliberalism: A very short introduction*(2nd ed.), Oxford University Press, 2021.

Steger, M. B., & Wahlrab, A., *What is global studies? Theory and practice*. Routledge, 2017.

Steger, M. B., & Wilson, E. K., "Anti-globalization or alter-globalization? Mapping the political ideology of the global justice movement", *International Studies Quarterly*, 56(3), 2012, pp. 439~454.

Steger, M. B., *Globalisms: Facing the populist challenge*(4th ed.), Rowman & Littlefield, 2020.

Steger, M. B., *Globalization: A very short introduction*(6nd ed.), Oxford University Press, 2023.

Steger, M. B., Goodman, J., & Wilson, E. K., *Justice globalism: Ideology, crises, policy*, SAGE Publications, 2013.

Summers, C. W., "The battle in Seattle: Free trade, labor rights, and societal values", *University of Pennsylvania Journal of International Economic Law*, 22(1), 2001, pp. 61~114.

Teivainen, T., "The World Social Forum and global democratization: Uneasy encounters of the 'anti-globalization' movement", *International Journal of Peace Studies*, 7(1), 2002, pp. 99~116.

Walter, S., "The backlash against globalization", *Annual Review of Political Science*, 24, 2021, pp. 421~442.

한국의 세계화와 K-문화

: 문화 강국의 현재와 미래

정보영

1. 서론: 문화 강국의 꿈, 현재적 의미

“오직 한없이 가지고 싶은 것은 높은 문화의 힘이다.” 1947년, 백범 김구는 「나의 소원」에서 ‘부국강병’의 외피로 환원되지 않는 문화의 힘을 꿈꾸었다. 여기서 ‘문화’는 예술의 장식물이나 교양의 기호가 아니라, 주권을 상실한 식민지 경험 이후 ‘무엇을 닮고 무엇을 거부할 것인가’를 둘러싼 자기규정의 문제였고, 더 나아가 “우리나라로 말미암아서 세계에 실현되기”를 바랐던 평화의 윤리였다. 김구가 상상한 문화 강국은 곧 세계의 중심이 되겠다는 포부라기보다, 타자와의 관계 속에서 존엄과 보편의 가치를 공유하는 방식에 대한 전망에 가까웠다.

그러나 1947년에 김구가 꿈꾸었던 문화 강국은, 곧이어 맞닥뜨린 전쟁과 냉전 질서 속에서 실현할 수 없었다. 전쟁 이후 한국 사회는 생존과 재건을 최우선 과제로 삼았고, 문화는 오랫동안 ‘발전’과 ‘동원'의 언어에 포획되었다. 1960~70년대 국가 주도 개발전략은 수출 지향 산업화와 도시화를 밀어붙이며 교육·인프라·메스미디어의 급속한 확장을 이끌었지만, 그 과정에서 노동 규율과 검열, 반공 이데올로기는 문화의 자율성을 제약했다. 정치적 권위주의와 경제적 성장의 결합은 한국 사회에 강한 '속도'의 감각을 내면화시켰고, 이 속도는 이후 대중문화의 리듬과 서사—빠른 전개, 강한 감정의 진폭, 극단적 경쟁의 심상—을 구성하는 배경이 되었다.

이처럼 한국의 근대화는 서구가 수세기에 걸쳐 밟아 온 제도·가치·산업의 변화를 한 세대 안에 압축해 통과하는 방식으로 전개되었다. '압축 성장'은 경제 지표의 상승만을 의미하지 않는다. 농촌 공동체의 해체와 가족 구조의 변형, 교육 경쟁의 제도화, 권위주의와 기업주의의 규율, 그리고 메스미디어가 생산하는 표준화된 욕망이 동시에 진행되었다. 그 결과 한국 사회는 '전통－근대－후기 근대'의 층위가 시간적으로 순차적으로 교체되기보다, 서로 충돌하고 중첩되는 방식으로 일상에 침전되었다.

격동의 시기를 지나온 오늘날, 우리는 K-문화가 세계적 보편이 되어 가고 있는 모습을 목도하고 있다. BTS는 음악으로 전 세계 청년들의 마음을 위로하고, UN 무대에서 청년의 자기 서사를 발화했다. 영화 〈기생충〉은 계급과 불평등의 감각을 보편적 언어로 번역하며 아카데미 작품상을 수상했다. 넷플릭스 〈오징어 게임〉은 채무와 생존 경쟁의 구조를 '게임'이라는 장치로 가시화해 전 세계적 논쟁의 장을 열었다. 최근에는 애니메이션 〈케이팝 데몬 헌터스〉가 한국적 신앙과 세계관을 현대 판타지로 재배치하며 글로벌 대중문화의 어휘를 확장했다. 주목할 점은 이들 텍스트가 '성공한 콘텐츠'이기 이전에, 한국 사회의 불평등·경쟁·불안이라는 구조적 감각을 세계가 이해할 수 있는 감정의 문법으로 가공했다는 사실이다.

이 성취는 종종 '국가 이미지'와 '소프트 파워'라는 틀로 요약된다. 소프트 파워는 강제나 보상 없이 타자의 선호를 형성하는 '매력'의 권력으로서 국제정치에서 중요한 개념이다. 다만 K-문화의 확산을 국가 브랜드의 성공담으로만 설명할 경우, 문화의 비판성과 내적 모순은 장식적 요소로 축소되기 쉽다. 더구나 문화는 단순한 상품이 아니라 상징과 정체성, 권리와 공공성을 포함하는 영역이며, '문화 다양성'의 보장이라는 국제 규범과도 연결된다. 문화의 세계화는 곧 '상품의 수출'이 아니라 '의미의 교섭'이며, 그 교섭은 언제나 정치적·경제적 권력관계 속에서 이루어진다.

따라서 이 글에서 묻고자 하는 핵심은 '성공의 원인'이 아니라, 한국 사회의 정치·경제·사회적 변동이 어떤 조건과 제약, 그리고 어떤 가능성을 통해 K-문화가 만들어져 왔는가 하는 문제다. K-문화의 세계화는 몇몇 천재적 창작자의 우연한 성취로만 환원될 수 없고, 동시에 '국가가 기획한 결과'로만 단선화 될 수도 없다. 문화는 국가-시장-시민사회가 서로 다른 논리로 충돌하는 장(場)에서 생산되며, 그 충돌의 흔적이 서사와 형식, 정동의 질감으로 남는다. 이에, 이 글에서는 이 충돌의 역사적 층위를 따라가며 K-문화의 '형성 조건'을 재구성해본다.

한국의 근현대를 이해할 때 중요한 단서는 사회 변화의 '속도'와 그 변화가 만들어낸 '중첩'이다. 전통의 규범이 완전히 물러나기도 전에 근대적 제도와 규율이 도착했고, 산업사회가 안정되기도 전에 정보사회적 감각과 기술이 일상 속으로 스며들었다. 권위주의적 통치의 기억과 민주주의의 언어, 보호주의 산업 전략과 세계시장 편입의 압력이 한 사회 안에서 한꺼번에 작동하면서, 우리는 언제나 여러 시간대를 동시에 살아내는 것처럼 흔들렸다. 이 글에서는 한국 사회의 '겹친 시간'이 문화의 서사와 정동(Affect)을 어떻게 빚어냈는지를 따라가며 논의를 전개하고자 한다.

이 겹침은 구조적 층위에서도 분명하게 드러난다. 한국의 대중서사는 흔히 멜로드라마적 정서를 바닥에 깔고(가족·희생·죄책감·구원), 그 위에 스릴러·범죄물·재난물 같은 장르의 속도를 얹는다. 그래서 한 작품 안에서도 웃음과 공포, 연민과 분노가 짧은 간격으로 교차하며, 현실의 상처가 '극적인 사건'의 형태로 농축된다. 예컨대 영화 〈기생충〉은 반지하의 생활감 같은 사회적 리얼리즘을 출발점으로 삼되, 블랙코미디와 스릴러의 리듬으로 계급의 긴장을 단계적으로 끌어올린다. 〈오징어 게임〉은 채무와 고용 불안, 사회적 안전망의 구멍 같은 현실을 촘촘히 깔아두고, '게임'이라는 비현실적 장치를 통해 경쟁의 폭력성을 끝까지 밀어붙인다. 〈킹덤〉은 사극의 권력투쟁과 좀비 호러를 결합해 '국가의 위기'와 '통치의 실패'를 시각적 공포로 번역한다. 이러한 혼종성은 단순한 장르적 묘기가 아니라, 일상에서 체감되는 구조적 압박—경쟁, 계층 이동의 막힘, 제도에 대한 불신—을 '장르'라는 안전장치 속에서 감정적으로 체험하게 만드는 서사 장치다. 이러한 구조는 '전통적 서사'의 지속과 '세계 장르'의 수입이 동시에 진행된 역사, 그리고 극장-방송-온라인-모바일로 이어지는 매체 경험의 급속한 누적 속에서 발현된 양상으로 볼 수 있다. K-문화가 세계의 감각에 닿는 순간에도, 이처럼 짧은 시간에 쌓인 긴장과 균열, 그리고 그 긴장을 견디게 하는 윤리가 서사의 사실감과 정서적 설득력을 떠받치고 있다.

그리하여 이 글은 한국 근현대의 궤적을 '산업화-민주화-세계화-플랫폼 혁명'이라는 네 개의 전환으로 나누어 살펴본다. 산업화

국면에서 국가 주도의 개발전략은 교육과 인프라를 확장하고 매스미디어 산업을 성장시키는 한편, 검열과 규율을 통해 문화의 자율성을 제한했다. 민주화 국면에서 사회운동과 공론장의 확장은 억압된 기억과 감정의 언어를 분출시키며 문화적 다원성을 폭발시켰다. 세계화 국면에서는 시장 개방만이 아니라 국가의 대외전략과 국민 정체성, 문화정책까지 포괄하는 프로젝트로 추진되었고, 1997년 외환위기 이후의 구조개혁은 제조업 중심 성장모델의 한계를 드러냈으며, 지식·문화 산업이 새로운 성장동력으로 재배치되었다.

이 과정에서 문화정책은 '지원'과 '관리'라는 두 얼굴을 동시에 드러냈다. 1990년대 후반 이후 문화 산업 진흥을 위한 법·제도적 기반이 정비되면서, 콘텐츠 산업은 전략산업으로 호명되었고 수출과 고용을 목표로 하는 정책 프레임이 강화되었다. 이는 한류의 산업적 기반을 구축하는 데 기여했지만, 동시에 문화가 국가 경쟁력 담론에 종속될 위험을 내포한다. 문화의 공공성, 창작 노동의 조건, 표현의 자유와 다양성은 언제나 이 긴장 속에서 재사유되어야 한다.

플랫폼 혁명 국면은 이러한 긴장을 한층 복잡하게 만든다. 2000년대 초 한국은 초고속 인터넷 보급과 디지털 인프라 구축을 통해 온라인 문화의 실험장이 되었고, 2010년대 이후 유튜브·넷플릭스 같은 글로벌 플랫폼은 문화 유통의 국경을 넘나들며 팬덤과 참여 문화를 가속했다. 동시에 플랫폼 자본주의는 데이터와 네트워크 효과를 기반으로 독점적 지위를 강화하며, 수익·노동·주의(attention)의 가치 포획 방식을 재조정한다. K-문화의 세계화는 이 플랫폼적 조건에 기대어 확장되었지만, 바로 그만큼 알고리즘·저작권·수익배분 구조에 대한 의존과 취약성도 함께 커졌다.

따라서 K-문화의 세계화를 '한국의 성공'으로만 칭송하는 것은 충분하지 않다. 오히려 우리는 K-문화가 세계 체계 속에서 어떤 방식으로 의미를 가질 수 있고, 어떤 방식으로 가치(경제적 가치와 상징적 가치)를 배분하며, 어떤 방식으로 갈등과 불평등을 재현·정치화하는지 묻는 쪽으로 시선이 이동해야 한다. 다시 말해 K-문화는 '국가의 성취'이면서 동시에 '세계 자본주의의 문화적 언어'이기도 하다. 이 양가성에 대한 분석 없이 '문화 강국'은 단지 수치화된 성과의 다른 이름이 될 위험이 있다.

또한 K-문화의 세계화는 문화의 '자율적 확산'이 아니라, 언제나 지정학적·규범적 경쟁 속에서 전개된다는 점을 함께 고려해야 한다. 문화는 감정과 상상력을 매개로 국경을 넘지만, 동시에 국가 간 긴장, 국제 규범(저작권·플랫폼 규제·문화 다양성), 지역별 검열과 시장 장벽의 영향을 받는다. 특정 국가·플랫폼이 유통 인프라를 장악한 조건에서 '가시성'은 자연 발생적이라기보다 정치경제적으로 배분되는 자원에 가깝다. K-문화는 이 환경 속에서 때로는 '대안적 상상력'으로 환영받고, 때로는 '경쟁자의 부상'으로 경계되며, 이 둘 사이를 길항한다.

따라서 이 글은 K-문화의 세계화를 '좋은 콘텐츠'의 자연 확산이나 국가 홍보의 성과로만 설명하지 않는다. 한 편의 작품이 세계로 나아가는 길목에는 정책의 언어, 산업의 자본, 기술 인프라와 플랫폼의 규칙, 그리고 팬덤의 번역·확산 노동이 함께 놓여 있다. 즉, 제도와 산업의 변화—문화정책과 법제, 투자와 제작 시스템, 유통·플랫폼 구조—가 작품의 장르와 서사의 결을 어떻게 바꾸어 왔는지, 반대로 문화 텍스트가 사회의 균열과 욕망을 어떤 방식으로 드러내고 재구성하는지 함께 살핀다. '구조가 문화를 만든다'는 단선적 결론이 아니라, 문화가 생산·유통·소비되는 물질적 조건을 포괄적으로 살펴보고자 한다.

이러한 관점에서 본고는 몇 가지 질문을 따라간다. 산업화·민주화·세계화·플랫폼 전환이라는 국면별 변화 속에서 국가 전략과 산업 구조, 제도 변화가 문화 생산의 인프라와 규칙을 어떻게 만들어 왔는지 살피고, 그 과정에서 축적된 불평등·세대·젠더·계급·지역의 균열이 문화 서사의 핵심으로 어떻게 조직되는지 살핀다. 또한 플랫폼 환경에서 팬덤과 참여 문화가 '소비자'의 경계를 넘어 문화적 행위자의 형태를 어떻게 바꾸었는지, 나아가 K-문화가 일시적 유행을 넘어 지속 가능한 글로벌 문화로 남기 위해서는 어떤 방식으로 사유해야 하는지도 함께 묻고자 한다.

2. K-문화의 역사적 궤적과 패러다임 전환

산업화 시대: 통제와 동원, 그리고 대중문화의 기반 형성(1960~1970년대)

1960년대와 1970년대, 박정희 군사정권 아래 산업화 시대는 '조국 근대화'와 '경제 성장'이라는 국가적 목표 아래 모든 사회적 역량이 총동원되던 시기였다. 이 시기 문화는 독립된 자율적 영역이라기보다는, 국가의 통치 이데올로기를 전파하고 국민을 동원하는 강력한 수단으로 기능했다. 국가가 성장의 목표를 선명하게 제시하고, 그 목표에 맞는 질서·규범·정동(情動)을 사회 전반에 확산시키는 과정에서 문화는 부차적 장식이 아니라 '동원 가능한 언어'로 기능했다. 박정희 정부는 영화법(1962년), 방송법(1964년), 문화예술진흥법(1972년) 등을 제정하며 문화산업의 제도적 기틀을 마련했지만, 산업화 시기의 권위주의적 통치 환경에서는 특히 통제 기능이 전면에 부각되었다. 강력한 사전 검열 제도는 창작의 자유를 옥죄었고, 반공, 민족중흥, 새마을운동과 같은 국가적 서사가 문화콘텐츠의 주된 내용을 형성했다.

영화계에서는 〈마부〉(1961)가 베를린 국제영화제에서 수상하는 등 국제적 성과가 있었으나, 대부분의 작품은 국가 시책을 홍보하는 '국책 영화'의 성격을 띠었다. 텔레비전 방송은 1961년 12월 KBS 개국을 시작으로 동양방송(TBC)과 동아방송(DBS)(1964년), MBC(1969년)가 차례로 문을 열었다. 〈형사수첩〉, 〈수사반장〉 같은 장르 드라마가 대중적 인기를 얻는 동안, '사회비판'의 언어는 철저히 억제되었고, 질서 회복과 규범의 내면화가 반복적으로 재현되었다.

산업화 시기의 문화 통치는 '국가적 서사'를 일상 어휘로 만드는 방식에서도 드러난다. 1968년 12월 5일, 국민교육헌장 선포처럼 근면·충성·규율을 핵심으로 하는 국가적 윤리가 공식 언어로 제시되면, 학교·군대·직장뿐 아니라 방송·영화·가요·캠페인을 통해 그 윤리가 감정의 형태로 습득되었다. 이때 문화는 사람들에게 무엇을 '믿어야 하는가'를 직접 설교하기보다, 무엇이 '자연스러운 삶'이고 무엇이 '도덕적 선택'인지 반복적으로 보여주며 규범이 국민의 생활에 자연스레 깃들도록 했다.

'청년'과 '유행'이라는 새 감각이 부상했지만, 곧바로 관리의 대상이 되었다. 유신체제하에서 장발·미니스커트 단속처럼 신체의 표지까지 규율되었고, 대중가요는 '건전'과 '불온'의 분류 속에서 재편되었다. '금지곡'이라는 이름 아래 수많은 노래가 정권의 심기를 거슬렀다는 이유로 족쇄를 찼다. 금지곡 제도는 단지 특정 노래를 배제하는 조치가 아니라, 당대 권력이 '공동체를 위협하는 것'으로 규정한 감정과 언어를 문화적 기호로 표식화하는 방식이었다. 그러나 이

분류의 작동은 역설적으로 '대중'이라는 범주를 더욱 또렷하게 만들었다. 금지와 허용의 경계가 논쟁을 불러일으키면서, 음악은 세대 감각과 정치적 감수성이 만나는 장소가 되었고, 문화는 엘리트 취향이 아니라 집합적 경험의 전장으로 변모했다.

이 시대 문화의 또 다른 축은 산업화가 낳은 균열을 서사화하는 문학이었다. 공장과 도시가 확장되며 '발전'의 표상이 일상을 채우는 동시에, 개발의 그늘(노동·주거·계층·이주)이 현실의 언어로 떠올랐다. 조세희의 『난장이가 쏘아올린 작은 공』(1978)이 도시 재개발과 계층 불평등을 압축적으로 드러내며 산업화의 폭력성을 문학적 감각으로 전환한 것은 대표적 사례다.

그러나 이러한 억압의 시대는 역설적으로 K-문화의 원형을 빚어내는 용광로 역할을 했다. 첫째, 국가 주도의 정책은 비록 통제가 목적이었을지언정 영화, 방송, 음악 산업의 기초적인 인프라와 제작 시스템을 구축하는 결과를 낳았다. 둘째, '한강의 기적'이라 불리는 압축 성장은 대중의 문화 소비 욕구를 자극했고, TV와 영화는 점차 특정 계층의 전유물이 아닌 대중의 보편적 여가 활동으로 자리 잡았다. 셋째, 해외 문화 유입이 극도로 제한된 환경은 한국의 창작자들이 서구의 문법을 수용하되, 이를 한국적 정서와 상황에 맞게 변용하고 재창조하는 독특한 혼종(hybrid) 문화를 잉태하는 토양이 되었다.

이 시기 주목할 만한 또 다른 흐름은 태권도의 세계화와 같은 비주류 문화의 해외 진출이다. 1950년대 말 베트남 파병을 계기로 해외에 알려지기 시작한 태권도는, 1960년대와 1970년대를 거치며 태권도 사범들의 노력과 정부의 외교적 지원에 힘입어 전 세계로 퍼져나갔다. 이는 K-POP이나 K-드라마가 등장하기 훨씬 이전에 한국 문화의 세계화 가능성을 엿볼 수 있는 사례로 볼 수 있다.

민주화 시대: 참여와 다양성, '표현의 공론장' 확장(1980년대)

1980년대는 전두환 신군부의 억압적 통치와 이에 맞선 민주화 열망이 격렬하게 충돌하던 시대였다. 그리고 민주화는 제도 변화만으로 이루어지지 않았다. 거리의 구호, 노래, 연극, 포스터, 대학가의 토론문화 같은 미시적 실천을 통해 시민은 '말할 권리'를 감각적으로 체득했고, 이러한 문화는 그 권리를 펼칠 수 있는 장(場)이 되었다. 그럼에도 이 시대를 '정치적 해방'의 서사로만 서술하면 중요한 층위를 놓치게 된다. 1980년 11월, 언론 통폐합과 언론 관련 법제는 공론장의 구조를 강하게 재편했고, 문화산업 역시 국가가 설정한 경계 안에서 움직였다. 정부는 '3S 정책(Screen, Sports, Sex)'을 통해 대중의 정치적 무관심을 유도하는 한편, '국풍 81'과 같은 관제 행사를 통해 국민적 에너지를 체제 친화적인 방향으로 동원하고자 했다. 컬러 TV 방송 시작(1980), 프로야구 출범(1982) 등은 이러한 유화 정책의 산물이었는데, 이는 대중의 문화적 욕망을 더욱 자극하고 소비문화를 확산시키는 기폭제가 되었다.

이러한 통제와 유화의 이중주 속에서, 문화는 억압된 현실을 우회적으로 비판하고 새로운 주체성을 모색하는 저항의 언어로 기능했다. 영화계에서는 이장호·배창호·박광수·이두용 등으로 대표되는 '코리안 뉴웨이브' 감독들이 등장하여, 〈고래사냥〉(1984), 〈칠수와 만수〉(1988)과 같은 작품을 통해 당대 청년의 좌절과 방황, 도시화가 남긴 구조적 모순을 스크린 위에 올려놓았다. 이들의 영화는 상업적 성공과 비평적 지지 사이를 오가며, 한국영화가 단순한 오락을 넘어 사회적 발언을 담는 매체가 될 수 있음을 증명했다.

음악에서도 두 개의 흐름이 교차했다. 한편에서는 들국화, 김민기, 한대수 등 저항적 메시지를 담은 음악이 '언더그라운드'라는 새로운 문화적 공간을 형성했고, 다른 한편에서는 조용필·이선희·김완선 등 스타 가수들이 세련된 퍼포먼스와 매체 친화적 이미지로 한국형 스타 시스템을 구축했다. 저항과 대중성의 병존은 민주화 시대 문화가 지닌 이중의 에너지(비판과 유희)를 보여준다.

이 시기 가장 극적인 전환점은 1987년 6월 민주항쟁과 1988년 서울 올림픽이었다. 6월 항쟁은 표현의 자유를 획기적으로 신장시키는 계기가 되었고, 이후 문화계는 이념적, 소재적 금기에서 벗어나 폭발적인 창작 에너지를 분출하기 시작했다. 서울 올림픽은 한국 문화가 세계 무대에 대규모로 소개된 최초의 사건이었다. 코리아나의 〈손에 손잡고〉가 세계적인 히트를 기록한 것은, 한국 대중문화가 글로벌 보편성을 획득할 수 있다는 가능성을 보여준 상징적인 순간이었다.

민주화는 한국 사회의 세대 구성에도 결정적인 변화를 가져왔다. 1970년대 유신체제 하에서 청년기를 보내고, 1980년대 광주항쟁과 6월항쟁을 겪으며 성장한 민주화 세대는 산업화 세대와는 질적으로 다른 정치적, 문화적 감수성을 지니게 되었다. 이들은 권위주의에 저항하고 민주주의와 인권이라는 가치를 내면화했으며, 이러한 경험은 이후 K-컬처가 사회 비판적 메시지와 진보적 가치를 담아내는 중요한 서사적 자원이 되었다. 억압에 저항하며 분출된 이 시대의 문화적 에너지는 1990년대 이후 K-문화가 보여준 장르적 다양성과 창의성의 밑거름이 되었다.

세계화 시대: 시장과 정책, '한류 1.0'의 산업적 출현(1990년대~2000년대)

1990년대는 냉전 종식과 함께 '세계화'가 거스를 수 없는 시대적 화두로 떠오른 시기였다. 1994년 김영삼 정부의 '세계화 선언'을 기점으로 한국 사회는 정치, 경제, 문화 모든 영역에서 본격적인 개방의 시대를 맞이했다. 1996년 OECD 가입은 '선진국 진입'이라는 국가적 목표를 가시화했지만, 이듬해 터진 외환위기는 압축 성장의 한계를 드러내며 사회 전반에 깊은 상처와 불안을 남겼다. 이러한 전환과 위기의 국면에서 문화산업은 새로운 가능성으로 주목받기 시작했다. 제조업 중심의 성장 모델이 한계에 부딪히자, 정부는 고부가가치 산업이자 국가 이미지를 제고할 수 있는 '소프트 파워'의 원천으로서 문화콘텐츠 산업의 중요성을 인식하게 되었다. 1998년 출범한 김대중 정부는 '문화산업 발전 5개년 계획'을 수립하고, '국가가 지원하되 간섭하지 않는다'는 '팔길이 원칙'을 내세우며 영화, 방송, 게임 등 콘텐츠 산업 전반에 대한 제도적, 재정적 지원을 대폭 확대했다. 이 시기부터 문화는 더 이상 통제의 대상이 아닌, '진흥'과 '육성'의 대상으로 자리매김하게 된다.

이러한 정책적 전환과 맞물려, 1998년 일본 대중문화 개방은 한국 문화 시장에 거대한 충격이자 자극이 되었다. '문화 침략'에 대한 우려가 컸지만, 결과적으로 이는 한국 콘텐츠 산업이 글로벌 경쟁 속에서 스스로의 체질을 개선하고 창의적 역량을 강화하는 계기로 작용했다. 수동적인 문화 수용자의 위치에서 벗어나, 아시아 시장을 겨냥한 적극적인 콘텐츠 수출 전략이 모색되기 시작한 것이다.

이 과정에서 '한류(韓流) 1.0'이라 불리는 첫 번째 물결이 일어났다. 1997년 중국 CCTV에서 방영된 드라마 〈사랑이 뭐길래〉가 폭발적인 인기를 끈 것을 시작으로, HOT, SES 등 1세대 아이돌 그룹과 그룹 클론이 중국과 대만에서 거대한 팬덤을 형성했다. 한류 1.0의 정점은 2003년 4월 일본 NHK BS2에서 방영된 〈겨울연가〉였다. 애틋한 사랑 이야기와 아름다운 영상미는 일본 중년 여성들의 마음을 사로잡

왔고, 주연 배우 배용준은 '욘사마' 신드롬을 일으키며 하나의 사회 현상이 되었다. 〈겨울연가〉의 성공은 드라마 촬영지 관광, 한국어 학습 열풍으로 이어지며 문화콘텐츠가 연관 산업에 미치는 막대한 파급효과를 확인할 수 있었다.

이어 사극 〈대장금〉은 한류의 지리적 공간을 중동, 아프리카, 동유럽까지 확장시켰다. 이란에서 90%에 가까운 경이적인 시청률을 기록한 〈대장금〉은 한식, 한복, 한의학 등 한국의 전통문화를 전 세계에 알리는 문화 외교관 역할을 톡톡히 했다. 영화계에서도 흥행을 이어갔다. 1999년 〈쉬리〉가 '한국형 블록버스터'의 시대를 열며 아시아 시장에서 흥행에 성공했고, 박찬욱, 봉준호, 김기덕 등 새로운 감독들이 칸, 베니스, 베를린 등 세계 3대 영화제에서 연이어 수상하며 한국 영화의 예술적 위상을 국제적으로 각인시켰다.

이 시기 한류의 확산은 정부의 정책적 지원과 민간 기업의 전략적 노력이 시너지를 이룬 결과였다. 한국문학번역원(2001년 출범)과 같은 기관들은 번역 및 출판 지원을 통해 한국 문학의 해외 소개를 체계화했고, 대형 연예기획사들은 아이돌 연습생 시스템과 현지화 전략을 통해 K-POP의 산업적 기반을 구축했다. 그러나 한류의 급속한 성장은 중국의 '한한령(限韓令)'이나 일본의 '혐한류'와 같은 반작용을 낳기도 했다. 이는 문화 교류가 단순한 콘텐츠의 이동이 아니라, 국가 간의 정치·외교적 역학 관계와 복잡하게 얽혀 있음을 보여주는 사례이다. 이러한 도전은 역설적으로 한국 문화산업이 특정 시장에 대한 의존도를 낮추고, 미주, 유럽 등 새로운 시장을 개척하는 계기가 되었다. 2016년 사드 이후 중국의 비공식적 제재가 관찰·보고되면서, 문화교류가 외교·안보 변수에 의해 급격히 흔들릴 수 있다는 사실이 산업 차원에서 재인식되었다. 이후 북미·유럽에서는 공연·컨벤션(KCON 등)을 통해 팬덤 접점을 제도화했고, 서구 메이저 레이블과의 파트너십을 통해 아시아 외 시장 유통을 분리 운영하는 전략도 강화되었다. 영상 콘텐츠는 글로벌 OTT의 동시 유통·다언어 접근성 덕분에 권역 확장이 가속되었다.

결론적으로 세계화 시대는 한국이 문화 수입국에서 문화 수출국으로 전환하는 결정적 분기점이었다. 민주화 시대를 거치며 보장된 창작의 자율성과 다양성이 시장 개방과 정책적 지원이라는 토양 위에서 '한류 1.0'이라는 꽃을 피웠다. 이는 한국 문화가 아시아라는 지역적 맥락 안에서 보편적 공감대를 형성할 수 있음을 증명한 사건이었으며, 다음 시대, 즉 플랫폼 혁명과 함께 K-문화가 전 지구적 현상으로 도약하는 발판을 마련했다.

플랫폼 시대: 기술·팬덤·IP의 결합, K-문화의 전 지구적 확장(2010년대~현재)

플랫폼 시대의 K-문화는 유통의 구조가 바뀌었다는 점에서 이전 시기와 구별된다. 과거에는 방송사·영화관·출판사 같은 '게이트키퍼'가 이동 경로를 결정했다면, 2010년대 이후, 스마트폰의 보급과 유튜브, 넷플릭스와 같은 글로벌 플랫폼의 등장은 문화콘텐츠의 생산, 유통, 소비 방식을 근본적으로 뒤바꾸었다. 콘텐츠는 더 이상 특정 국가의 방송사나 극장을 통해서만 유통되는 것이 아니라, 국경과 시간의 제약 없이 전 세계 이용자들에게 실시간으로 전달되기 시작했다. 이러한 '플랫폼 전환기'는 한류가 아시아를 넘어 전 지구적 영향력을 행사하는 'K-문화'로 진화하는 결정적 계기가 되었다. 이 시기 한류는 '한류 2.0'(2000년대 중반에서 2010년대 초반)으로 명명되며, 그 규모와 파급력, 수용 방식 면에서 이전과는 질적으로 다른 양상을 보인다.

이 변화의 중심에는 유튜브와 소셜 미디어가 있었다. 2012년, 가수 싸이의 〈강남스타일〉 뮤직비디오는 유튜브를 통해 전 세계로 퍼져 나가며 '바이럴 현상'을 일으켰다. '말춤'은 국적과 언어를 불문하고 누구나 따라 하는 하나의 '밈(meme)'이 되었고, 수많은 패러디와 리액션 영상이 자발적으로 생산·확산되었다. 이 곡은 한국어 노래로는 이례적으로 빌보드 싱글 차트 2위에 7주간 머무르는 대기록을 세웠다. 〈강남스타일〉의 성공은 전통적인 미디어 프로모션 없이도 디지털 플랫폼을 통해 글로벌 스타덤에 오를 수 있음을 보여준 최초의 사례였으며, K-POP의 글로벌화 가능성을 확인할 수 있었다.

이후 K-pop은 유튜브·트위터·틱톡 등 다양한 플랫폼을 통해 음악, 퍼포먼스, 팬 커뮤니케이션을 결합한 유통 체계를 고도화했다. 이러한 플랫폼 환경을 전략적으로 잘 활용한 사례는 단연 방탄소년단(BTS)이다. 데뷔 초부터 유튜브와 트위터를 통해 팬들과 적극적으로 소통하며 성장 서사를 공유한 BTS는, '아미(ARMY)'라는 강력한 글로벌 팬덤을 구축했다. 팬들은 자발적으로 그들의 음악을 번역하고, 그들의 메시지를 전파하며, 조직적으로 음반을 구매하고 스트리밍에 참여했다. 이러한 팬덤의 '애착자본'은 BTS를 2018년 이후 빌보드 앨범 차트 정상에 여러 차례 올려놓았는데, 강력한 팬덤 덕분에 BTS는 2020년 마침내 'Dynamite'로 싱글 차트 1위를 석권할 수 있었다. BTS의 성공은 K-POP이 더 이상 '비주류' 혹은 '이국적인' 음악이 아니라, 미국 중심의 글로벌 팝 시장의 판도를 바꾸는 핵심으로 부상했음을 의미한다. BTS의 사례에서 두드러지듯, 팬덤은 번역·홍보·기부·이벤트를 조직하는 협업 네트워크로 기능했고, UNICEF와의 'LOVE MYSELF' 캠페인처럼 공적 의제와 결합하는 방식도 보여주었다.

영상 콘텐츠 분야에서는 OTT, 특히나 넷플릭스의 역할이 절대적이었다. 2016년 1월 한국에서 정식으로 서비스를 시작한 넷플릭스는 과감한 투자를 통해 국내에서는 제작이 어려웠던 장르물과 대작들을 선보였다. 2019년 조선시대를 배경으로 한 좀비 스릴러 〈킹덤〉은 신선한 설정과 높은 완성도로 해외에서 큰 호평을 받으며 K-드라마의 장르적 확장을 알렸다. 그리고 2021년, 〈오징어 게임〉은 전 세계적인 신드롬을 일으켰다. 공개 한 달 만에 넷플릭스 역대 최다 시청 기록을 경신하고, 90여 개국에서 1위를 차지했으며, 에미상에서 감독상과 남우주연상을 수상하는 쾌거를 이뤘다. 달고나 뽑기, 초록색 체육복 등 극 중 요소들은 전 세계적인 밈이 되었다. 〈오징어 게임〉의 성공은 언어(자막)의 장벽을 넘어 한국의 고유한 놀이문화와 사회 비판적 메시지가 전 세계 시청자들에게 강력한 소구력(訴求力)을 가질 수 있음을 증명했다.

영화계 역시 플랫폼 전환의 수혜를 입었다. 2020년 봉준호 감독의 〈기생충〉이 아카데미 시상식에서 비영어권 영화 최초로 작품상을 수상한 것은 K-문화의 위상을 정점으로 끌어올린 역사적 사건이었다. 이는 한국 영화가 지닌 예술적 성취와 사회 비판적 깊이가 세계의 보편으로 자리매김할 수 있다는 반증이다. 이후 넷플릭스를 통해 공개된 〈#살아있다〉나 〈승리호〉 같은 작품들은 극장 개봉의 한계를 넘어 전 세계 관객과 직접 만나며 새로운 유통 가능성을 열었다.

플랫폼 시대의 K-문화는 '만들어서 수출하는(Made in Korea)' 모델을 넘어, 글로벌 파트너와 '함께 만드는(Made with Korea)' 모델로 진화하고 있다. 넷플릭스, 디즈니+ 등 글로벌 OTT들은 한국을 아시아 콘텐츠 제작의 핵심 기지로 삼고 있으며, 국제공동제작이 활발해지고 있다. 이는 한국의 창작자와 제작사에게는 안정적인 제작 환경과 글로벌 유통망을 제공하는 기회이지만, 동시에 IP(지식재산권)가 플랫폼에 종속될 수 있다는 위험도 내포한다. 플랫폼이 제작비를 전액 지원하는 대신 IP를 독점하는 계약 관행은 장기적으로 보았을 때, 국내 콘텐츠 산업의 자생력을 약화시킬 수 있다는 우려를 낳고 있다.

결론적으로 플랫폼 전환기는 K-문화가 기술 혁신과 팬덤의 자발적 참여를 동력으로 삼아 세계적 문화 현상으로 도약한 시대이다. K-콘텐츠는 더 이상 서구 문화의 대안이나 하위문화가 아닌, 글로벌 메인스트림의 일부로 당당히 자리 잡았다. 이는 서구 중심의 문화 흐름에 균열을 내고, 비서구권 콘텐츠의 가능성을 증명했다는 점에서 문화사적 의의를 지닌다. 그러나 플랫폼에 대한 의존성 심화, IP 권리 문제, 제작비 급등과 같은 새로운 과제들은 K-컬처의 지속 가능한 성장을 위해 필시 해결해야 할 숙제로 남아 있다.

3. K-문화의 다층적 스펙트럼과 사회적 함의

K-문화의 세계적 성공은 한 사회가 자신을 바라보는 방식과, 외부가 그 사회를 이해하는 방식을 동시에 바꾸는 사건이다. 28개국(지역) 2만 6,400명을 대상으로 한국에 대한 인식을 조사한 한류조사연구 아카이브의 '해외 한류 실태조사'(2025) 자료에 따르면, '한국 하면 떠오르는 이미지'에서 K-POP이 단일 항목 기준 가장 높은 비중(17.8%)으로 나타났다. 이를 통해 한류가 더 이상 특정 장르의 유행이 아니라, '한국'이라는 기표를 구성하는 대표 표상으로 작동하고 있음을 알 수 있다.

그러나 K-문화의 부상은 '성과'만을 남기지 않는다. 성취가 커질

수록 그 성취를 가능케 한 제도·산업·사회적 조건이 더 또렷하게 드러나며, 그 과정에서 기존의 갈등과 모순도 함께 가시화된다. 본 절은 K-문화가 국가, 산업, 시민사회, 플랫폼의 네 층위를 가로지르는 복합적 현상이라는 점을 전제로, 이후 논의를 이끄는 네 가지 함의를 제시한다.

첫째, '문화강국' 담론과 문화의 자율성 사이의 긴장이다. 국가가 문화의 성과를 국가브랜딩이나 산업성과로 환원할수록, 지원과 평가의 기준은 예술적·사회적 가치보다 정책 선호와 시장 지표에 밀착될 위험이 커진다. 이 위험이 현실화될 경우, 문화지원은 공공성의 확장 장치라기보다 '선별'과 '배제'의 기술로 전도될 수 있으며, 문화정책의 정당성은 쉽게 훼손된다.

둘째, 시장 논리만으로는 설명되지 않는 지정학·외교 변수의 취약성이다. 문화 교류는 교역과 달리 '감정'과 '상징'을 매개로 하기에, 국제정치의 긴장이 높아질 때 유통 환경이 급격히 좁아질 수 있다. 세계화는 확산의 규모만이 아니라, 리스크를 분산할 시장·플랫폼·권역의 다변화와 그에 상응하는 제도적 대응까지 함께 고려해야 한다.

셋째, 고강도 제작·훈련 체계와 노동·인권 보호 사이의 긴장이다. K-POP 산업의 경쟁력은 체계적 훈련과 분업화된 제작 시스템에 크게 기대어 성장했지만, 그 과정에서 미성년자 보호, 장시간 노동, 건강권 같은 문제가 반복적으로 제기되어 왔다. 산업의 지속가능성은 '성장'의 속도만이 아니라, 그 성장을 떠받치는 조건이 사회적으로 정당화될 수 있는지에 의해 좌우된다.

넷째, 글로벌 확장과 공정한 배분(계약·정산·권리) 사이의 긴장이다. 유통의 규모가 커질수록 수익도 커지지만, 전속계약·정산 관행·IP 귀속을 둘러싼 힘의 비대칭이 교정되지 않으면 산업의 신뢰 기반이 약화된다. 따라서 지속가능성은 '흥행' 자체가 아니라, 투명한 계약과 공정한 유통 질서를 얼마나 정교하게 제도화하느냐에 달려 있다.

이 네 가지 함의는 서로 분리된 문제가 아니라, '국가―산업―플랫폼―향유자'가 맞물린 하나의 생태계 안에서 상호작용한다. 본 장에서는 K-문화가 국가 이미지와 소프트파워를 어떻게 재구성하는지, 그리고 정책이 어떤 방식으로 그 기반을 축적해 왔는지를 살핀다.

K-문화와 국가: 소프트 파워의 실체와 정책의 역할

K-문화의 성취가 가장 선명하게 확인되는 지점은 국가 이미지의 재구성이다. 조지프 나이(Joseph S. Nye)가 제시한 소프트 파워(soft power)는 군사력이나 경제력처럼 물리적 강제를 수반하는 하드 파워(hard power)와 달리, 문화·가치·정책이 지닌 매력을 통해 타자의 인식과 선택을 변화시키는 능력에 가깝다. 한국의 경우 오랫동안 전쟁·분단·가난의 서사가 대외 이미지를 규정해 왔으나, 한류의 확산은 '한국을 떠올리는 방식' 자체를 바꾸는 계기로 기능해 왔다. 앞서 언급한 해외 한류 실태조사에서 K-POP이 '한국 하면 떠오르는 이미지'의 최상위 항목(17.8%)으로 나타난 결과는, 한류가 국가 이미지 전환에 실질적으로 기여했음을 뒷받침한다.

이 변화는 상징적 차원에만 머물지 않는다. 콘텐츠산업이 창출하는 경제적 파급효과가 커질수록, 문화는 국가 경쟁력 담론의 중심으로 재배치된다. 예컨대 정부 통계에 따르면 2022년 콘텐츠산업 수출액은 132억 4,301만 달러로 집계된다(전년 대비 6.3% 증가). 문화가 '호감도'의 원천인 동시에, 대외경제의 한 축으로 간주되는 조건이 강화되고 있는 셈이다. 국제 비교 지표에서도 이러한 위상 변화가 관찰된다. 영국의 브랜드 평가기관 Brand Finance의 Global Soft Power Index 2026에서 한국은 종합 순위 11위를 기록했다. 소프트파워가 단순한 문화 선호를 넘어 국가 신뢰·미래 성장성·국제관계 등 복합 요소로 측정되고 있음을 시사한다.

다만 이러한 변화는 자연 발생만으로 설명되기 어렵다. 한국의 문화정책은 적어도 세 층위에서 한류의 기반을 축적해 왔다. 첫째, 문학·예술 영역에서는 1970년대 한국문화예술진흥원(현 한국문화예술위원회)이 공적 재원을 바탕으로 지원 체계를 확장해 왔고, 한국문학번역원을 통해 문학의 번역·해외 출판 지원이 장기적으로 추진되며 문화외교 인프라가 형성되었다. 둘째, 1997년 외환위기 이후 문화산업이 전략 산업으로 재정의되면서, 콘텐츠의 생산·유통·수출을 지원하는 제도적 장치가 점차 촘촘해졌다. 셋째, 2009년 출범한 한국콘텐츠진흥원(KOCCA)처럼 정책 집행을 전담하는 기관이 등장함으로써 방송·게임·캐릭터·음악 등 분절된 영역이 '콘텐츠 산업'이라는 틀 아래 통합적으로 관리·지원되는 체계가 강화되었다. 이처럼 한류는 시장의 발견만으로 출현한 현상이 아니라, 장기적 투자와 제도, 민간의 혁신이 맞물리며 자라난 생태계에 가깝다.

그러나 '진흥'의 언어는 언제나 '규제'의 가능성을 함께 내포한다. 국가가 문화의 성과를 국가브랜딩이나 경제적 효과로 과도하게 환원할수록, 지원 기준은 창작의 다양성보다 수출 가능성·시장성·정책 선호에 의해 재구성되기 쉽다. 이때 '선택과 집중'은 효율성의 명분 아래 비주류·실험적 예술을 주변화하고, 이미 검증된 성공 공식을 반복하는 산업적 관성(획일적 기획·서사)을 강화할 위험이 있다. 더 나아가 문화정책이 '통치의 기술'로 전용될 경우, 지원 체계는 문화의 공공성을 확장하기보다 정치적 규율을 강화하는 장치로 기능할 수 있다. 지원은 창작 생태계를 확장하는 공공 장치이지만, 반대로 작동하면 '누가 지원받을 자격이 있는가'를 가르는 선별 기제가 된다. 이 위험이 현실화된 사건이 박근혜 정부 시기 문화예술계 블랙리스트이다. 문화체육관광부는 「문화예술계 블랙리스트 진상조사 및 제도개선위원회」 활동 결과를 백서로 공개했으며(활동기간: 2017.7.31~2018.6.30), 이는 국가 지원 체계가 특정 정치적 기준과 결합할 수 있다는 구조적 취약성을 공식적으로 확인한 기록이다.

블랙리스트는 단지 '명단'의 문제가 아니라, 지원·심사·선정 과정에서 비가시적으로 작동한 배제의 메커니즘이라는 점에서 중요하다. 조사 과정에서 9,473명의 시국선언자 명단이 포함된 문건이 공개되었다는 보도는, 그 규모와 관리 방식이 단발적 일탈이 아니라 체계적 운영에 가까웠음을 시사한다. 이 사건은 사후적으로 법적 판단으로도 이어졌다. 2024년 2월, 김기춘 전 비서실장과 조윤선 전 장관이 블랙리스트 관련 사건에서 각각 징역 2년, 징역 1년 2개월 형이 확정되었다.

이 사건은, 국가 지원의 배분이 정치적 충성도와 결합할 수 있음을 보여준 대표적 사례이며, 문화의 공공성이 정치적 규율로 전도될 때 발생하는 구조적 위험을 환기한다. 이 중차대한 사건은 국가 지원이 중립적 심사라는 외피를 두른 채 당대 권력의 정치적 기준과 결합할 수 있음을 보여 주었다.

정책의 쟁점은 "국가가 문화를 지원할 것인가"가 아니라, 지원이 창작의 자유를 확장하는 방향으로만 작동하도록 제도를 어떻게 설계할 것인가이다. 여기서 핵심 원리는 흔히 '팔길이 원칙(arm's length)'으로 요약되는 거리두기이다. 다만 원칙 선언만으로는 부족하다. 심사위원 구성과 회피 규정, 평가 기준의 공개, 선정·탈락 사유의 설명

가능성, 이의신청 및 사후 구제 절차, 지원기관의 운영 자율성 등이 절차적 장치로 제도화되어야 한다. 블랙리스트 사태가 남긴 교훈은 '국가가 문화의 성과를 욕망하는 것' 자체보다, 그 욕망이 지원 배분의 미시적 규칙을 통해 창작의 다양성을 잠식할 수 있다는 데 있다.

따라서 K-문화 정책의 핵심은 '얼마나 키울 것인가'뿐 아니라 '어떤 규칙 아래에서 키울 것인가'에 놓여야 한다. 김대중 정부가 그러했던 것처럼 '지원하되 간섭하지 않는다'는 '팔길이 원칙'을 일관되게 견지할 필요가 있다. 정부의 역할은 특정 콘텐츠를 선별해 직접 육성하는 데 있기보다, 창작자들이 실험과 실패를 감내할 수 있는 제도적·경제적 기반을 조성하는 데 초점이 있어야 한다. K-문화가 '국가의 성공'으로 과잉 동일시될수록 창작의 자율성과 문화의 다양성은 오히려 취약해질 수 있다. 따라서 정책은 특정 콘텐츠에 대한 지시·선별이 아니라 실험의 생태계를 유지·확장하는 설계로 귀결되어야 할 것이다. 여기에는 장기 투자와 연구개발, 지역·장르 간 격차를 완화하는 지원, 공정한 유통 질서, 창작자 권리 보호(저작권·초상권·2차적 저작물 권리), 그리고 노동 조건 개선이 포괄된다. 예컨대 대중문화 산업에서 불공정 계약과 과도한 전속 기간 문제가 반복적으로 제기되자, 공정거래위원회는 2009년 '대중문화예술인 표준전속계약서'를 공시하며 거래 규칙의 정비에 나섰다. 또한 2014년 제정된 「대중문화예술산업발전법」은 산업 기반을 정비하고 계약·권익 보호에 관한 규범을 제도화함으로써, 한류의 성장 조건을 흥행이 아니라 지속가능성과 윤리성의 차원에서 재구성하려는 시도로 평가할 수 있다. 이런 장치들은 산업을 확장하기 위한 수단이면서 동시에, 성장의 속도가 권리의 언어를 앞질러 가지 않도록 붙잡아 주는 안전난간이기도 하다. 정부가 직접 선수가 되려 하기보다, 룰을 정비하고 분쟁을 조정하며 약자의 권리를 보완하는 심판이자 조력자로 기능할 때, K-문화는 관 주도의 획일성을 넘어 민간의 창의성과 자율성을 바탕으로 더욱 지속가능한 생태계를 구축해 나갈 수 있을 것이다.

K-문화와 세계: 문화제국주의 논쟁과 세계시민 담론

K-문화의 세계적 확산은 '문화제국주의' 논쟁을 새로운 각도에서 재소환한다. 그 논쟁이 무엇을 포착해 왔고 동시에 무엇을 놓쳐 왔는지를 재점검하게 한다. 문화제국주의 논의는 전통적으로 특정 강대국이 자본과 미디어 인프라를 바탕으로 타 사회의 문화적 선택지를 구조적으로 제한하고, 자국의 가치·규범·생활양식을 보편으로 제시하는 현상을 비판하는 개념 틀로 발전해 왔다. 하지만 오늘날 문화 흐름은 한 방향의 '송출'로 환원되지 않는다. K-문화는 서구 중심의 문화 이동 경로에 균열을 내며, 문화가 언제나 중심에서 주변으로만 흘러가는 것이 아니라는 점을 가시화했다. 그렇다고 해서 다방향성이 곧바로 권력 비대칭의 소멸을 뜻하는 것은 아니다. 흐름이 다층화되더라도, 생산·유통·가치 회수의 조건을 규정하는 힘은 여전히 불균등하게 분포하기 때문이다.

이 지점에서 K-문화는 글로컬라이제이션(glocalization)의 핵심 논점을 선명하게 보여준다. 글로컬라이제이션은 글로벌한 형식이 지역적 맥락 속에서 재구성되고, 반대로 로컬한 기호와 정서가 글로벌 유통망 위에서 새로운 의미를 획득하는 과정을 포착한다. K-POP은 힙합·R&B·EDM 등 세계 대중음악의 문법을 적극적으로 수용하면서도, 연습생 시스템과 퍼포먼스 중심의 무대 미학, 팀 단위의 높은 완성도를 강조하는 제작 방식으로 고유한 스타일을 구축해 왔다.

K-드라마 또한 장르적 규칙을 공유하면서, 가족·돌봄·공동체 윤리 같은 한국 사회의 생활 세계를 정교하게 '번역'해 세계 시청자에게 전달하는 방식으로 차별화를 꾀해 왔다. 다만 혼종성은 언제나 윤리적 질문을 동반한다. 예컨대 글로벌 대중문화의 관용어(힙합/스트리트 문화 등)를 차용하는 과정에서 문화적 전유(appropriation) 논쟁이 반복되어 왔고, 이는 '수용'이 자동으로 '상호 존중'으로 귀결되지 않음을 보여준다. 이 논점은 K-문화의 성공을 단순한 '탈서구' 서사로 포장하기보다, 문화 교류가 본질적으로 관계 윤리와 권력 감수성을 요구한다는 사실을 환기한다.

또한 K-문화가 전 세계에서 일관되게 '환영'만을 받는 것도 아니다. 중국에서 통용되는 '한한령(限韓令)'이라는 표현은 사드(THAAD) 배치 이후 문화·연예 영역에서 한국 관련 활동이 제한된 국면을 지칭하는 말로 널리 사용되어 왔는데, 이를 단일한 법령 형태의 공식 규제라기보다 외교·정치적 긴장 속에서 나타난 다양한 제한 조치의 결합으로 이해하는 분석이 꾸준히 제기되어 왔다. 일본에서도 한류의 대중적 확산과 정치·역사 갈등이 중첩되는 시기에 '혐한류(嫌韓流)' 현상이 출판·미디어 시장에서 부상한 바 있으며, 2000년대 중반 '켄칸류(嫌韓流)'—Hating the Korean Wave—를 둘러싼 담론은 문화 소비가 민족주의적 감정정치로 급격히 전화(轉化)될 수 있음을 보여주는 사례로 분석되어 왔다. 이런 반발은 콘텐츠 자체의 취향 문제라기보다, 외교 갈등·역사 기억·경제적 불안이 결합하면서 강화되곤 한다. 특히 한류의 성취가 '국가의 승리'라는 단일 프레임으로 과잉 재현될수록, 문화 교류의 관계성은 쉽게 경쟁의 언어로 수렴되고, 수용국의 반발을 촉진하는 조건이 될 수 있다.

따라서 이러한 저항을 단지 '반한 감정'으로 환원하는 것은 분석적으로 불충분하다. 오히려 이는 글로벌 문화 흐름이 경제·정치·정동(affect)의 층위에서 충돌하고, 그 충돌이 다시 시장과 정책의 경로를 바꾸는 장면에 가깝다. 한류의 '역류(counter-flow)'는 중심부 문화의 일방향적 확산에 대한 주변부의 대응을 설명하는 데서 출발했지만, 오늘날에는 비서구권 콘텐츠의 성공 자체가 새로운 경쟁 질서를 만들고, 그 과정에서 국가·기업·플랫폼의 이해관계가 재조정되는 현상까지 포괄한다. 한류의 지속가능성을 말할 때 '시장 다변화'는 필요조건일 수 있으나 충분조건은 아니다. 문화 교류가 매번 정치적 맥락과 결합한다는 사실을 전제하고, 갈등이 발생하는 조건(규제, 감정정치, 산업 이해)을 함께 해석·조정하는 외교적·산업적 감각이 요구된다. 이때 필요한 전략은 '성공 공식을 외연 확장하는 방식'이 아니라, 충격에 대한 취약성을 낮추는 권역·플랫폼·채널의 분산 전략이다. 시장 다변화가 단기간에 성과로 이어지기는 어렵지만, 적어도 리스크를 한 방향에 집중시키지 않도록 유통의 지형을 다층화할 수 있다.

아울러 문화제국주의 논쟁은 이제 '플랫폼'이라는 매개를 포함해 재구성될 필요가 있다. K-콘텐츠의 세계적 유통은 유튜브·넷플릭스 등 소수 글로벌 플랫폼에 크게 의존하고 있으며, 플랫폼의 추천·순위·데이터 기반 노출 체계는 '무엇이 세계적으로 보이는가'를 규정하는 구조가 되었다. 실제로 글로벌 플랫폼의 '주간 Top 10' 같은 지표는 국제적 관심과 유통을 증폭시키는 신호가 된다. 가령, 드라마 〈이상한 변호사 우영우〉는 2022년 7월 넷플릭스 비영어권 TV 부문에서 2주 연속 1위를 기록하며, 해당 주간 전 세계적으로 높은 시청시간을 기록했다. 이 사례는 K-콘텐츠의 글로벌 확산이 더 이상 '국경 간 방송 유통'만이 아니라, 플랫폼의 가시성 장치와 촘촘히 맞물려 작동한다는 점을 보여준다.

그럼에도 K-문화가 열어젖힌 또 하나의 가능성은 '세계시민' 담론과의 접속이다. 유네스코는 문화다양성의 보장과 상호 이해를 문화 정책의 핵심 가치로 제도화해 왔고, 문화 표현의 다양성을 보호·증진하는 국제 규범을 통해 문화 교류를 경쟁이 아니라 공존의 장으로 설계해야 한다는 기준을 제시해왔다. 이 관점에서 K-문화는 단지 '국가 이미지'의 자산이 아니라, 서로 다른 사회가 공동의 문제를 논의하게 만드는 문화적 매개—일종의 공론장—로 기능할 수 있다. 예컨대 BTS는 2018년 유엔 총회 연계 행사(Generation Unlimited)에서 'Speak Yourself' 메시지를 발화하며, 청소년·청년의 자기존중과 사회적 연대를 호소했다. 또한 유니세프와의 협력 캠페인(LOVE MYSELF) 역시 폭력 예방과 청소년 보호라는 공적 의제를 대중문화의 언어로 확산시키는 시도로 공인된 바 있다.

또한 영화 〈기생충〉은 계급 불평등이라는 보편적 주제를 '반지하'라는 지역적 공간 경험을 통해 설득력 있게 조직하며, 2019년 칸 영화제 황금종려상과 2020년 아카데미 시상식 작품상(비영어 영화 최초)을 수상했다. 이는 K-문화가 단지 "낯선 문화의 소비"가 아니라, 세계가 공유하는 구조적 문제(불평등, 배제, 취약성)를 감정과 서사의 층위에서 가시화할 수 있음을 보여준다. 문화가 갈등을 '해결'하지는 못하더라도, 서로 다른 사회가 같은 질문 앞에 잠시 멈춰 서게 만드는 방식으로 공공적 역할을 수행할 수 있다는 뜻이다.

사회와 K-문화: 불평등·젠더·노동의 가시화와 윤리적 과제

K-문화는 외부로 '수출'되는 콘텐츠이면서, 내부적으로는 한국 사회의 구조를 재현하고 재배치하는 문화적 장치다. 따라서 한류의

성과를 평가할 때, 산업 규모나 수출액만이 아니라 그 생산 조건—누가, 어떤 조건에서, 어떤 위험을 감수하며 콘텐츠를 만들고 소비하는가—를 함께 검토해야 한다.

첫째, 노동의 문제다. K-POP 산업은 연습생-데뷔-투어-글로벌 플랫폼 유통으로 이어지는 고강도 노동 체계를 갖는다. 여기서 '몸'은 단순한 표현 수단이 아니라 생산 수단이며, 시간·건강·사생활의 관리가 산업의 핵심 기술로 작동한다. 2009년 동방신기 멤버들의 전속계약 분쟁을 계기로 공정거래위원회가 표준전속계약서를 도입했고, 계약기간을 최대 7년으로 제한하는 등 연예인 보호 장치를 마련했다. 이어 2014년 「대중문화예술산업발전법」이 제정되면서, 산업의 성장과 함께 권리가 제도화되었다. 「대중문화예술산업발전법」 제14조는 기획업자에게 대중문화예술인별로 회계를 분리 관리하고, 예술인의 요구가 있을 경우 관련 회계 내역과 보수 사항을 제공하도록 규정한다(요구가 없더라도 대통령령에 따라 정기 제공). 이는 불투명한 정산이 단순한 분쟁을 넘어 산업 신뢰를 훼손한다는 인식이 법제에 반영된 사례이다. 특히 미성년자 보호를 위한 조항은 중요한 의미를 갖는다. 제22조는 15세 미만 청소년의 주당 용역 제공 시간을 35시간 이내로 제한하고, 오후 10시부터 오전 6시까지의 야간 활동을 원칙적으로 금지한다. 이는 K-POP 산업의 경쟁력 기반인 고강도 훈련 체계와 청소년 노동·인권 보호 사이의 긴장을 법적으로 조정하려는 시도다. 산업 성장의 대가가 취약한 주체에게 집중되지 않도록 보호하는 최소한의 안전망인 셈이다. 그러나 제도는 선언만으로 움직이지 않는다. 계약의 투명성, 정산의 공정성, 미성년자 보호, 안전한 노동 환경 같은 조건이 현장에서 실효성을 갖기 위해서는 감독·중재·분쟁 해결 체계의 강화가 뒤따라야 한다.

둘째, 불평등의 문제다. 글로벌 플랫폼 시대의 K-문화는 '콘텐츠의 세계화'와 동시에 '수익의 집중'을 동반한다. 초대형 기획사와 플랫폼 기업은 IP 포트폴리오와 데이터·마케팅 역량을 기반으로 위험을 분산하고 수익을 확대하지만, 중소 제작사·독립 창작자는 협상력의 비대칭 속에서 더 큰 불확실성을 감수한다. 또한 지역 문화 기반의 약화, 장르 간 지원 격차, 신인 창작자의 진입 장벽은 '한류의 호황'이 곧바로 문화 생태계 전체의 호황으로 확장되지 않는 이유를 설명한다.

셋째, 젠더와 재현의 문제다. K-드라마와 K-POP은 젠더 감수성의 변화를 빠르게 반영하면서도, 동시에 전통적 규범(가부장적 가족 서사, 성별 고정관념, 외모 규율)을 반복 재생산해왔다. 최근에는 여성 서사의 확장, 돌봄 노동의 가시화, 장애·퀴어·이주 등 주변화된 주체의 표상이 늘어났지만, 이 변화는 늘 반발과 협상 속에서 진행된다. 한류가 '보편적 감동'의 언어로 포장될수록, 그 이면의 규범 권력은 오히려 더 보이지 않게 될 수 있다. 따라서 어떤 서사가 누구에게 유리하고 불리한지, 어떤 몸과 관계가 정상으로 규정되는지에 대한 비평적 점검이 필수적이다.

마지막으로, 팬덤의 정치성과 공공성이다. 글로벌 팬덤은 번역·자막·홍보·기부·캠페인 등으로 콘텐츠의 확산을 실질적으로 수행하며, 때로는 인권·기후·재난 구호 같은 의제에 집단적으로 개입한다. 이는 대중문화 소비가 더 이상 사적 취미에 머물지 않고, 사회적 실천과 연결될 수 있음을 보여준다. 하지만 같은 팬덤 구조가 혐오·배제·사이버 폭력을 촉발하는 장치로도 작동할 수 있다는 점에서, K-문화의 공공성은 자동으로 주어지지 않는다. 결국 K-문화의 지속 가능성은 '얼마나 멀리 갔는가'가 아니라, '어떤 조건과 관계를 남기며 확장하는가'라는 질문으로 다시 측정되어야 한다.

4. 지속 가능한 K-문화를 위한 도전과 과제

K-문화는 이제 '얼마나 멀리 뻗어 나갈 것인가'라는 질문을 넘어, '어떻게 오래 남을 것인가'라는 질문 앞에 서 있다. 이 결정적 시기에 K-문화는 지속가능한 성장을 위한 구체적인 과제들을 해결해야 한다. 이 장에서는 장르별 특성에 맞는 진흥 전략, 전통의 현대적 재창조, 디지털 시대의 새로운 규범 정립, 그리고 미래 시장 개척 등 K-문화가 마주한 다층적인 도전과 과제를 논의한다.

장르별 현황과 과제: 영화, 웹툰, 애니메이션, 게임, 축제

K-문화의 스펙트럼은 K-POP과 드라마를 넘어 다채롭게 확장되고 있으며, 각 장르는 고유한 성과와 과제를 안고 있다. 영화계는 〈기생충〉 이후 한국 영화의 국제적 위상은 크게 높아졌지만, 국내 시장은 팬데믹 이후 회복의 속도가 더디다. 영화진흥위원회(KOFIC) 통계에 따르면 총 영화관 관객수는 2019년 226,684,291명에서 2024년 123,132,556명으로 감소했다. 이는 관람의 구조적 이동(극장→플랫폼)을 엿볼 수 있는 대목이다. 이때 가장 취약해지는 구간은 '중간 규모 영화'이다. 극장 수익이 약화되면 투자·배급은 대작 프랜차이즈와 저예산 독립영화로 양극화되기 쉽다. 산업의 '허리'가 얇아지면서 창작 인력의 숙련과 순환 구조가 흔들린다. 해법은 제작비의 단순 증액이 아니라, 중간 규모 작품이 국내외 다중 창구에서 회수할 수 있도록 제도·금융·유통 인프라를 결합하는 데 있다. 예컨대 국제공

동제작 파이프라인, 로케이션 인센티브, 제작보증과 같은 금융 장치, 해외 세일즈·배급 연계의 전문 인력 풀을 함께 설계해야 한다. 요컨대 '극장 회복'만을 목표로 하기보다 '제작–유통–회수' 구조를 플랫폼 시대에 맞게 재배치하는 접근이 필요하다.

웹툰은 한국에서 형성된 디지털 연재 문화가 플랫폼 산업과 결합하며 독자적 장르로 자리 잡았고, 이제는 글로벌 IP 공급망의 핵심 원천이 되었다. 한국콘텐츠진흥원(KOCCA) 「2024 웹툰산업 실태조사」 요약에 따르면 2024년 웹툰 산업 매출은 2조 2,856억 원, 수출액은 6억 828만 달러로 보고되며, 수출 비중은 일본(49.5%)·북미(19.7%)·중화권(13.6%)·동남아(8.1%) 순으로 나타난다. 이 분포는 '하나의 성공 공식을 복제'하는 방식보다, 권역별 소비 맥락에 맞춘 번역·편집·유통 전략이 성패를 가른다는 점을 보여준다.

지속가능성의 관건은 OSMU(One Source-Multi Use) 고도화 자체가 아니라, 그것을 가능하게 하는 '보이지 않는 규칙'의 정교화에 있다. 2차적 저작물 권리 배분과 정산 투명성, 불법 유통 대응, 플랫폼의 노출·추천 구조가 창작자 수익과 직결되는 현실에서 공정성 원칙을 어떻게 제도화할 것인지가 핵심 쟁점이다. 이와 관련해 문화체육관광부는 만화(웹툰 포함) 분야 표준계약서를 고시(2021)했고, 이후 개정 고시를 통해 계약 유형을 정비·보완해 왔다. 표준계약서가 실효성을 갖기 위해서는 문서의 존재만으로는 부족하며, 현장 적용을 돕는 교육·컨설팅, 분쟁 조정, 점검 체계를 함께 갖춰야 한다.

이와 연결하여, 한국 애니메이션은 세계적 수준의 제작 기술력에도 불구하고 기획력 부족, 자금 조달의 어려움, 유통망 부재라는 삼중고로 인해 산업 생태계가 붕괴될 위기에 처해 있다. 한국 애니메이션은 EBS 방영을 시작으로 성장한 〈뽀롱뽀롱 뽀로로〉처럼 장기적으로 축적되는 캐릭터 IP도 만들어낼 능력을 갖추고 있다. 그럼에도 산업이 취약한 이유는 '잘 만드는 능력'이 '소유하는 능력'으로 잘 전환되지 않기 때문이다. 기획·개발(파일럿·시나리오 개발)에 대한 투자 부족, 배급·머천다이징 연계의 얕은 층위가 결합되면 제작사는 하청의 위치에 머물고 IP의 과실은 외부로 이동한다. 그래서 애니메이션 정책은 제작지원의 단발성 처방을 넘어, 개발 단계의 리스크를 분산하는 장치(제작보증·현금환급형 인센티브)와 글로벌 배급 연계, IP 공동 보유 모델을 제도적으로 설계하는 방향으로 정교해질 필요가 있다.

그리고 게임은 한국 콘텐츠 수출에서 제일 큰 비중을 차지해온 대표 산업이다. KOCCA 자료에 따르면, 게임 수출은 한국 콘텐츠 수출에서 매우 높은 비중(예: 2023년 기준 60%대)을 차지한 것으로 보고된다. 다만 해외에서는 중국 판호(출시 허가)처럼 진입 규제와 지정학적 변수에 노출되어 있다. 국가적인 승인 여부가 시장 접근성을 좌우하는 구조에서, 특정 권역 의존도를 낮추고 다권역 포트폴리오를 구축하는 전략은 '성장 전략'이기 이전에 '리스크 관리'로 이해할 수 있다.

국내에서는 확률형 아이템을 둘러싼 규범 갈등이 산업 신뢰를 흔들어왔다. 핵심은 규제의 존재가 아니라, 소비자가 납득 가능한 투명성과 예측 가능성을 확보하는가이다. 2024년 3월부터 확률형 아이템 정보 공개 의무가 법률 차원에서 시행된 것은(게임산업진흥에 관한 법률 개정·시행) 최소한의 '신뢰 규칙'을 제도화한 사례로 볼 수 있다. 또한 라이브 서비스 시대에는 서비스 종료가 곧 이용 경험의 소멸로 이어지기 쉬운 만큼, 종료 예고, 환불·대체 이용 수단, 데이터 보존 등 이용자 권익을 보호하는 운영 기준을 업계와 정책이 함께 정교화할 필요가 있다.

나아가 보령머드축제, 안동국제탈춤페스티벌처럼 지역 기반 축제는 '한류'가 서울과 플랫폼을 넘어 생활문화의 현장으로 스며드는 통로가 될 수 있다. 두 축제는 한국관광공사 등의 공식 채널에서도 대표 지역축제로 소개된다. 다만 축제는 '행사'가 아니라 '운영 모델'이다. 전문 인력, 장기 파트너십, 안정적 재원 구조가 결여되면 매년 새로 시작해 매년 새로 끝나는 소모전이 되기 쉽다. 해외 홍보와 관람객 경험 설계를 강화하되, 부분 유료화·기업 스폰서십·지역 상권과의 수익 공유 같은 장치로 재정 자립도를 높여야 지속가능성이 생긴다.

디지털 시대의 문화유산: 소유와 보존의 문제

플랫폼 전환기 K-문화는 전례 없는 확산의 기회를 맞이했지만, 동시에 '디지털 콘텐츠의 소멸'이라는 새로운 불안을 동반했다. 오늘날 콘텐츠 소비는 '소유'에서 '접속'으로 이동하고 있다. 스트리밍·구독 모델이 보편화되면서 이용자는 대가를 지불하더라도 대개 '영구 소유'가 아니라 '서비스가 제공되는 동안의 접근권(license)'을 획득한다. 이 구조에서는 서비스 종료가 곧 접근권의 소멸로 이어질 수 있으며, 특히 디지털 형식으로만 존재하는 문화상품(게임, 전자책, 웹툰, VOD 등)의 경우 '시장 종료'가 '기록의 단절'과 겹칠 위험이 커진다.

문제는 구매와 실제 권리의 간극이다. 이용자는 결제 과정에서 'buy(구매)'를 선택하지만, 계약의 실질은 종종 '조건부 이용 허락'에 가깝다. 이때 플랫폼은 서비스 종료·라이선스 만료·기술 지원 중단을 근거로 접근을 제한할 수 있고, 소비자는 이를 '돈을 내고도 사라지는 경험'으로 받아들인다. 따라서 핵심 쟁점은 기업의 영속 운영을 강제하는 데 있지 않다. 오히려 서비스가 종료되는 순간에도 최소한의 권리·절차(사전 고지, 환불·대체 이용, 데이터 이전, 오프라인 전환 등)를 사회적 규범으로 정립하는 데 있다.

Nintendo eShop 종료는 디지털 유통 구조가 '접속 기반 소유'의 취약성을 어떻게 드러내는지 보여준다. 닌텐도는 2023년 3월 27일부로 Wii U 및 닌텐도 3DS의 eShop 신규 구매 기능을 종료했으며, 공식 안내에서는 종료 이후에도 기존 구매 콘텐츠의 재다운로드 등 일부 기능이 가능하다고 고지했다. 이 사례는 폐쇄가 곧바로 '즉시 소멸'을 의미하지 않는다는 점—즉 신규 거래의 중단에서 출발해, 재다운로드·업데이트·온라인 기능이 단계적으로 축소될 수 있다는 점—을 보여준다. 그럼에도 '언제까지, 어떤 범위까지 접근권이 유지되는가'에 관한 결정권이 사업자에게 집중되어 있다는 사실은 변하지 않는다. 이용자가 체감하는 불안은 바로 이 '불확실성의 비대칭'에서 발생한다.

라이브 서비스 게임에서는 '퇴장'이 더 급격하게 나타난다. Ubisoft는 〈The Crew〉(2014)의 판매를 중단하고, 2024년 3월 31일 이후 서버를 종료해 게임이 더 이상 어떤 플랫폼에서도 접근 불가능해진다고 공식 공지했다. 온라인 전용(또는 온라인 의존) 구조에서 서버 종료는 작품의 '재현 가능성' 자체를 무너뜨린다. 이 사태는 단일 타이틀의 환불 논쟁을 넘어 '디지털로만 존재하는 문화유산이 사업 결정에 의해 소거될 수 있다'는 구조적 문제를 공론화했다. 실제로 〈The Crew〉 종료는 이용자 권리와 '구매'의 의미를 둘러싼 법적 분쟁으로도 확장되며, 계약·표시·기대가능성에 대한 사회적 토론을 촉발했다.

2024년 유튜버 Ross Scott가 시작한 'Stop Killing Games' 캠페인은 이러한 플랫폼의 일방적인 조치에 대한 저항이며, 디지털 시대의 소비자 권리에 대한 근본적인 질문을 던진다. 이 문제에 대해 유럽에서는 2024년 7월부터 유럽 시민발의(European Citizens Initiative) 'Stop Destroying Videogames'가 공식 등록·진행되었고 , 2025년 7월, 140만 명대 서명 집계가 보도되면서 '서비스 종료 후에도 최소한의 플레이 가능성은 보장되어야 한다'는 요구를 공론장으로 끌어올렸다.

논점은 게임 한 종의 환불을 넘어, 디지털 형식으로만 존재하는 문화유산이 거대 플랫폼의 사업 결정에 의해 소거되는 구조를 어떻게 다룰 것인가로 확장된다. 중요한 것은 "기업이 영원히 운영하라"는 요구가 아니라, '종료의 절차와 권리'를 사회적 규범으로 세워야 한다는 것이다. 서비스 종료 시 환불·대체 이용·데이터 이관 등 이용자 권리를 규정하는 장치, 그리고 공적 아카이빙(예컨대 인터넷 아카이브의 웨이백 머신처럼 웹을 보존하는 모델)에서 착안한 '디지털 콘텐츠 아카이브' 논의가 병행되어야 한다. 우리가 창조하고 애정 했던 콘텐츠와 이야기들을 다음 세대가 다시 꺼내볼 수 있도록 남겨 두는 일은, 단지 추억을 지키는 작업이 아니라 문화산업의 신뢰를 유지하는 사회적 계약이기 때문이다.

이 문제는 단순히 소비자권익보호를 넘어, 문화유산의 보존이라는 더 큰 차원의 과제와 연결된다. 수많은 게임, 영상, 전자책 등 디지털 형태로만 존재하는 콘텐츠들이 플랫폼의 사업 중단과 함께 영원히 사라질 위험에 처해 있다. 이는 인류의 문화적 자산이 소수 거대 기업의 손에 좌우되는 결과를 낳을 수 있다.

이에 대한 대응으로 몇 가지 방안을 모색할 수 있다. 첫째, 소비자 권리 보호를 위한 법·제도적 장치를 강화해야 한다. 서비스 종료 시 환불이나 데이터 이관, 오프라인 이용 등 소비자 보호를 위한 구체적인 의무를 부과하는 것이다. 유럽연합의 경우 디지털 서비스와 관련된 소비자 보호 규정을 지속적으로 강화하고 있으며, 이는 우리에게도 시사점을 제공한다.

둘째, 디지털 콘텐츠의 공적 아카이빙 시스템 구축을 검토해야 한다. 미국의 비영리단체 '인터넷 아카이브(Internet Archive)'가 '웨이백 머신(Wayback Machine)'을 통해 사라진 웹페이지들을 보존하듯, 국가적 차원에서 중요한 디지털 콘텐츠를 수집하고 영구 보존하는 '디지털 콘텐츠 아카이브'의 설립이 필요하다. 이렇게 축적된 디지털 유산은 미래 세대를 위한 귀중한 자산이 될 뿐만 아니라, AI 학습 데이터 등으로 활용되어 새로운 창작의 원천이 될 수도 있다. 플랫폼과 디지털 시대에 우리가 창조하고 사랑했던 이야기들을 어떻게 지키고 전승할 것인가. 이 질문에 대한 답을 찾는 것은 K-문화의 미래를 위해 미룰 수 없는 과제이며, 이러한 논의는 '보존'이 단지 추억의 문제가 아니라, 문화산업의 신뢰·권리·공공성의 문제임을 보여준다.

K-문화가 앞으로도 세계와 깊이 만나기 위해 필요한 것은 더 큰 자본이나 더 화려한 기술만이 아니다. 창작자가 안정적으로 실험할 수 있는 환경, 국제 협력의 개방형 구조, 그리고 문화 다양성과 디지털 보존을 제도의 핵심 원칙으로 삼는 태도가 함께 작동해야 한다. '한국적인 것'에서 '세계적인 것'을 길어 올리는 능력은 여전히 강력하지만, 그 능력이 오래 지속되려면 산업의 속도에 걸맞은 윤리와 규범, 그리고 기억의 인프라가 동시에 성숙할 필요가 있다.

K-콘텐츠의 미래 지형: 새로운 키워드와 전략

K-콘텐츠 산업은 질적 도약과 지속가능한 성장을 위한 핵심 전략을 수립해야 하는 결정적 시기를 맞고 있다. 다음의 키워드들은 우리가 이 '골든타임'에 무엇에 집중해야 하는지를 명확히 보여주고 있다.

먼저, 'AI 리셋(AI Reset)'은 피할 수 없는 흐름이다. 생성형 AI는 이제 아이디어 구상부터 제작, 유통, 마케팅에 이르기까지 콘텐츠 산업 전반을 재편하고 있다. 중요한 것은 기술 도입을 넘어, AI 시대에 맞는 창작자의 역량을 재정의(Reskilling)하고, AI를 활용한 새로운 유통 및 소비 방식을 모색하며, AI 저작권 및 윤리와 같은 새로운 규범을 재정립(Restructuring)하는 것이다. 인간의 창의성과 AI의 생산성을 어떻게 조화롭게 결합할 것인가가 미래 K-콘텐츠의 성패를 가를 것이다.

둘째, '콘텐츠 IP 리그(Content IP League)'의 구축이다. 이제 콘텐츠 비즈니스의 중심은 개별 작품의 흥행을 넘어, 강력한 IP를 확보하고 이를 다양한 형태로 확장하는 프랜차이즈 모델로 이동하고 있다. 성공적인 IP는 자체 팬덤을 기반으로 성장하며, 게임, 굿즈, 공연 등 연관 산업과의 합종연횡을 통해 시너지를 창출한다. 이종 산업 간의 경계를 넘나드는 '크로스오버'는 IP의 가치를 극대화하는 필수 전략이 될 것이다.

셋째, '애착자본(Attachment Capital)'의 중요성이다. 이제 팬덤은 수동적인 소비자가 아니다. 콘텐츠의 기획과 제작에 참여하는 프로슈머이자 투자자이다. 팬들이 보내는 정서적 지지와 신뢰, 즉 애착자본은 이제 콘텐츠 산업의 가장 중요한 무형자산이다. 팬덤과의 투명한 소통과 장기적인 신뢰 관계 구축은 선택이 아닌 필수다.

넷째, 글로벌 전략의 진화, 'HIP 2.0'이다. 기존의 초현지화(Hyper-localization), IP 연계 동반 진출(Intellectual Property), 신시장 개척(Pioneering) 전략을 넘어, 이제는 글로벌 이용자와의 '정서적 연결(Heart-to-heart)', 해외 팬들의 한국 방문을 꾀하는 '인바운드(Inbound)', 글로벌 파트너와의 수평적 '파트너십'을 통해 '메이드 위드 코리아'

모델을 확산시켜야 한다.

마지막으로 이 모든 전략의 기저에는 '경계감수성(Boundary Sensitivity)'이 자리해야 한다. 전통과 현대, 로컬과 글로벌, 인간과 AI 등 서로 다른 영역들이 충돌하고 융합하는 경계에서 새로운 가치를 창조하는 감각이야말로 K-콘텐츠의 핵심 동력이다. 이 과정에서 차이를 감지하고, 다양성을 존중하며, 균형을 잃지 않는 세심함이 동반될 때, K-콘텐츠는 세계인의 공감을 얻는 이야기들을 계속해서 피워낼 것이다.

5. 지속 가능한 K-문화를 향한 제언

지금까지 한국 사회의 거시적 패러다임 변화 속에서 K-문화가 어떻게 형성되고 세계적으로 확산되었으며, 그 과정에서 어떤 사회적 의미와 모순을 내포하게 되었는지를 다층적으로 살펴보았다. 산업화 시대의 통제 속에서 싹튼 문화산업의 기반, 민주화 시대의 저항을 통해 폭발한 창작 에너지, 세계화 시대의 정책적 지원과 시장 개척, 그리고 플랫폼 시대의 기술 혁신과 팬덤의 결합에 이르기까지, K-문화의 역사는 한국 현대사의 압축적이고 역동적인 궤적을 고스란히 반영하고 있다.

결론적으로 K-문화의 성공은 결코 우연이 아니었다. 그것은 한국 사회의 특수한 역사적 경험과 사회 구조적 모순을 '이야기'로 전환하고, 이를 글로벌 대중이 공감할 수 있는 보편적 정서와 세련된 미학으로 치환해내는 데 있다. 분단과 전쟁의 트라우마, 급격한 산업화와 도시화의 혼란, 권위주의에 대한 저항과 민주주의에 대한 열망, 그리고 신자유주의적 경쟁 속에서의 불안과 소외감 등 한국인이 짧은 시간 겪어온 첨예한 삶의 조건들이 역설적으로 가장 강력하고 독창적인 문화적 자원이 된 것이다. 〈오징어 게임〉이 한국 전통 놀이라는 지극히 한국적인 소재를 통해 전 지구적 자본주의 문제를 통찰했듯이, K-문화의 힘은 멀리 있지 않다. '한국적인 것'에서 '세계적인 것'을 길어 올리는 변증법적 창의력에 있다.

그러나 우리가 목도하고 있는 K-문화의 전성기가 지속 가능한 미래로 이어지기 위해서는 몇 가지 중요한 과제를 직시하고 구체적인 실행 방안을 모색해야 한다. 첫째, 문화예술 정책은 '창작자 중심'의 건강한 생태계 조성 방안을 최우선 순위에 두어야 한다. 제작비 세액공제율의 국제적 수준 상향 및 환급형 제도 도입, 민간 투자를 활성화하는 세제 혜택 확대, IP 공동 보유 및 합리적 수익 배분을 유도하는 표준계약서 마련 등 창작자들이 안정적인 환경에서 자유롭게 실험하고 실패할 수 있는 토양을 만드는 데 더 많은 자원을 투자해야 할 것이다.

둘째, '글로벌 협력'을 통한 개방형 산업 구조로의 전환을 가속화해야 한다. '메이드 인 코리아'에서 나아가 '메이드 위드 코리아'로 도약하기 위해, 국제공동제작을 전략적으로 진행하고 조약 체결-국산물 인증-세제 혜택을 유기적으로 연계하는 체계를 구축해야 한다. 또한 관련 기관들의 해외 거점을 연계하여 원스톱으로 지원하는 'K-콘텐츠 수출 지원 허브'를 권역별로 운영할 필요가 있다.

셋째, '문화 다양성'과 '사회적 가치'를 정책의 핵심 원칙으로 삼아야 한다. K-문화의 외연 확장에 걸맞은 내적 성찰과 '경계 감수성'을 길러야 한다. 우리 사회 내부의 세대, 젠더, 계급, 지역 간의 갈등을 외면한 채 '하나의 한국'이라는 신화만을 내세우는 것은 위험하다.

우리 안의 차이를 존중하고, 소수자와 약자의 목소리에 귀 기울이며, 더 포용적이고 다원적인 서사를 담아내려는 노력이 동반되어야 한다. 또한, '디지털 문화유산 보존'을 위한 법적 기반을 마련하여 상업적 논리에 의해 우리의 문화적 기억이 소실되는 것을 방지해야 한다.

백범 선생이 꿈꾸었던 '높은 문화의 힘'이란, 단지 경제적 부를 창출하거나 국가의 위상을 높이는 수단을 넘어, 인류 보편의 가치에 기여하고 세계인과 진정으로 소통하는 힘을 의미한다. 거대한 자본과 화려한 기술을 넘어, 우리 사회 구성원 한 사람 한 사람의 삶과 이야기가 존중받고, 그것이 자유롭게 표현될 수 있는 문화적 토양을 가꾸는 일, 그것이 바로 K-문화가 일시적 현상을 넘어 인류의 보편적 자산으로 나아가는 길이 될 것이다. 이제 우리는 그 길을 향한 새로운 질문을 던지고, 또 다른 도약을 준비해야 할 결정적 시간, '골든타임' 앞에 서 있다.

제4부 총론

: 한국 사회의 패러다임 변화

한국 사회 패러다임 전환과 K-문화의 세계화

이원영

1. K-문화에 관한 몇 가지 질문

한국 사회는 1950년대 세계 최빈국 중의 하나였다. 그러나 현재 한국은 경제적으로 지표에 따라 그 순위는 조금씩 다르게 나타나지만 선진국에 진입했다고 할 수 있다. 정치적인 측면에서도 한국 사회는 권위주의 시대를 극복하고 민주화 이행(democratic transition)을 이루었으며, 민주주의 공고화(consolidation of democracy)를 이루었다. 이렇듯 한국 사회는 대한민국 정부 수립 이후 짧은 시간에 산업화와 민주화를 동시에 달성한, 세계사적으로 유례없는 변화와 발전을 이룩한 국가이다. 그러나 급속한 경제성장 과정에서 누적된 문제들로 인하여 1997년 외환위기를 겪었으며, 위기 극복을 위하여 IMF로부터 구제 금융을 받았다. IMF는 구제 금융 제공에 대한 조건으로 워싱턴 컨센서스에 따른 구조 조정을 요구했으며, 이는 신자유주의가 한국 사회에 전면적으로 도입되는 결정적 계기가 되었다. 그렇지만

IMF로부터 받았던 구제 금융을 만기 도래 이전에 전액 상환하면서 또 한 번 세계사적으로 유례없는 역사를 만들었다. 그러나 신자유주의의 전면적 도입으로 인하여 한국 사회는 저성장, 불평등과 격차의 심화 등 새로운 위협에 직면하게 되었다.

민주주의의 공고화 과정을 거치던 한국의 민주주의 역시 정권 교체를 거치면서 일시적이지만 민주주의 퇴행 위협에 직면했다. 이명박 정부와 박근혜 정부 시기 민간인에 대한 권력 기관의 사찰과 블랙리스트 문제, 그리고 국정원의 선거 개입 논란과 역사 교과서의 국정화 파동 등이 그것이었다. 특히 박근혜 정부에서 나타난 국정농단 사태는 전 국민적 분노를 야기했다. 이는 시민적 저항을 불러일으켜 전국적으로 매주 촛불집회가 이어졌으며, 박근혜 대통령의 하야 요구로까지 발전했다. 결국 박근혜 대통령은 국회에서의 탄핵안 가결에 이어 헌법재판소에서 탄핵안이 인용되면서 파면되었다.

박근혜 대통령에 대한 탄핵 이후 치러진 조기 대통령 선거를 통해 출범한 문재인 정부는 저성장, 불평등과 격차의 심화와 같은 신자유주의가 야기한 문제와 더불어 코로나 팬데믹과 '기후 위기(climate crisis)' 등 글로벌 차원의 문제에 직면하게 되었다. 이와 더불어 부동산 가격 급등의 해결이 정권의 핵심적 과제가 되었다. 그러나 문재인 정부의 부동산 정책은 실효를 거두지 못하였으며, 결국 제20대 대통령 선거를 통해 윤석열 정부가 출범했다.

윤석열 정부의 출범 이후 민주주의의 퇴행에 대한 우려가 다시 나타났다. 특히 2024년 12월, 윤석열 대통령이 선포한 위헌적 계엄은 민주주의 퇴행을 넘어 민주주의에 대한 직접적인 위협이 되었다. 민주주의가 다시 한번 위기에 처하게 되자 시민들은 즉각 국회의사당 주변으로 달려가 계엄군의 국회 점령을 막았으며, 국회 역시 즉각적으로 계엄 해제안을 가결했다. 위헌적 계엄으로 인하여 윤석열 대통령은 2025년 4월, 헌법재판소에서 박근혜 대통령에 이어 다시 한번 탄핵이 인용되었다. 이에 2025년 6월, 또다시 조기 대통령 선거가 치러지게 되었으며, 이재명 정부가 출범했다.

이렇듯 한국 사회는 산업화 시기를 거쳐 민주화를 이룩했으며, 외환위기로 인하여 IMF의 구제 금융을 받는 과정에서 신자유주의가 전면적으로 도입되었다. 그리고 수평적 정권 교체를 통해 진행된 민주주의의 공고화 과정에서 민주주의의 일시적 퇴행이 있었으나 이에 대한 시민들의 저항이 광장 민주주의의 형태로 발현되면서 민주주의는 다시 지켜질 수 있었다.

이러한 한국 사회의 다이나믹한 변화는 한국의 대중문화에도 큰 영향을 주었다. 초기, 동남아시아를 벗어나기 어려웠던 한국 대중문화의 해외 진출은 1990년대 이후 동남아시아를 넘어 중국, 일본을 포함하여 보다 넓은 지역으로 진출하기 시작했다. 1990년대 말 '한류(韓流)'라는 이름으로 퍼져나가기 시작했던 한국의 대중문화는 21C에 들어와 이전과는 근본적으로 다른 차원에서 해외 진출을 가속화했다. 가수 PSY는 뮤직비디오 '강남 스타일'로 글로벌 대중음악의 최대 시장인 미국의 빌보드 차트에 이름을 올렸다. 남성 아이돌 그룹 BTS는 글로벌 그룹으로 성장하여 2021년과 2022년, 2년 동안 6개 곡이 총 17번 빌보드 정상에 오르며 지난 10년간 가장 많은 1위 곡을 보유한 아티스트가 되었다. 그리고 '아미(ARMY)'라는 글로벌 차원의 팬클럽이 결성되었고, UN 총회에서 여러 차례 연설하는 등 글로벌 차원에서 영향력이 매우 큰 셀리브리티가 되었다.

영화에 있어서도 봉준호 감독의 '기생충'이 제72회 칸영화제에서 황금종려상을 시작으로 전 세계 영화제에서 200여 개의 상을 받았다. 넷플릭스에서 방영된 TV드라마 '오징어게임'은 전 세계에서 가장 많은 시청자 수를 기록했다. 또한 소설가 한강은 2024년 역사적 고통과 인간 존재의 취약성을 탐구하는 시적이고 강렬한 문체로 현대 산문의 혁신을 이끌었다는 평가 속에서 노벨 문학상을 수상했다. 이제 한국의 대중문화는 글로벌한 문화적 장르가 된 것이다.

1990년대, '한류'란 일본 문화를 지칭하던 '일류(日流)'나 홍콩 문화를 지칭하던 '항류(港流)' 등과 같이 문화 생산국을 의미하는 단어였다. 그런데 이제 한류는 아시아 지역을 넘어 글로벌 차원의 문화적 트렌드를 형성했으며, 한국의 독특한 문화 장르를 의미하는 'K-문화'라는 단어가 기존의 '한류'라는 표현을 대체하게 되었다. 그렇다면 현재 글로벌 차원의 독특한 장르로 회자되고 있는 'K-문화'의 콘텐츠는 무엇이며, 또 그것은 어떻게 형성될 수 있었을까?

대중문화가 문화 생산국의 사회적 산물이라고 한다면, 'K-문화'의 콘텐츠는 한국 사회의 변화와 직간접적인 연관이 있을 것이다. 아울러 한두 편의 특별한 작품이 대중적 흥행에 성공하는 것을 넘어 한 국가의 문화가 글로벌 트렌드가 되는 것은 해당 문화 생산 국가의 국제적 위상 제고와 밀접한 관계가 있을 것이다. 그렇다면 글로벌 트렌드로서 'K-문화'가 형성되는 과정 역시 한국 사회의 변화, 특히 한국의 정치·경제·사회 발전에 따른 한국의 국제적 위상 변화와 밀접한 관계가 있을 것이다. 따라서 본 연구에서는 한국 사회의 변화와 글로벌 차원의 문화 장르가 된 'K-문화' 형성에 대한 관계를 분석하고자 한다.

2. 사회 패러다임과 대중문화의 특성

사회적 변화는 다양한 관점에서 분석할 수 있으며, 사회적 변화와 대중문화의 관계 역시 다양한 관점에서 분석할 수 있다. 먼저 대중문화의 콘텐츠는 해당 사회의 정치 변화 과정에서 내재화된 사회적 인식 변화를 반영한다. 예를 들어 권위주의 체제에서 정치적 제약으로 인하여 표현할 수 없거나 지극히 간접적 혹은 우회적으로 표현할 수밖에 없어서 전달하려던 의미를 알기 어려웠던 내용들이 권위주의 체제가 약화되면서, 나아가 민주화 이행이 진행되면서, 새로운 대중문화 콘텐츠로 표현될 수 있다. 혹은 전 근대적 전통을 벗어나지 못한 사회에서 사회적으로 공감이 어려웠던 내용들이 해당 사회가 경제적으로 발전하면서 사회적 공감이 가능하게 되어 새로운 대중문화의 콘텐츠로 자리 잡을 수 있게 된다. 따라서 사회적 변화가 대중문화의 변화에 끼치는 영향을 파악하기 위하여 사회 변화를 분석하는 것은 의미있다 할 것이다. 사회 변화는 구조적, 제도적 변화와 같은 사회의 외형을 변화시킬 뿐만 아니라 사회 변화 과정에서 사회 구성원들의 인식을 변화시키고, 이는 사회적 규범의 변화를 야기한다. 그런데 특정한 시기의 사회적 인식과 규범은 사회의 패러다임이라고 할 수 있다. 따라서 이 글에서는 사회적 변화를 패러다임 변화의 관점에서 분석하고자 한다.

패러다임과 패러다임 전환

패러다임 연구의 선구적 업적을 남긴 토마스 쿤(Thomas S. Kuhn)은 패러다임이란 한 시대 과학자 공동체가 공유하는 세계관·문제의식·연구 방법·가치·기준의 총체적 집합이라고 했다. 그런데 기존의 주류적 패러다임—정상과학(normal science)—으로 해석하거나 설명할 수 없는 사안들이 등장하고, 이러한 사안들이 특정한 예외적 사건(anomaly)으로 국한된 것이 아니라 다양한 영역에서 등장하여 기존의 패러다임으로 분석 혹은 설명하기 어려운 정도가 될 때, 기존 패러다임이 위기(crisis)에 봉착한 것이라고 했다. 위기가 더욱 확대되면서 이러한 예외적 사건들에 대해 새롭게 해석하고 설명하는 대안적 패러다임이 등장한다. 기존의 패러다임으로 설명할 수 없는 예외적 사건들과 예외적인 새로운 현상의 발견은 예외로 간주되었던 것이 이제 예외가 아니라 새로운 정상적 사건들로 간주되어야 한다는 것을 의미한다. 이러한 예외들을 새로운 대안적 패러다임이 체계적으로 설명하고 해석할 수 있을 때 기존 주류 패러다임을 대체하고 새로운 주류 패러다임, 곧 새로운 정상과학이 된다. 기존의 정상과학이 위기를 통하여 새로운 정상과학으로 대체되는 과정이 '패러다임 전환(paradigm shift)'이다.[1)]

과학 영역에서 패러다임 전환에 대한 쿤의 설명을 사회 현상으로 환치하여 보자면 다음과 같이 설명할 수 있다. 사회에 있어 패러다임은 우리가 객관 세계에서의 실재(reality)를 어떻게 인식하고 그 내에서 어떻게 행동해야 하는 가를 정의하기 때문에 중요하다.[2)] 즉 사회적으로 패러다임이란 해당 사회의 모든 행위자들의 가치와 규범을 규율하며, 따라서 행위자들의 행위는 패러다임에 의하여 제약받는다. 그러나 점차 기존 사회적 가치와 규범과 다른, 심지어 대척점에 선 가치와 규범에 입각한 사회적 현상들이 나타나고, 행위자들의 행위가 이에 영향을 받아 이전과는 다른 새로운 행위가 나타난다. 이렇게 새롭게 등장한 가치와 규범에 입각한 새로운 사회적 현상들과 행위가 다양한 영역에서 등장할 때, 다시 말해 새롭게 등장한 가치와 규범의 사회적 영향력이 확대되어 가는 과정이 기존 주류적 사회 패러다임과 다른 대안적 사회 패러다임이 등장하는 과정이라 할 수 있다. 나아가 이러한 대안적 사회 패러다임의 가치와 규범이 기존의 사회 주류적인 가치와 규범을 대체하고 새롭게 주류적인 가치와 규범으로 자리잡게 되는 것이 사회 패러다임의 전환이라고 할 수 있다.

패러다임의 핵심적 요소는 기술 혁신과 과학적 발견을 통한 물리적 환경에 대한 정복이라 할 수 있다. 이는 사회적 태도와 구조(노동 분업, 계급 계층적 배열 등)에 있어 변화의 가장 중요한 원천이라고 간주된다. 이러한 변화는 정치적 권위와 정치적 제도 및 정치 행태의 변화를 야기한다. 이러한 변화는 결국 사회에 대한 사회과학의 주요한 접근법과 주요한 연구 주제에 변화를 초래한다. 그런데 사회 속에서 사람들의 인식과 행태의 변화가 사회과학 영역에서의 학문적 변화에 선행되어 나타난다. 즉 사회적 변화는 해당 사회 속에서 살아가고 있는 사람들의 공유된 가치와 규범의 변화를 통해 사회적 제도와 사회적 행태의 변화를 초래하고, 이는 결국 사회 구조의 변화로까지 나아가게 된다. 따라서 이러한 변화를 분석하는 사회과학에서 새로운 문제의식과 연구 방법 및 접근법 등이 사회적 변화에 뒤이어 나타나게 된다.[3)]

그렇다면 이러한 사회 패러다임 전환은 언제 어떻게 나타나는가? 이는 기존 사회 패러다임으로 소화할 수 없는 새로운 가치와 규범을 반영하는 폭발적인 사회적 사건이 나타나거나, 혹은 외부적 사건이 해당 사회 내적으로 소화 혹은 포용할 수 없는 영향을 미칠 때 나타난다. 즉 기존의 사회 패러다임이 새롭게 등장하고 있는 가치와 규범과 충돌하고, 이러한 충돌이 '사회적 위기(social crisis)'로 급격하게 확장되는 시점이 사회 패러다임 전환의 계기가 된다. 그리고 '사회적 위기'의 해결 과정에서 새로운 가치와 규범이 기존의 가치와 규범에 대하여 사회적으로 우위를 차지하게 될 때 새로운 사회 패러다임으로의 패러다임 전환이 이루어진다.

그런데 패러다임 전환 이후 구(舊)패러다임은 사멸하는 것이 아니라 사회 내에 잔존하게 되며, 구패러다임은 새로운 패러다임에 저항한다. 이 과정에서 새로운 패러다임은 때때로 구패러다임의 심각한 저항에 흔들리기도 하지만, 이는 패러다임 전환 과정에서 등장하는 '사회적 위기'라기 보다는 패러다임 전환 시기에 새로운 패러다임이 주류 패러다임으로 정착되는 과정에서 겪어야 하는 '사회적 충돌(social collision)'이라고 할 수 있다. 이는 기존의 구패러다임이 내재화된 사회 세력—계급·계층이나 세대 등—과 새로운 패러다임이 내재화된 사회 세력 간의 갈등이다. 그렇지만 이러한 사회 세력 간의 갈등, 곧 패러다임 간 충돌에 있어 사회적 현상에 대하여 보다 강력한 설명력을 장착한 새로운 패러다임이 궁극적으로 승리한다. 결국 '사회적 위기'의 해결 과정에서 사회적 우위를 차지한 새로운 패러다임은 '사회적 충돌'을 극복하고, 다시 말해 구패러다임의 저항을 안정적으로 극복하면서 새로운 '정상과학'이 된다. 즉 패러다임 전환은 선형적(linear) 과정이라기보다는 나선형적(spiral) 과정이다. 그러나 새롭게 정착된 '정상과학'은 구패러다임이 겪었던 것과 마찬가지의 운명을 겪게 된다. 즉 새로운 패러다임이 '정상과학'으로 정착된 이후 자신이 설명할 수 없는 예외적 현상의 출현을 통해 또 다시 '사회적 위기'에 직면하게 되며, 그 해결 과정에서 또 다른 패러다임 전환이 나타나게 되며, '사회적 충돌'을 극복하면서 또 다른 새로운 패러다임이 정착된다.

패러다임 전환이란 이렇듯 사회의 변화에 따라 지속적으로 진행되는 나선형적인 '역사적 진보(historical progress)'의 과정이 된다. 이러한 역사적 진보 과정에서 패러다임의 충돌은 패러다임이 정적인 개념이 아니라 동적인 개념이며, 사회적으로 구성된다는 것을 보여준다. 사회적으로 구성되는 패러다임은 다양한 사회 영역에서 표현된다. 특히 사회와 상호작용하는 대중문화 영역에서 패러다임의 동적 개념은 잘 나타난다.

사회와 대중문화의 상호작용

대중문화는 당대 사회의 지배적 이데올로기나 시대정신을 반영하는 '거울'로 간주되어 왔다. 즉 당대 주류 패러다임의 영향을 받아 그를 반영한다는 것이다. 그러나 대중문화는 단순한 반영물을 넘어, 기존 패러다임을 강화하거나 혹은 전복시키며 새로운 사회적 담론을 생산하는 '형성자'로서의 기능을 수행하기도 한다. 대중문화는 유행 사조(trend), 미디어 그리고 공유된 실천의 형태로 우리를 둘러싸고 있다. 삶의 모든 발자국으로부터 나이, 성별, 지역, 종교 혹은 계급에 관계없이 사람들을 연결하는 것이 문화적 직조(fabric)이다. 대중문화의 가장 매력적인 측면 중 하나가 사회에 대한 영향력이다. 패션의 유행 사조에서부터 사회운동에 이르기까지 대중문화는 우리가 생각하고, 행동하고 서로서로 상호작용하는 방식을 형성하는 힘을 갖고 있다. 대중문화는 우리의 집단적인 의식을 정의하는 이데올로기, 규범 그리고 가치들을 반영하며 때로는 이에 도전한다.[4)]

대중문화는 우리들의 믿음과 태도를 형성하는 데에 영향을 끼침으로써 사회적 영향력을 갖게 된다. 대중적인 영화와 TV 쇼는 종종 바람직한 혹은 닮고 싶은 삶의 방식이나 이데올로기를 나타낸다.

미디어에서 사회적 이슈를 다룸으로써 사회적 각성을 가져올 수 있고, 사회적 변화를 야기할 수 있다. 즉 대중문화는 어떤 행태와 믿음을 정상적인 것으로 만들어주는 힘을 갖고 있으며, 그것을 사회 내에서 더욱 쉽게 수용할 수 있게 하거나 바람직한 것으로 만들어줄 수 있다.5)

대중문화의 이러한 속성으로 인하여 대중문화는 기존 사회 패러다임을 반영하지만, 새로운 대체 패러다임을 구성하는 역할을 하기도 한다. 예를 들어, 사회가 직면하고 있는 현실의 부조리 혹은 모순에 대해 작품을 통해 고발함으로써 대중적 공감을 얻는다. 또한 경제적 불황기에 '힐링 콘텐츠'가 유행하는 것은 사회적 결핍을 반영하는 것이라 할 수 있다. 그렇지만 다른 한편으로는 미디어에서 편집된 이미지가 대중적 인식을 규정하게 되거나, 특정한 가치와 규범에 대해 정상과 비정상을 규정하여 여론을 만들어 가기도 한다. 이 과정에서 때로 대중문화는 법이나 제도 변화에 선행하기도 한다. 드라마 혹은 예능 프로그램에서 결혼이나 가족 구성에 대하여 법적, 제도적 변화에 앞서 대중의 인식을 바꾸는 역할을 하는 것과 같은 사례가 대표적이다. 반면에 대중문화는 법이나 제도 변화 혹은 사회 변화에 대하여 시간적 지체(time lag) 현상을 보이기도 한다. 이는 사회적 변화가 사회에 내재화되는 시간이 필요하기 때문이다. 예를 들어 한국 사회의 민주화를 다루는 영화들이 대중적 흥행에 성공한 시기는 민주화 이행이 진행된 직후, 즉 김대중 정부나 노무현 정부 시기가 아니라 그 보다 뒤의 시기였던, 부분적으로 민주화 퇴행을 겪었던 이명박 정부, 박근혜 정부 시기이거나 그 이후의 시기였다.6)

그런데 대중문화는 자본주의적 상업성이 전제되어 있다. 즉 대중문화는 사회 패러다임이 기반하고 있는 가치와 규범조차 상업화하며, 그로 인해 가치와 규범의 본질적 의미가 희석될 수 있다는 위험성을 내포하고 있다. 그렇지만 사회적 조건은 대중문화 창작의 바탕이 된다. 이 바탕에서 대중문화가 자라나지만, 자라난 대중문화는 사회에 영향을 준다. 특히 오늘날 대중문화는 미디어뿐만 아니라 SNS, OTT를 통하여 급변하는 사회적 여론을 형성한다. 이제 대중문화는 우리 시대가 나아가는 방향을 읽을 수 있는 지표가 되며, 대중문화는 사회 패러다임의 내일을 알려주는 나침반이 된다. 즉 사회 패러다임과 대중문화는 일방적으로 인과관계를 형성하고 있는 것이 아닌 서로 영향을 주고 받는 변증법적 관계를 형성하고 있다. 따라서 대중문화에 대한 분석은 해당 사회의 현재와 미래를 독해하기 위하여 매우 중요한 일이 된다.

이제 3장과 4장에서 한국 사회 패러다임 전환에 대해 정리하면서 해당 패러다임에 입각하여 당시 사회의 지배적 담론이 무엇이었는지 정리하도록 하겠다. 일반적으로 한국 사회는 산업화 패러다임에서 민주화 패러다임으로 전환이 나타났다고 한다. 그런데 외환위기 이후 신자유주의가 외삽된 한국 사회는 그 전과 확연하게 구별되는 사회로 변화했다. 비록 정치체제의 변화가 수반된 것은 아니라 하더라도 본 연구에서는 외환위기 이후 한국 사회가 민주화 패러다임에서 자유화 패러다임으로 패러다임 전환이 나타난 것으로 분석한다. 아울러 신자유주의가 전면화된 이후 한국 사회 내적으로 축적된 문제들—불평등과 격차 심화, 저출생 초고령화 등—과 글로벌 차원의 문제인 기후위기와 코로나 팬데믹 등이 중첩되어 나타나는 복합위기(poly crisis)에 직면했다고 분석한다. 이러한 복합위기는 현재에 있어서도 극복과정에 있다고 보며, 자유화 패러다임을 대체하는 새로운 패러다임으로의 전환은 완료되었다기보다 아직 현재 진행형이라고 본다. 따라서 포스트 자유화 패러다임에 대해서는 다양한 가능성을 열어두되 지속 가능발전 패러다임[7]의 개념을 제안하는 것으로 대신하고자 한다.

3. 한국 사회 패러다임 전환 I
: 산업화 패러다임에서 민주화 패러다임으로

5.16 군사쿠데타와 산업화 패러다임: 국가주의

한국 사회는 세계 최빈국에서 급속한 경제성장을 바탕으로 이제 경제적 선진국 위치에까지 이르렀다. 이렇게 급속한 경제성장을 이룰 수 있었던 데에는 국가가 시장을 주도했던 '발전국가(Developmental State)[8] 모델'이 핵심적 역할을 했다. 이 '발전국가 모델'이 만들어지고 성과를 내던 시기를 산업화 패러다임 시기라고 할 수 있다.

1961년, 5.16 군사쿠데타를 통해 정권을 장악한 군부는 결국 민정이양 약속을 폐기하고 1963년 제5대 대통령 선거에 박정희 소장이 직접 선거에 출마하여 당선되었으며, 그 결과 제3공화국이 출범하게 되었다. 군사쿠데타를 이끌었던 박정희 대통령은 군사쿠데타의 명분 중 하나로 국가 경제 재건을 내걸었다. 박정희 정권은 경제 재건을 위해 국가가 시장에 개입하여 자원 배분을 결정하는 경제 개발 5개년 계획을 추진했다. 박정희 정권 시기 국가는 산업 육성의 방향을 결정했고, 금융을 통제했다. 특히 자본을 집중할 전략 산업으로 중화학 공업을 선정했다. 이 과정에서 시장의 자율성보다는 국가적 목표 달성이 우선시되었으며, 한정된 자원을 효율적으로 활용하기 위하여 소수의 대기업을 육성하는 불균형 성장전략이 채택되었다. 국가는 대기업에게 특혜와 보호를 제공하고, 대기업은 수출 실적으로 보답하는 과정에서 정경유착이라는 국가-기업 협력 관계가 고착되었다. 이렇게 선정된 소수의 대기업은 사적 이윤을 추구하는 행위자이자 국가 목표를 수행하는 대리인이 되었으며, 그 결과 소유와 경영이 결합된 한국의 독특한 '재벌(Chaebol)' 체제가 수립되고, 선단식 경영이 정착되었다.

이 시기 다른 제3세계 국가들은 일반적으로 '수입대체'를 통해 경제발전을 추진했지만, 박정희 정권은 이와 달리 '수출 드라이브' 정책을 채택했다. 즉 내수 시장이 빈약하고 자원이 부족한 한국적 상황에서 박정희 정권은 '수출만이 살길'이라는 구호 아래 '수출지향적 공업화(Export-Oriented Industrialization)'를 추진했다. 이는 국제 분업 구조 편입을 가속화해 주었다. 아울러 한국의 산업 구조는 산업화 초기 노동 집약적 경공업에서 1970년대 중후반 자본 집약적 중화학 공업으로 재편되기 시작했다.

산업화 패러다임 시기 한국의 고도 경제성장을 세계는 '한강의 기적'이라고 불렀다. 한국의 1960년대, 1970년대 GDP 성장률을 표로 정리한 것이 〈표 1〉이다.

이렇게 빠르게 경제성장이 이루어지는 과정에서 한국 사회의 가치와 규범으로 강요된, 그러나 대중적으로 수용된 담론은 무엇이었을까? 그것은 바로 반공에 입각한 국가주의였다. 5.16 군사쿠데타의 첫 번째 강령이 바로 "반공(反共)을 국시(國是)의 제일로 삼고, 반공 태세를 재정비한다."[9]였다. '반공'을 제일의 국시로 내세웠다는 것은 분단 상황에서 당시 군사적으로 대립하고 있으면서 한국보다 경제적으로 우월했던 북한과의 체제 대결에서의 승리가 중요하다고

〈표 1〉 1960년대, 1970년대 한국의 GDP 성장률

1960년대	성장률	1970년대	성장률
1961	6.9	197	10.1
1962	3.9	1971	10.5
1963	9.0	1972	7.2
1964	9.5	1973	14.9
1965	7.2	1974	9.5
1966	12.0	1975	7.8
1967	9.1	1976	13.2
1968	13.2	1977	12.3
1969	14.6	1978	11.0
		1979	7.1
1960년대 평균	8.4	1970년대 평균	9.0

단위: %
출처: 한국은행 통계에서 재구성

생각했기 때문이다. 불과 10여 년 전에 한반도에서 전쟁을 경험했던 군부로서는 북한과의 체제 대결을 위해 군사적 가치가 곧 국가적 가치가 되어야 한다고 판단했다. 그리고 이러한 판단은 남한의 모든 자원에 대한 통제력을 국가가 가지고 있어야 한다는 것으로 이어졌으며, 이러한 판단이 박정희 정권의 정책 기조가 되었다. 따라서 북한과의 체제 대결을 위한 담론은 국가적 가치를 최우선적 가치로 규정하는 '국가주의(statism)'였다.

이 시기 '국가주의'는 사회의 모든 활동을 규율했다. 먼저 1965년, '국기에 대한 경례'를 할 때 배경이 되는 곡이 제정되었으며, 이어 1968년 '국기에 대한 맹세'가 처음 시작되어, 1972년, 당시 문교부(현재의 교육부)에서 전국 각급 학교에서 국기에 대한 맹세 낭송을 지시하면서 국가 의례의 하나가 되었다. 특히 1968년에 선포된 '국민교육헌장'은 첫 구절에서 "우리는 민족 중흥의 역사적 사명을 띠고 이

땅에 태어났다"고 하면서 대한민국 국민의 존재 이유를 '국가와 민족의 발전'으로 규정했다. 나아가 "나라의 융성이 나의 발전의 근본"이라고 하면서 개인의 발전은 국가의 번영 하에서만 가능한 것으로 규정하여 국가를 위한 개인의 희생을 정당화했다. 즉 학교 교육의 목적은 '국가주의'로 무장된 산업역군을 양성하는 것이었다.10)

산업 현장에서 '국가주의'는 경제성장 제일주의로 나타났다. 앞서 이야기한 '발전국가'로서 정부는 은행에 대한 직접 통제와 함께 특혜성 '정책자금'을 직접 선정한 산업 단위에 집중적으로 배분했다. 즉 '발전국가'는 시장의 자율성보다는 국가가 수립한 경제 계획에 따라 산업 구조를 개편하고 기업의 투자 방향을 결정했다. 그 결과 한국 경제는 소위 '한강의 기적'이라고 불릴만한 경제성장을 이룩했다. 경제성장을 위하여 국가는 "잘 살아보세"라는 구호를 앞 세운 '새마을 운동'을 통해 대중을 동원했다. 근면, 자조, 협동을 3대 정신으로 하여 농촌과 도시의 의식 개조를 바탕으로 하는 관 주도의 운동으로서 '새마을 운동'은 "우리도 할 수 있다"는 자신감을 불어넣는 긍정적 기능을 하기도 했지만, 이는 국가에 대한 충성심을 고취하고 개인의 희생을 공동체를 위한 미덕으로 포장하는 '국가주의'를 국민적으로 내면화하는 기제로 작동했다.11)

이와 더불어 국가는 노동에 대하여 강력하게 통제하면서 경제성장의 이면에 저임금 노동을 구조화했다. 먼저 노동관계법을 개정하여 행정관청이 쟁의의 적법 여부를 사전에 심사하여 행정관청이 적법하다고 인정할 때에만 쟁의권을 보장하도록 했다. 이렇게 행정관청이 쟁의의 적법성 여부를 판단하도록 한 것은 노동자들의 자주적인 단체행동권을 외부 기관이 제한하는 것이었으며, 이것은 노동자들의 자주적인 단체행동권을 전면적으로 박탈하는 것이었다.12) 이 시기 근로기준법 등과 같은 노동자들의 권익에 대한 법률은 산업 현장에서는 사문화된 법이었다. 1960년대 박정희 정권의 노동 통제 전략은 국가조합주의적 억압전략에 기초하여, 시장기제적 통제전략을 보완적으로 활용한, 유사 국가조합주의적 혼합전략이었다. 그런데 1970년대에 들어오면서 시장기제적 억압전략으로 진화했다. 이 과정에서 가장 유용하게 사용된 통제 무기는 바로 국가주의적 반공이데올로기였다. 노사분규가 발생할 때마다 경찰을 비롯한 국가 사찰 기관들은 근로조건의 개선을 요구하거나 억압적 노동 통제에 저항하는 노동자들을 "불순분자" 혹은 "용공 분자"로 낙인찍는 행동을 주저하지 않았으며, 나아가 노동자들의 고충 및 노조결성을 측면에서 지원하는 사회·종교 단체들을 국가 경제를 파멸로 이끄는 "공산주의" 추종 세력으로 몰아갔다.13)

이러한 국가주의 담론은 결국 '유신 체제'라는 권위주의 체제의 성립으로 귀결되었으며, 이에 따라 국가주의 담론은 박정희 1인 지배의 정당화 기제로 더욱 왜곡되었다. 즉 박정희의 집권 연장으로 인하여 정치권력의 개인화와 더 큰 차원에서의 정치적 변화들인 정치·경제적 탄압의 강화 및 국가와 사회의 준 군사화 및 탈 정치화와 효율성의 강조가 유신 체제를 통해 이루어졌다.14)

그러나 1인 지배 체제였던 유신 체제는 1979년 10월, 박정희의 죽음과 함께 막을 내리게 되었으며, 1979년 12·12쿠데타로 권력을 장악한 신군부 세력이 박정희의 공백을 대체하게 되었다. 그런데 1980년에 들어와 개학과 더불어 대학가에서 민주화를 요구하는 시위가 확산되면서 소위 '서울의 봄'이 전개되었다. 이러한 상황에서 신군부는 5.17 비상계엄을 선포하였으며, 광주에서 대학생들의 시위를 무자비하게 진압했다. 이에 대하여 광주 시민들이 저항하여 일어난 '광주 민주화 운동'은 탱크를 앞세운 신군부에 의해 무력으로 진압되었으며, 이어 개헌을 거쳐 1981년 5공화국이 출범하였다.

5공화국에 들어와 국제정치경제적 환경은 소위 저환율, 저금리, 저유가라는 '3저 호황'을 맞이하게 되었다. 한국의 경제는 1980년의 혼란했던 상황에서 일시적 역성장을 하기도 했지만 '3저 호황' 속에서 급격한 경제성장을 지속할 수 있었다. 5공화국 시기에 들어와서도 경제성장을 바탕으로 '국가주의'는 여전히 산업화 패러다임의 주요한 담론이었다. 그렇지만 박정희 정권 시기에서부터 등장했던 민주화 운동은 5공화국 시기에 들어와 더욱 확산되었다. 즉 5공화국에 들어와 산업화 패러다임에 대한 민주화 패러다임의 도전이 본격화되었다. 이러한 도전에는 신군부의 무자비한 탄압으로 현대사의 비극으로 남은 '광주 민주화운동'에 대한 시민적 트라우마가 매우 중요한 동인이 되었다고 할 수 있다.

6월 항쟁과 민주화 패러다임
: 국가주의를 지양(止揚)하는 자유주의적 지향(指向)

앞서 언급했듯 산업화 패러다임이 여전히 주류적 패러다임있던 1980년대 5공화국 시기, 민주화 운동으로 인하여 나타난 다양한 사건들과 '85년의 2.12 총선 결과, 그리고 김대중, 김영삼 두 야당 지도자에 대한 국민 여론에서 나타나는 지지 등은 기존의 산업화 패러다임으로 설명하기 어려운 사건들이었다. 이러한 민주화 운동은 박정희 정권 시기에, 특히 유신 체제기에 독재에 대한 저항운동으로 나타났으며, 1980년대, 5공화국에 들어와 산업화 패러다임의 국가주의에 맞서 각계각층에서 다양한 저항운동으로 확산되었다.

1984년 서울대학교 총학생회의 부활을 시작으로 1985년, 전국의 각 대학에서 총학생회가 결성되면서 학생운동 전국 조직으로 '전국학생총연합'이 발족했다. 학생운동의 활성화와 더불어 사회운동 역시 활성화되었다. 1983년 9월에는 학생운동 출신자들을 중심으로 '민주화운동청년연합'이, 1984년 4월에는 문화 예술인들의 '민중문화운동연합'이, 5월에는 5공화국에서 정치활동 규제 대상이 되었던 정치인들을 중심으로 '민주화추진협의회'가 각각 결성되었다. 이어 1985년 민주화운동 단체들의 전국적 조직으로 '민주통일민중운동연합'이 발족했다. 노동운동 영역에서는 1985년, '서울노동운동연합'이 1986년에는 '인천지역노동자연맹'이 결성되어 노동자들의 현장 투쟁과 정치 투쟁을 결합해 나갔다. 농민운동 영역에서는 1966년에 결성되었던 '가톨릭농민회'가 1980년대 초, '함평 고구마 피해 보상 운동' 등 생존권 투쟁을 주도했으며, 1982년에는 '기독교농민회'가 결성되었다. 그리고 1980년대 중반부터 '소값 하락 저지 운동', '외채 농정 거부 운동' 등을 통하여 각 지역 단위로 자생적인 농민회가 조직되기 시작했다.15)

1980년대에 전개된 다양한 각계각층의 저항 운동의 원천에는 1980년 5월, 광주에서 있었던 5·18민주화운동이 있었다. 유신 체제 말기였던 1979년 10월, 유신에 저항하는 부마 민주항쟁이 일어났으며 이는 박정희 정권 붕괴의 도화선이 되었다. 1979년 10월 26일, 유신의 상징이었던 박정희 대통령이 사망하고 계엄령이 선포된 이후 군부 내의 권력투쟁에서 전두환 소장을 중심으로 하는 신군부 세력이 1979년 12·12 쿠데타를 통해 정승화 당시 육군참모총장이자 계엄사령관을 체포하면서 권력을 장악하게 되었다. 그러나 신군부에 대항하여 1980년 5월, 5·18민주화운동(광주 민중 항쟁)이 벌어졌으며, 신군부는 군대를 동원하여 이를 무자비하게 진압하고, 전두환 정권이 출범했다. 광주에서 있었던 무자비한 진압으로 5공화국 내내 5·18민주화운동에 대한 신군부의 진압 작전과 그로 인한 피해자 확인 등이 민주화 운동의 핵심적인 과제가 되었으며, 6월 항쟁 이후 서서히 그 진실이 드러나기 시작했다.

1985년 2·12 총선의 결과는 김대중, 김영삼 두 정치 지도자를 따르는 정치인들로 구성되었던 '민주화추진협의회'와 여타 구(舊)야당 정치인들이 함께 참여하여 급조된 신한민주당의 승리로 나타났다. 신한민주당은 당시 관제 야당이었던 민주한국당을 대체하여 제1야당이 되었다. 이러한 정치적 흐름 속에서 민주화 운동 인사들에 대한 공안 기관의 고문이 국제적으로 문제가 되면서 재야 세력, 기층 민중 운동 세력 그리고 제도 정치권의 야당 세력이 연대하여 정치 투쟁에 나서게 되었다.

그런데 1987년, 당시 서울대학생 박종철의 고문치사 사건에 항의하는 시위가 격화되자 전두환 정권은 5공화국 헌법을 유지하겠다는 '호헌(護憲) 선언'을 하였다. 이에 반대하여 개헌과 민주화를 요구하면서 전국적 차원에서 결집한 민주화 운동 세력과 제도권 야당 세력이 함께 '민주헌법쟁취국민운동본부'(이하 국본)을 결성했다. 국본은 당시 여당인 민주정의당의 대통령 후보 선출 전당대회 일인 1987년 6월 10일, '박종철군 고문살인 조작·은폐 규탄 및 호헌 철폐 국민대회'의 개최를 선언하였다. 그런데 대회 하루 전인 6월 9일, 연세대학생 이한열이 교문 앞 시위에서 시위를 진압하던 전경이 발사한 최루탄에 피격되어 뇌사 상태에 빠지게 되었다. 6월 10일의 대회는 명동성당의 농성으로 이어지면서 시위는 전국적으로 확산되었고, 결국 당시 여당인 민정당의 대통령 후보였던 노태우 후보는 시국 수습 방안으로 대통령 직선제, 김대중씨 사면 복권 및 양심수 석방, 기본권 강화 조항을 포함하는 개헌, 언론 자유 보장, 지방자치 및 교육자치 실시 등의 내용을 담은 '6.29 선언'을 발표했다.[16)]

6.29 선언 이후 여야는 개헌 특위를 구성하여 개헌안을 마련하였으며, 이에 따라 대통령 직선제가 실시되어 노태우 후보가 제13대 대통령으로 당선되었다. 이 과정은 '타협을 통한 민주화(pacted democratization)'가 진행된 것으로, 본격적인 자유선거를 통한 권력 구성이 시작된 것이었다. 이와 더불어 1988년 4월, 소선거구제로 바뀐 제도 하에서 치러진 국회의원 총선거에서 여소야대라는 정치 국면이 형성되었다. 이러한 과정을 통해 한국 민주화의 첫 번째 국면인 (정치적) 민주화 이행이 나타난 것이다.

권위주의 체제 내내 매우 지속적이고 때로는 격렬하게 민주화 운동이 전개되었으며, 민주화 시위가 폭발했던 1987년 6월 항쟁에 대해 권위주의 정권 내부에서 시위 진압을 둘러싼 대립이 있었지만 결국 온건파(?)의 주도로 6.29 선언이 있었다. 이어 민주화 이행을 위한 여야 정치권의 협상이 시작되었으며, 협상의 결과로 권위주의 체제의 헌법을 대체하는 개헌과 직선제 대통령 선거로 이어지게 된 것이다.

1987년 6월 항쟁 이후 여야 합의로 개헌이 이루어지고, 새로운 헌법에 따라 1987년 12월, 민주화 이후 첫 번째로 치러진 제13대 대통령 선거에서 군부 세력의 일원이자 당시 집권당이었던 민주정의당의 노태우 후보가 당선되었다. 노태우 후보의 당선은 권위주의 체제 내 군부 세력 후계자의 재집권으로 해석될 수도 있었다. 그런데 노태우 대통령이 취임한 후 치러진 1988년 4월 총선 결과 여소야대 국회가 형성되었다. 여소야대 국회에서 전임 전두환 정권의 비리 문제 청산을 위하여 국회에 '5공비리 특별위원회'가 설치되었으며,

역사상 최초로 청문회가 열리게 되었다. 청문회의 증인으로 전두환 전 대통령이 채택되어 청문회에 직접 참석하게 되었다. 청문회는 마지막 날 파행으로 막을 내렸지만, 청문회의 결과로 전두환 전 대통령이 백담사에 칩거하게 되었다.

그런데 노태우 대통령 역시 구(舊)권위주의 체제, 즉 전두환 군사 정권에서 파생되었다는 점에서 이는 구권위주의 세력 내부 갈등의 성격을 갖는 것이었다. 이 과정에서 구권위주의 세력 중 전임 정권의 핵심 세력, 즉 5공화국 세력은 민주화 이행 과정에 대한 통제력을 상실했다. 결국 신구 권력의 갈등, 즉 전두환 전 대통령 중심의 5공화국 세력과 노태우 신임 대통령 중심의 6공화국 세력 사이의 갈등의 결과는 구권위주의 세력 중 5공화국 세력이 부분적으로 정치적 배제를 당하게 되는 것으로 귀결되었다. 비록 부분적이었다 할지라도 이러한 구권위주의 세력의 정치적 배제는 한국의 민주화 이행 과정이 비교적 순탄하게 진행될 수 있었던 주요한 원인으로 작용했다.

그렇지만 1991년, 당시 여당이었던 민주정의당과 당시 제2야당이었던 통일민주당, 제3야당이었던 신민주공화당이 3당 합당을 통해 거대 여당인 민주자유당이 등장하게 되었다. 민주자유당은 태생적으로 민정계, 민주계, 공화계라는 세 계파에 의해 운영되는 구조였다. 치열한 당내 투쟁을 거친 끝에 김영삼 후보가 당시 여당이었던 민주자유당의 14대 대통령 후보로 선출되었으며, 뒤이은 대통령 선거에서 승리하였다.

김영삼 대통령은 취임 직후 전격적으로 군부 내 사조직이었던 '하나회'를 척결했다. 유신에서 전두환 정권에 이르기까지 권력의 핵심 세력은 바로 군부였다. 1961년 5·16 군사쿠데타를 통해 군부가 정치의 전면에 직접 등장했으며, 1979년 12·12 쿠데타를 통해 군부 내의 권력투쟁에서 승리한 신군부가 5공화국의 핵심 세력을 구성했다. 군부 독재가 진행되는 과정에서 정치에 직접 개입한 군부 세력은 바로 '하나회'를 중심으로 하는 세력이었다. 김영삼 대통령은 취임 11일만에 국방장관을 불러 하나회 핵심이던 육군참모총장과 기무사령관을 해임시키고, 3시간 5분 만에 후임자 임명까지 완료했다. 이후 두 달 동안 하나회 출신들이 차지하고 있던 특전사령관, 수도방위사령관, 1, 2, 3군 사령관 및 수도권 주요 사단장들을 비 하나회 출신으로 교체했다. 당시 쿠데타 가능성 때문에 군부의 동향을 주목하며 보름 동안 관계 기관이 밤샘 경계를 했다. 군부가 지배하던 당시는 수도방위사령관 혼자서도 쿠데타를 할 수 있었다고 한다.[17)]

김영삼 정부에서 전격적으로 하나회를 척결하면서 군부 세력은 정치로부터 배제되었다. 김영삼 대통령은 여러 인터뷰에서 당시 하나회를 잠재적인 쿠데타 가능 세력으로 인식하고 있었다는 것을 밝힌 바 있다. 하나회 척결은 군부 개혁으로 이어지면서 12·12사태와 하나회 연루, 인사 비리, 율곡비리 등과 관련해 전역 조치되거나 해임, 전보된 장성만도 50여 명에 달하는 등 김 전 대통령 취임 첫해 군단장급 62%, 사단장급 39%가 각각 교체됐다.[18)] 하나회 척결과 군부 개혁에 대한 높은 국민적 지지는 결국 군부 스스로 정치적 중립을 자신들의 규범으로 삼게 되는 계기가 되었다.

구 권위주의 세력 중 군부 세력이었던 하나회가 정치적으로 배제된 데에 이어, 구권위주의 핵심 세력 중 정치 세력이 배제되는 사건이 이어서 나타났다. 바로 전두환, 노태우 두 전직 대통령의 구속이었다. 1995년 10월 19일, 박계동 당시 민주당 의원이 국회에서 노태우 전 대통령의 비자금이 담긴 은행 예금 계좌 조회표를 폭로하였으며, 검찰은 특별수사본부를 꾸려 수사에 착수했다. 비자금에 대한 수사로 한정하여 시작되었던 검찰 수사는 '12·12 사태와 5·18 내란'에 대해서도 처벌해야 한다는 국민 여론이 높아지면서 국회가 '헌정질서 파괴범죄의 공소시효 등에 관한 특례법'을 제정했고, 검찰은 형법상 내란죄에 대해서까지 수사를 확대했다.

노 전 대통령은 1995년 11월 16일 구속됐다. 하지만 전 전 대통령은 그해 12월 3일 연희동 자택 골목에서 김영삼 정부를 공격하는 성명서를 낭독한 뒤 경남 합천에 내려갔으나 체포되었다. 검찰은 1995년 12월 21일 두 전직 대통령을 군형법상 반란수괴 등 혐의로 기소했고, 이어 5·18 내란 사건에 대해서도 1996년 1월 3일 추가 기소하여 재판에 넘겼다. 이들은 국회가 제정한 특별법에 대해 위헌심판 제청을 청구했지만, 헌법재판소는 1996년 2월 16일 이를 기각했다. 이들에 대한 첫 재판은 1996년 2월 26일 서울중앙지법 형사30부(재판장 김영일) 심리로 417호 대법정에서 열렸다. 재판은 비자금 사건 공판을 포함해 1996년 8월 1일까지 총 33회 열렸고, 그해 8월 26일 1심 재판부는 전 전 대통령에게는 사형과 추징금 2259억 5000만원을, 노 전 대통령에게는 징역 22년 6월과 추징금 2838억 9600만 원을 선고했다. 대법원은 이듬해 4월, 2심 재판부 판결대로 '전두환 무기 징역, 노태우 징역 12년'을 확정했지만, 김영삼 전 대통령은 1997년 12월 이들을 모두 특별 사면했다.[19]

두 전직 대통령에 대한 구속은 구권위주의 체제의 핵심 세력 중 군부 세력에 이어 정치 세력 역시 정치권에서 배제되기 시작했음을 보여주는 것이었다. 이러한 배제는 국민적 공감을 통해 정치적으로 성공할 수 있었다. 1991년 3당 합당을 통해 탄생한 민주자유당의 민주계, 공화계, 민정계 세 계보 중 15대 대통령 후보 선출 과정에서 구권위주의 정치 세력을 계승한 민정계가 정치 세력으로서 사실상 소멸했다. 이후 민주자유당을 계승한 정당들에서 구(舊)민정계를 계승한 정치 세력은 존재를 찾을 수 없었다.

한국은 협상에 의한 민주화 이행의 경로에서 구권위주의 세력의 핵심이었던 군부 세력과 구(舊)정치 세력에 대한 정치적 배제가 성공적으로 이루어졌으며, 그 결과 민주화 후퇴 혹은 역류를 주도할 수 있는 잠재 세력이 제거되었다. 이것이 한국의 민주화 이행이 후퇴하지 않고 민주주의 공고화로 진행될 수 있었던 주요한 원인이었다. 민주화 이행 과정에서 민주화의 흐름을 후퇴시킬 수 있는 구권위주의 체제의 두 중추 세력인 군부 세력과 구권위주의 정권의 핵심 정치 세력을 얼마나 성공적으로 배제할 수 있는가에 따라 민주화 후퇴 현상이 나타나는 것을 방지할 수 있다는 것을 한국의 민주화 이행 경험에서 확인할 수 있다.[20)]

이렇게 민주화 이행에 성공하면서 한국 사회의 산업화 패러다임은 민주화 패러다임으로 전환되었다. 이 과정에서 민주화 패러다임은 권위주의 체제에서 국가를 위해 희생하는 존재였던 개인의 존재 이유가 무엇인가를 확인하게 되었다. 즉 민주화 패러다임을 통해 개인의 자유와 권리는 그 누구도, 또 어떤 이유로도 함부로 짓밟을 수 없다는 것, 그리고 더 나아가 국가의 존재 이유가 국가를 구성하고 있는 다양한 개인들의 안전과 후생(厚生)을 보장하는 것이 되어야 한다는 것을 확인할 수 있게 되었다.

이러한 변화로 인하여 사회 각 영역에서 구권위주의적 규범이 해체되게 되었다. 물론 그 해체 과정은 자연스럽게 진행되는 것이 아니라 정치 제도의 민주화에 이어 사회 각계각층의 영역에서 사회 민주화 운동을 통해서였다. 먼저 노동 영역에서 1987년 6월 항쟁에 이어 '7·8·9 노동 대투쟁'이 전국적으로 전개되었다. 그 결과 전국적으로 노동자들의 권리를 보장하기 위한 노동조합이 폭발적으로 결성되었다. 교육 현장에서도 1961년, 5.16 군사쿠데타로 폐지되었던 교육자치제가 1991년 부활했다. 교육 행정의 변화는 민주화 이행 과정에서 교육 현장의 일방적인 위계질서에 저항했던 교육 민주화 운동과 결합되어, 교육 영역에 잔존하고 있었던 구권위주의 질서를 변화시켰다. 특히 경제 영역에서 김영삼 대통령이 전격적으로 시행했던 금융실명제는 경제 민주화의 주요한 발판이 되었다. 지하 경제의 청산과 형평 과세를 통한 분배적 정의 구현 등 투명한 경제시스템 규범의 수립을 촉진했다.

이러한 점에서 민주화 패러다임은 산업화 패러다임의 국가주의를 지양하면서 자유주의를 지향하게 되었다. 다만 민주화 패러다임의 담론이 자유주의로 통일(?)되었다고 하기는 어렵다. 국가주의를 지양하기 위하여 자유주의라는 담론이 필요했으며, 그 틀 내에서 다양한 담론의 분기가 나타났다고 할 수 있다.

아울러 경제적 영역에서도 발전국가 모델에서 자율적 시장 경제 모델로 전환되기 시작했다. 국가의 시장 개입은 자제되었으며, 과거와 같은 국가-재벌 협력 체제에 균열이 나타났으며, 산업화 패러다임에서 나타났던 정경유착은 자유화 패러다임에서 지탄의 대상이 되었다. 즉 정치, 경제, 사회 모든 영역에서 국가주의를 지양하는 자유주의에 대한 지향이 나타난 것이었다.

그러나 이러한 민주화 패러다임의 시기에 이미 글로벌 차원에서는 국제정치경제적 패러다임 전환이 나타나고 있었다. 바로 '신자유주의'의 전면화였다. 김영삼 정권은 이러한 국제정치경제적 패러다임 전환의 시기에 '국제화(internationlalization)'를 선언했지만, 1997년 외환위기에 직면하였다. 이로 인하여 IMF로부터 구제금융을 받게 되면서 한국은 무방비 상태에서 '신자유주의'가 전면적으로 도입하게 되었다.

4. 한국 사회 패러다임 전환 II
: 자유화 패러다임과 그 대안으로서 지속 가능 발전의 모색

외환위기와 자유화 패러다임: 신자유주의의 외삽(外揷)

1997년 11월, 김영삼 정부는 외환, 특히 보유 달러의 부족으로 인하여 IMF에 구제 금융을 신청하겠다고 발표했다. IMF는 구제 금융의 전제 조건으로 '워싱턴 컨센서스(Washington Consensus)'[21]에 따른 구조 개혁을 요구했으며, 김영삼 정권은 이를 수용할 수밖에 없었다. IMF의 워싱턴 컨센서스에 따른 구조 개혁안은 국제수지의 불균형과 고인플레를 초래하는 대규모 재정적자 해소, 공공지출 축소를 위한 공공지출 우선순위 재조정, 조세 확장을 위한 조세 제도 개혁, 금리와 환율 변동의 자유화, 보호주의 정책 폐지와 무역 자유화, 해외자본의 국내 직접투자에 대한 규제 철폐와 자본 자유화, 공기업 등 국영 부문 민영화 등 경제 활동과 시장에 대한 '탈규제(deregulation)'를 핵심으로 하는 것이었다.

이러한 '탈규제'는 바로 신자유주의의 핵심 내용이었다. 글로벌 경제는 1970년 스태그플레이션을 겪었다. 그런데 1980년대 영국의 대처 총리, 미국의 레이건 대통령이 집권하면서 영국과 미국에서는 자본에 대한 다양한 규제를 철폐하는 신자유주의적 정책을 펼쳐 나갔다. 이후 1990년대 초, 영국에서의 '빅뱅'이라고 부르는 금융개혁과 1995년 G7 국가들의 '역플라자 합의' 이후 글로벌 경제에 금융

자유화가 본격적으로 등장했으며, 이와 더불어 WTO 출범을 통하여 무역 자유화가 글로벌 경제의 표준이 되었다. IMF는 제3세계 국가들의 금융위기에 대한 지원에 있어 '워싱턴 컨센서스'를 전제 조건으로 내걸면서 신자유주의가 제3세계에 침투할 수 있게 했다. 이제 선진국을 위시하여 제3세계 국가에 이르기까지 글로벌 경제는 자본과 상품의 이동에 대한 규제 철폐와 금융에 대한 규제 철폐를 통해 '자유화(liberalization)'되었으며, 하나로 통합되어 갔다. 이것이 바로 '세계화(globalization)'의 핵심이었다.

한국의 경우 김영삼 정권은 출범 초 '국제화(internationlization)'라는 이름으로 이러한 흐름에 동참하였지만, 세계화가 요구하는 구조 개혁을 추진하지는 않았다. 그러나 IMF 구제 금융의 전제 조건으로 '워싱턴 컨센서스'를 수용하게 되면서 한국 사회에 있어 구조 조정은 일상화되었다. 노동유연성이 강조되었으며, (노동)개혁이라는 이름으로 노동 문제가 본격적인 정치적 의제로 등장했다. 노동과 정부라는 행위자 간의 갈등—상호작용—이 본격적으로 한국 사회를 재구성하는 변수로 등장했다.

시장개방 역시 더욱 강화되었다. 이미 발효된 우루과이 라운드와 WTO 출범에 따라 농산물 시장 개방이 확대되면서 농산물 수입 개방, 특히 쌀 개방 등이 주요 의제로 부각되었다. 이러한 개방은 이후 여러 국가들과의 '자유무역협상(FTA, Free Trade Agreement)'가 진행되면서 더욱 확대되었다. 개방은 농업에 국한된 것이 아니라 자본 시장, 문화 시장 등 전 산업에 걸친 것이었다. 외환위기 극복을 위하여 많은 대기업들이 외국 자본에 매각되거나 지분 투자가 용이하도록 법과 제도가 바뀌었다. 국제통화시장에서 한국의 원화는 외환 위기 당시 직격탄을 맞고 급격한 환율 상승을 경험했다. 이제 한국의 원화는 외환 시장에서 미국 달러화에 원화의 가치를 고정했던 페그제에서 변동환율제로 바뀌게 되었다. 따라서 원화 환율의 변화와 외환의 유출입 등은 수입과 수출, 그리고 금융을 포함하여 전 산업에 영향을 주는 변수가 되었다.

이러한 변화는 당연히 한국의 민주주의에 영향을 끼쳤다. 달라진 환경에 따라 진행된 다양한 법적·제도적 변화는 국가 구성원인 국민 개개인의 삶에까지 직접적인 영향을 주는 것이었으며, 이에 따라 다양한 정치·경제적 요구가 나타났다. 이는 국회에서의 의제 설정에 영향을 주었으며, 국가 차원에서 다양한 거버넌스 조직이 등장하게 되었다.

IMF의 요구에 따라 진행된 구조 개혁은 권위주의 유산을 극복하면서 민주주의 공고화로 나아가면서 새롭게 구성되고 있던 한국 사회 체제 변화에 또 다른 변수로 작동했다. 즉 민주주의 공고화 시기 권위주의 유산의 극복을 위하여 나타난 행위자들의 상호작용과 더불어 새롭게 등장한 정치·경제·사회적 의제를 둘러싼 행위자들의 상호작용을 통하여 민주화 패러다임에 더하여 소위 신자유주의적 탈규제를 중심으로 하는 '자유화 패러다임'이 등장하게 되었다. 민주주의가 공고화될수록, 즉 권위주의 유산의 극복이 더욱 진행될수록 자유화 패러다임이 민주화 패러다임을 대체하기 시작했다.[22)]

그러나 외환위기로 인하여 급격하게 외삽된 '자유화 패러다임'은 상당한 저항을 야기했으며, 신자유주의의 문제점을 한국 사회에 양산했다. 자유화 패러다임은 '발전국가' 모델의 유산이었던 정부의 산업 선도와 보호를 줄이고 규제 완화와 시장경쟁 확대를 통해 혁신과 성장을 도모하는 것이었다. 그러나 이는 사회적 안전망·경제민주화·노동권 보호를 비용으로 간주하였기에 불평등을 심화시킬 위험이 있다는 우려가 있었다. 따라서 사회경제적인 의제가 중요한 정치적 의제로 전면화되었다.

IMF의 구조 개혁을 수용한 이후 사회적 양극화와 불평등이 심화되었으며, 이를 해결하는 것이 정치적 의제가 되었다. 이에 따라 복지 문제가 중요한 정치적 의제가 되었다. 1997년 외환위기의 와중에 집권한 김대중 정권은 최초로 복지국가의 개념을 제안했다고 평가받는 '생산적 복지'의 개념을 제기했다. 하지만 생산적 복지는 실제 내용에 있어서는 노동유연화에 입각한 일자리 창출을 복지정책 방향으로 제안했다고 할 수 있다. 김대중 정권의 뒤를 이은 노무현 정권에서는 외환위기 극복 과정을 통해서 심화된 경제적 불평등과 양극화의 문제에 적극적으로 대처하는 방향에서 '참여 복지'를 제기했다. 이에 따라서 근로 장려 세제, 사회적 일자리 창출, 사회투자국가 등과 같은 프로그램을 추진하였으나 정책적 중심이 복지 재정 분권화와 일자리 창출을 통한 복지의 증대였다는 점을 감안할 때, '참여 복지' 역시 김대중 정권의'생산적 복지'를 이어받았다고 할 수 있다.

친 기업(business friendly)를 내세운 이명박 정권은 탈규제와 감세를 기반으로 한 작은 정부를 정책적 방향으로 하면서 '능동적 복지'를 제기했다. 이는 신자유주의에 입각한 선별적인 잔여적 복지를 강조하는 것이었다.[23] 보수정당 후보로서는 파격적인 '경제민주화'를 공약으로 내세웠던 박근혜 정권은 '생애주기별 맞춤식 생활보장형 복지국가'를 제기했다. 복지증세를 하지 않는 가운데 지출의 적절한 통제를 통해 복지국가의 지속 가능성을 높이겠다는 박근혜 정권의 복지정책은 기초연금 도입, 국민기초생활보장제도, 4대 중증질환 보장성 강화, 누리과정(3~5세 무상보육) 등 새로운 제도를 도입했지만 증세없는 복지에 대한 우려대로 대폭 축소되었다.[24]

이는 한국 사회에서 자유화 패러다임이 외환위기로 인하여 외삽된 측면이 내재적으로 발전한 측면보다 강하기 때문에 신자유주의 구조개혁에 대한 경계감이 반영된 것이었다고 할 수 있다. 이와 더불어 자유화 패러다임의 외삽으로 인하여 패러다임 전환이 나타난 것이기 때문에 내재적으로 발전했던 민주화 패러다임 역시 쉽게 사라지지 않았다고 할 수 있다.

군사 독재 정권이 사라진 조건에서 민주화 패러다임은 한반도 평화와 정치개혁이라는 새로운 영역에서 역할을 했다. 2000년, 김대중 대통령은 역사상 최초로 북한의 김정일 위원장과 남북 정상회담을 개최하고, 한반도 평화에 대한 '6.15공동선언'을 발표했다. 이는 남북한의 실질적 경제협력을 시작하는 두 정상 차원의 선언이 되었으며, 금강산 육로 관광과 개성 공단으로 이어지게 되었다.

아울러 민주주의 공고화를 통해 무너뜨려야 할 군사독재 정권의 복귀 가능성이 사라진 조건에서 민주화 패러다임은 정치개혁으로 구현되었으며, 노무현 대통령이라는 과거의 한국 정치에서 볼 수 없었던 새로운 정치 지도자를 탄생시켰다. 대한민국 정치인으로서는 최초로 팬클럽이 만들어졌던 노무현 전 대통령은 정치인으로서 승리 가능성이 적더라도 옳다고 믿는 길을 걸어가는 험난한 정치적 도전을 거듭해온 정치인이었다. 대통령 후보 선출을 위한 경선 과정에서도 소위 이인제 대세론을 무너뜨리고 후보로 선출되었다. 특히 상고를 나와 판사를 잠시 지낸 후에 변호사가 되어 민주화운동에 헌신했으며, 지역주의에 도전한 정치 역정을 보여주었으며, 영남 출신 민주당 후보라는 측면에서 3김 정치로 대변되는 기존의 한국 정치를 바꿀 수 있는 정치인으로 주목받았으며, 결국 대통령에 당선되었다. 이후 한국 정치의 문법은 과거 3김 정치 시대와 비교하면 당원의 참여가 크게 확대되는 등 정당 민주화가 진전되는 큰 변화를 겪었다.

글로벌 금융위기, 코로나 팬데믹 그리고 포스트 자유화 패러다임 : 지속 가능 발전 패러다임의 모색

2007년, 2008년 글로벌 경제는 미국의 서브프라임 금융위기를 시작으로 하여 글로벌 금융위기를 겪게 되었다. 신자유주의의 본산이라고 할 수 있는 미국은 위기 극복을 위하여 위기에 빠진 금융 기업들에게 구제금융을 제공하는 등 국가가 시장에 적극적으로 개입했다. 이러한 위기는 2011년 유럽의 PIGS국가들(포르투갈, 아일랜드, 그리스, 스페인 등)의 재정위기로 번져나갔다. 유럽 역시 재정 지출을 확대하는 등 글로벌 위기가 지속되었다. 신자유주의가 만연했던 글로벌 경제는 '양적완화(QE, Quantative Easing)'와 같은 국가의 적극적 역할에 의지하게 되었다. 이러한 위기 극복을 위하여 글로벌 차원에서 나타난 국가의 적극적 시장 개입은 신자유주의의 자유화 패러다임의 기준에서 볼 때 이상현상(anomaly)이 전 세계적으로 등장하게 된 것이라 할 수 있다.

한국의 경우 금융 자유화에도 불구하고 국내 연기금과 같은 대형 금융 투자 기관들의 해외 투자가 큰 비중을 차지하지 않았기 때문에 상대적으로 무난하게 글로벌 금융위기를 통과할 수 있었다. 그런데 이 시기를 전후하여 지구적 의제인 '기후 변화(climate change)'로 인한 '지구온난화(Global Warming)' 문제가 시간이 갈수록 중요하게 등장했다. 현재는 '기후 변화'를 넘어 '기후 위기(climate crisis)'로 명명되고 있는 이 의제는 에너지 전환 문제와 맞물려 정책적으로 근본적 패러다임 전환을 요구하는 문제로 발전했다.

이와 더불어 민주화 이후 젠더 문제와 세대 문제에 더욱 민감한 새로운 세대가 등장했다. 이들은 자유화 패러다임 시기 한국 경제의 저성장 상황에서 성장하였으며, 경제 활동을 시작하는 성인이 되었을 때에 소위 '청년 실업 문제'에 직면한 세대로서 민주화 세대와는 전혀 다른 새로운 정체성을 갖는 세대였다. 따라서 민주화 이행과 민주주의 공고화 시기와는 다른 새로운 의제들이 현실 정치에 주요한 의제로 등장했으며, 현실 정치에 큰 변수로 작동하게 되었다. 여성 할당제, 청년 세대 할당제 등이 각종 선거의 후보자 선정에 주요한 변수가 되었다. 즉 새로운 의제들에 대한 민주주의의 효과성과 효율성이 주요한 척도가 되었다.

그런데 이 시기를 전후하여 '기후 변화'에 대한 대응이 한국에서도 본격적으로 시작되었다. 2000년대 초반 '신재생에너지법'이 제정되면서 재생에너지 사업으로 태양광, 풍력 발전이 시작되었다. 이명박 정부에 들어와 '저탄소 녹색성장'을 기조로 하여 재생에너지 보급 비중을 높이기 위한 제도적 기틀로 '발전차액지원제도(Feed-in Tariff, FIT)'와 '신재생에너지공급의무화제도(Renweable Portfolio Standard, RPS) 등이 마련되었다.[25] 2010년대 후반에서부터는 탈탄소와 에너지 전환이 주요한 의제가 되었다. 문재인 정부 시기에 탈원전·탈석탄 기조와 함께 재생에너지 비중을 급격히 높이기 위하여 '재생에너지 3020' 이행계획과 2050 탄소중립 선언이 이어졌다.

그리고 한국 사회에서는 자유화 패러다임의 외삽과 더불어 본격적으로 제기되기 시작했던 복지 의제가 이제 시혜적 의미를 넘어 불평등 완화라는 의미를 내포하게 되면서, 보다 적극적으로 제기되었다. 박근혜 대통령 탄핵 이후 집권한 문재인 정권에서는 지속 가능한 사회를 위해 국민들의 삶을 전 생애주기에 걸쳐 국가가 책임지겠다는 '포용적 복지국가'[26]를 제기했다. 그러나 코로나 팬데믹에 대한 국가적 차원의 대응이 가장 중요한 과제가 되면서 '포용적 복지'의 실질적 효과를 느끼기에는 쉽지 않은 상황이 되었다.

2019년 발발한 또 다른 글로벌 위기가 코로나 팬데믹 상황이었다. 세계 각 국가들은 상품과 인력의 이동을 통제함으로써 코로나 바이러스가 자국 내로 유입되는 것을 통제하려고 했다. 즉 자유화 패러다임에서 가장 중요한 속성인 자본과 상품의 이동이 통제되기 시작한 것이었다. 이러한 통제 상황은 국내적으로도 마찬가지였다. 반면에 직접적 접촉을 최소화할 수 있는 다양한 영역의 온라인 플랫폼이 급격하게 확대되었다. 코로나 팬데믹은 국가들로 하여금 개인들의 활동에 대하여 직접 통제하게 하였으며, 국가들은 또 다시 유동성을 공급하여 코로나 팬데믹을 극복하고자 했다. 자유화 패러다임은 두 차례 글로벌 위기를 겪으면서 사실상 무력화되었다.

그런데 글로벌 금융위기와 코로나 팬데믹 사이 시기였던 2015년, UN은 2030년까지 전 세계가 함께 해결해야 할 17개의 의제를 선정하여 '지속 가능 발전 목표(SDGs, Sustainable Development Goals)'를 총회에서 결의했다. 자유화 패러다임과는 근본적으로 다른 패러다임을 UN에서 제기한 것이다. 〈그림 1〉이 UN에서 제기한 17개 '지속

출처: UN SDGs 협회 홈페이지

〈그림 1〉 UN의 17개 지속 가능 발전 목표

가능 발전 목표'이다.

그러나 '지속 가능 발전 목표' 이행 정도와 그 의지는 국가별로, 지역별로 큰 차이를 보이고 있다. 예를 들면 미국의 트럼프 대통령은 선거운동 과정에서도 "그린뉴딜은 사기(Green New Scam)"라는 표현을 서슴지 않았고, 대통령에 당선되면서 1기 때와 마찬가지로 '파리기후변화협정'에서 탈퇴했다. 그리고 '인플레이션 감축법(Inflation Reduction Act, IRA)' 내의 청정에너지 보조금 집행을 중단시키고 풍력 등 재생에너지 프로젝트의 허가를 일시 중단했다.

한국의 경우 문재인 정부에서 진행되었던 '지속 가능 발전 목표' 이행을 위한 노력은 윤석열 정부에 들어와 태양광, 풍력 에너지 사업 등에 대한 대폭적인 예산 감축으로 굴절되었다. 그러나 한국의 경우 더 큰 문제는 '지속 가능 발전 목표' 이행에 있어 각 부처별로 분절적으로 자신들에게 해당되는 부분만 진행되고 있으며, 콘트롤 타워가 존재하지 않아 종합적이고 체계적인 계획이 수립되지 않고, 지속 가능 발전에 관련된 보고서 발간을 중심으로만 이루어지고 있다는 점이다.

자유화 패러다임이 글로벌 금융위기와 코로나 팬데믹을 거치면서 상당할 정도로 신자유주의 교의를 상실하게 되었지만, 한국 사회에서 포스트 자유화 패러다임으로 전환되었다고 하기는 어려운 것이 현실이다. 다만 한국 사회가 직면한 도전들은 지속가능발전목표와 직접적인 관련이 있다. (소득, 지역, 세대를 위시한) 불평등과 격차의 확대를 해결하는 것은 SDGs 5, 8, 9, 10, 11번 등과 관련이 있다. 글로벌 의제인 기후 위기 문제의 해결은 SDGs 6, 7, 13, 14, 15번과 관련이 있다. 즉 지속 가능 발전 목표의 이행은 한국 사회가 직면한 도전을 극복하는 과정이 될 수 있으며, 이 과정이 성공적으로 진행될 때 자유화 패러다임이 지속가능발전 패러다임으로 전환될 수 있을 것이다.

특히 지속 가능 발전 패러다임은 한국의 특수한 조건인 분단으로 인한 남북한 대립의 극복을 위해서도 유용한 패러다임이 될 수 있을 것이다. 갈등과 평화를 계속 반복해 온 남북한 관계가 서로 실질적인 도움을 주고 받을 수 있는 공고한 평화로 정착되기 위하여 북한이 직면하고 있는 기아, 에너지, 지속 가능한 생산 등의 문제는 바로 지속 가능 발전 목표와 직접 연결되는 문제로 북한이 절실하게 국제사회에 지원을 요청하고 있는 문제이다. 그리고 한반도 자연 재해 극복을 위하여 남북한이 공동으로 홍수와 산불을 관리, 통제하는 시스템의 필요성은 꼭 필요한 문제이며, 역시 지속 가능 발전 목표와 직접 연결되는 문제이다. 나아가 궁극적으로 한반도 평화를 보장하는 강력한 제도의 필요성 역시 지속 가능 발전 목표 16번과 직접 연결되는 문제이다.

이렇게 볼 때 한국 사회는 자유화 패러다임이 지속 가능 발전 패러다임으로 전환되었다고 할 수는 없으나 자유화 패러다임을 극복하는 새로운 패러다임을 모색하는 과정이라고 할 수 있으며, 이러한 모색에서 지속 가능 발전 패러다임은 매우 중요한 함의를 주는 것이라고 하겠다.

이제까지 한국 사회의 변화를 패러다임 변화를 중심으로 정리해 보았다. 그렇다면 한국 사회의 변화가 한국 대중문화에 어떻게 영향을 주었으며, 어떻게 반영되었는지에 대해 정리해보도록 하겠다.

5. 한국 대중문화의 변화: 한류에서 K-문화로

산업화, 민주화 패러다임과 대중문화: 문화적 해방과 표현의 자유

한국의 대중문화가 해외에서 하나의 문화 조류로 주목받기 시작한 것은 1990년대 말이라 할 것이다. 이 시기 한국의 대중문화는 '한류(韓流)'라는 이름으로 불려지기 시작했다. 그런데 한국의 대중문화는 한국 사회 변화에 영향을 받으면서 변화와 발전을 거듭해 왔다.

먼저 산업화 패러다임에 있어 국가는 대중문화를 국민 동원, (국가주의) 이데올로기 재생산 과 국가 이미지 관리의 도구로 간주했다. 따라서 산업화 패러다임 시기에 국가의 대중문화 정책은 검열과 통제를 통하여 정권에게 유리한 서사를 강화하고, 국가주의적 틀 내에서 콘텐츠를 생산하도록 했다. 이 시기 국가의 규제와 통제 정책은 상상을 초월해서, 방송, 영화, 만화, 대중가요 등 여러 영역에서 행해진 강제적 탄압은 매우 삼엄했다. 1970년대 이후 몇 차례에 걸쳐 개정된 영화법과 방송법, 탄압의 근거가 된 수많은 시행령들은 법적, 제도적으로 대중문화를 얽어매고 권력의 정당성을 홍보하기 위한 장치로 대중매체를 규율했다.[27)]

따라서 이 시기 대중문화는 상업적 성장은 허용되었지만, 정치·사회적 비판은 원칙적으로 허용될 수 없었다. 이 시기 대중문화에 대한 검열과 통제는 대중음악, 영화 등 상업적 출간을 하는 다양한 장르에 대하여 이루어졌다. 국가는 심의를 통하여 대중음악에 대하여 가사에 대한 수정 지침을 내리거나, 심한 경우 금지곡으로 지정했다. 영화에 있어서는 특정 장면이 삭제되거나 심한 경우 역시 상영 금지되었다. 소설이나 시와 같은 문학 작품의 경우에 있어서도 발간된 이후 사후적으로도 금지 도서가 되기도 했으며, 심지어 작가가 사법 처리되기도 했다.

그런데 이 시기의 검열과 통제는 정치 사회적 비판에만 머무르는 것이 아니었다. 국가는 사회적 윤리의 기준을 설정하고 그에 입각하여 개인적 도덕률마저 검열하고 통제했다. 예를 들어 1970년대 청년들의 장발 머리를 단속하고, 여성들의 미니스커트 치마 길이를 단속했다. 즉 산업화 패러다임에서 국가주의의 검열과 통제는 정치 사회적 비판을 금지하는 소극적 의미를 넘어 국가주의에 부합하는 국민을 양성하는 적극적 의미를 갖는 것이었다. 이를 잘 묘사한 장면이 〈그림 2〉로 이는 영화 '국제시장'에서 두 주인공 부부가 말다툼을 하던 도중 저녁 6시 애국가가 울려퍼지자 말다툼을 멈추고 국기에 대한 경례를 하는 장면이다.

그런데 산업화 패러다임 시기에 형성된 대중음악·드라마·영화 산업의 초기 인프라, 방송 체계 등은 한국 대중문화의 산업적 기반을

출처: 오마이뉴스

〈그림 2〉 1970년대 일상생활에서의 국가주의

구축했다. 즉, 산업화 패러다임은 문화를 주변화, 도구화했지만, 국가·시장·대중문화가 결합된 '콘텐츠 생산 체제'의 토대를 형성했다고 평가할 수 있다.

그런데 국가주의적 통제에도 불구하고 청년들의 새로운 문화가 태동되고 있었다. 1970년대 청바지, 통기타, 생맥주를 특징으로 청년문화라고 명명된 새로운 대중문화가 태동되었다. 이는 서구에서 유입된 대중문화 사조에 민감하게 반응한 한국전쟁 이후 세대의 등장과 직접 관련이 있다. 이 시기에 사회 내의 타 집단에 비해서 상대적으로 자율적인 공간에서 활동하던 대학생들은 사회에 대한 참여의식을 바탕으로 정부에 대한 저항의 의사를 적극적으로 표출할 수 있었다. 그리고 정부의 각종 정치적 활동을 비판하는 시위와 집회를 통해서, 청년은 자신들이 발휘할 수 있는 정치적인 영향력을 현실 속에서 본격적으로 증명해 보였다. 실제로도 그러한 영향력을 행사하는 주체로서의 위치를 정립하고 사회적으로 인식시키는 데 성공했다.[28]

특히 이 시기 국가주의적 통제에도 불구하고 서구의 반전 문화가 함께 유입되면서 형식적 새로움에 더하여 내용에 있어서도 정치·사회적 비판까지 포괄하는 대중음악, 영화, 소설과 시 등이 창작되기 시작했다. 물론 이러한 창작물은 국가의 검열과 통제 속에서 공식적 문화 유통 경로에서는 종적을 감추게 되었지만 오히려 청년층을 중심으로 언더 그라운드(under ground) 시장을 형성하게 되었다. 정부는 이러한 청년문화를 탄압의 대상으로 간주했다. 유신체제가 성립되면서 정부는 장기휴교령과 계엄령 등의 매우 직접적이고 엄격한 조치로 청년의 도전에 철저하게 대처했다. 이러한 조치는 정권의 존립과 이념 정당화에 장애가 되는 사상과 행동을 규제하려는 전략의 일환이었던 것이다. 이로써 1970년대 청년들은 정치·사회적 영향력을 행사할 수 있는 집단, 그래서 정부 탄압을 받는 대상으로서 그 역사적 정체성을 띠게 되었다.29) 이러한 청년들이 주체가 되어 태동된 청년문화는 산업화 패러다임에 도전하는 민주화 패러다임이 1970년대 말, 1980년대 초 대학에서만큼은 주류적 패러다임이 되면서 새로운 대학 문화로 거듭나기 시작했다.

1980년대에 들어와 민주화 패러다임의 해방구가 되었던 대학을 중심으로 대학문화는 대학의 경계를 넘어 민중들의 삶의 현장과 결합하여 학생운동을 사회로 확장하기 위한 매우 유력한 수단이 되었다. 특히 대학을 졸업한 후 현장을 기반으로 민주화 운동을 이어간 소위 '운동권'은 대학문화를 민중문화로 확장하고 연결하는 주역이 되었다. 이 시기 청년문화는 언더그라운드 문화로 존재한 대중문화와 대학문화에서 정체성을 확장한 민중문화로 분화되었다.

1987년 6월 항쟁 이후 민주화 패러다임으로의 전환은 국가주의적 검열과 통제를 대부분 사라지게 했으며, 심지어 월북 작가들의 작품도 대다수 해금되었다. 정치적 자유와 시민권의 확대는 산업화 패러다임 시기와는 비교할 수 없을 정도로 표현의 자유를 확대시켜 주었다. 그 결과 대중문화 창작자들에게 실험과 비판, 다양성을 추구할 수 있는 공간을 열어 주었고, 사회적 금기를 다루는 영화·드라마·음악이 등장하는 계기가 되었다. 그리고 민주화 과정에서 성장한 시민의식과 공공영역의 확대는 문화 소비자의 안목과 요구 수준 역시 한 단계 높혀 주었다. 정치·사회 비판적 메시지를 포함하여 다양한 사회적 의제가 대중문화의 콘텐츠로 창작되고 소비되기 시작했다. 결국 민주화 패러다임을 통해 확대된 표현의 자유는 창작자들의 창조적 상상력을 확장시켜 주었으며, 높아진 대중문화 소비자들의 안목은 대중문화의 경쟁을 더욱 치열하게 했다. 그 결과 '한류' 문화의 소프트 웨어적 인프라가 갖춰지기 시작했다.

자유화 패러다임과 지속 가능 발전 패러다임적 함의 : 대중문화 산업의 거대화와 콘텐츠의 세계화

1990년대를 거치면서, 특히 1997년 외환 위기를 거치면서 자유화 패러다임의 외삽은 대중문화에도 많은 영향을 끼쳤다. 무엇보다도 시장 개방을 통해서 한국의 대중문화는 수입된 해외 대중문화와 경쟁해야 하는 상황에 놓였다. 정부는 이러한 상황에서 문화산업을 새로운 성장동력·수출산업으로 적극 육성하는 정책을 추진하였다. 문화산업에 대한 정부의 관심은 이념적 성향에 관계없이 지속적으로 유지되었다. 1997년 외환위기 속에서 집권한 김대중 정권은 문화산업을 국가적 단위에서 산업적으로 육성하기 시작했다. 김대중 정권은 영화와 게임 등을 콘텐츠 산업의 중심으로 육성했고, 이를 위해 영화진흥위원회와 영화진흥기금, 문화콘텐츠진흥원을 설립했다. 이명박 정부 역시 문화정책의 핵심을 문화산업으로 보았다. 다만, 문민정부 이후 지속되어 오던 '문화산업' 명칭이 '문화콘텐츠'라는 용어로 변화되었고, 정보통신부 등 정부 부처의 조직이 재편되면서 디지털 사업에 대응하는 부서가 생겼으며, 저작권 정책 기능이 강화되었다.[30]

이 시기 영화·방송·게임·음악 등 콘텐츠 산업에 대한 지원, 저작권·IP 보호 강화, 문화기술(CT)·디지털 인프라 투자 등이 결합되면서 문화산업정책은 '진흥·육성 중심'으로 방향을 잡게 되었다. 이에 따라 정부의 선진적·적극적 지원이 해외에서 '한류'의 흥행 성공의 주요한 원인 중 하나가 되었다. 정부는 '한류'를 국가적으로 진흥시키기 위하여 예산, 법 제정, 지원기관 확대 등 다방면으로 진흥·육성에 큰 역할을 했다. 한류는 수출 기반 경쟁 사회인 한국의 특이성으로 산업화의 성장 기저인 카피 앤 디벨롭(copy & develop)을 바탕으로 성공할 수 있었다. 정부의 인프라/시스템이 활용되어 직접성과는 문화산업 수출 증가, 간접성과는 국가이미지 제고와 연관 산업 연계 성장, 관광 증대 등이라 할 수 있다.[31)]

이렇게 보자면 한류의 성공은 자유화 패러다임 하에서 민주화 이후 형성된 표현의 자유·시민의식, 다층적 문화소비 수준과 더불어 정부가 외환 위기 극복을 위해 의식적으로 육성한 정보·통신(IT) 인프라의 확충이라는 사회적 조건이 결합되어 한국 특유의 창조적 시스템을 형성했기 때문에 가능했다고 할 수 있다. 민주화 패러다임에서 확대된 표현의 자유와 높아진 대중문화 소비자들의 안목이 '한류'의 소프트 웨어적 인프라를 형성했다면, 자유화 패러다임에서 발전된 한국의 IT 인프라는 '한류'의 하드웨어적 인프라가 되었다.

해외에서 '한류'의 성공을 전후로 하여 대중문화 산업은 재편되었다. 대기업 자본이 대중문화 산업에 직접 진출하거나 투자하여 대중문화 산업의 양적, 질적 규모가 달라지기 시작했다. 아울러 기획 단계에서부터 해외 대규모 시장을 직접 겨냥하는 제작 방식이 대중음악 산업과 영화 산업 등에 도입되었다. 이렇게 달라진 제작 환경 속에서 본격적인 해외 진출이 아시아 지역을 넘어 글로벌 차원으로 시도되었다.

그 결과 다양한 아이돌 그룹의 등장과 글로벌 차원에서의 성공, 드라마와 영화의 글로벌 차원에서의 흥행 등 '한류'는 아시아 지역을 넘어 글로벌 차원의 문화 장르가 되었다. 그런데 BTS의 'Love yourself'라는 도덕적 메시지, '기생충'에 나타난 빈부격차의 극사실적 재현, '오징어게임'이 보여준 신자유주의 속 죽음의 경쟁에 대한 알레고리 등은 K-문화가 탁월한 대중성과 함께 진지하면서도 심오한 사회적 메시지를 담고 있는 콘텐츠라는 특성을 보여준다. K-문화에 나타난 사회정의는 산업화·민주화를 염원하는 다른 아시아권이나 중동 지역, 신자유주의의 모순이 극에 달한 서구권 등에서 그 나라의 정치경제, 사회문화적 상황에 따라 보다 적극적이고 실천적인 양상으로 수용되는 모습을 발견할 수 있다.

현재의 K-문화에는 한국 사회 패러다임 변화를 통해 내재화된 사회적 가치와 규범이 반영되어 있다는 것이다. '기생충'에서 다루는 빈부격차의 문제는 산업화 패러다임을 통해 급격한 경제성장을 성취한 한국에서 자유화 패러다임 하에서 심각해진 불평등과 격차 문제를 다룬 것으로, 신자유주의가 만연한 세계에서 글로벌한 공감을 불러일으킬 수 있었다고 볼 수 있다. '오징어게임' 역시 신자유주의의 경쟁이란 타인의 죽음을 불사하고서라도 경쟁에서 승리해야 하는 무한 경쟁이라는 것에 대한 공감이 있었기에 글로벌한 흥행이 가능했다는 것이다.

즉 부를 독식하는 상류층의 특권과 가난에서 벗어날 수 없는 하류층의 비극에 대한 관심, 즉 빈부격차 불평등, 계층 간 갈등을 소재로 한 영화와 드라마는 한국의 압축적 근대화 과정에서 생성된 대중의 정의와 평등을 향한 강렬한 정동(情動)에 기인한다. 이는 한국 사회의 비동시성의 동시성, 그리고 혼종적 근대성의 중요한 한 양상이며, 이러한 한국 사회와 문화의 특수성은 곧바로 불평등과 불공정 문제로 고통 받는 전 세계에서 의미 있는 보편성으로 작용하게 된다. 특히, 이는 자본주의가 고도화하고 신자유주의적 규범이 경제와 사회를 지배해 그 모순이 극에 달한 서구 선진국에서 소구성이 더욱 강하게 나타나고 있다고 할 수 있다. 한국 사회가 최빈국에서 선진국 수준으로 도약하는 과정에서 파생된 갖가지 구조적 문제의 양상들이 선진 사회에서 이미 겪었거나 겪고 있는 부조리들과 일정하게 공명하고 있는 지점이 있기 때문이다.[32)]

이렇게 글로벌 차원에서 공명하는 지점은 BTS의 음악에서도 찾을 수 있다. 코로나 팬데믹 시기에 발표된 BTS의 'Permission to Dance'나 'Life Goes On' 등에서 메시지는 삶은 계속되어야 하며, 누구나 자유롭게 평화를 누릴 수 있어야 한다는 것이다. 코로나 팬데믹이라는 상황에서 주는 위로이다. 'Not Today'는 사회적 약자들이 연대하여 불평등에 맞서 진정한 평화를 쟁취하자는 메시지를 담고 있다. 이러한 BTS의 메시지들 역시 한국 사회의 패러다임 변화 속에서 내재화된 가치와 규범을 담고 있기 때문에 공허한 메시지가 아니라 공감할 수 있는 메시지가 되었다고 할 수 있다. 즉 한국 사회의 집단적 경험이 이러한 메시지를 발화하게 했다는 것이다. 특히 BTS는 2018년 이후 여러 차례 UN 총회에 참석해 "Love Yourself, Speak Yourself"와 같은 평화의 메시지를 전하고 있다.

물론 'K-문화'가 글로벌 차원에서 각광받게 된 데에는 이외에도 다양한 이유가 있을 것이다. K-Pop과 한국 아이돌은 신자유주의적인 경쟁 속 개인의 성장 서사로 많은 공감을 받고 있지만, 그 외에 서구적 기준에 보았을 때 대안적인 외모와 멋, 새로운 남성성과 여성성, 미국 대중문화와 비교해 폭력성과 선정성이 소거된 도덕적 속성, 뛰어난 상품성과 마케팅 등이 중요한 인기 요인으로 꼽히기도 한다. 그리고 K-콘텐츠 서사물 역시 사회비판적 속성뿐만 아니라 서사의 짜임새와 탁월한 오락성, 순수하고 낭만적인 사랑의 재현, 한국 생활과 문화에 대한 간접 경험 등 다양한 요소가 세계인들에게 소구하고 있다. 그러나 전 세계에서 K-컬처가 수용되는 각기 다른 맥락도 큰 틀에서는 한국의 혼종적 근대성에 포함되거나 연동하는 것으로 볼 수 있다. 한국 아이돌의 대안적인 외모와 젠더적 특성, 그리고 매력적인 상품으로서의 속성 역시 서구의 기준과 결합, 절충, 변용된 한국 근대성의 산물이며, 엄격한 도덕성과 낭만적 로맨스 등도 한국 사회를 대표하는 전통적 속성 중 하나이기 때문이다.[33]

즉 'K-문화'의 세계화에 있어 한국 사회의 패러다임 변화는 한국 사회의 가치와 규범에 내재화되었으며, 그 과정에서 압축적 근대화가 야기한 문화적 혼종성과 그로 인한 비동시성의 동시성이 역설적으로 'K-문화' 콘텐츠를 더욱 풍부하게 했으며, 글로벌 차원에서 공감을 이끌어낼 수 있었다는 것이다. 다음의 〈표 2〉[34]가 이제까지 논의한 한국 사회의 패러다임 변화에 따라 대중문화에의 영향을 정식화해 본 표이다.

〈표 2〉 한국 사회 패러다임 변화와 대중문화에의 영향

사회 패러다임	핵심 담론	대중문화의 위치	대중문화에의 영향
산업화	국가주의	통제·동원 수단, 경제 성장 전략의 주변부	방송, 대중음악, 영화 등 인프라 형성
민주화	자유주의	표현의 자유 확대, 해방된 상상력	창작자의 창의성, 소비자의 능동성
자유화	신자유주의	'한류' 문화산업 정책	K-문화의 세계화

6. 한국의 미래 전략과 K-문화

K-문화는 결국 한국의 압축적 근대화와 문화적 혼종성과 깊은 연관을 맺고 있다다. 혼종적 근대성은 한국의 압축적 근대화 속에서 비동시성의 동시성과 그 모순이 한국 사회와 구성원의 역사적·현재적 경험과 일상, 정동과 상호작용하며 나타나는 문화적 양태의 복잡하고 역동적인 공존과 혼합, 변용 등을 설명하고 있다.

현재 한국 사회의 비동시성의 동시성과 그 모순은 K-문화가 반영하고 있다. 한국 사회는 압축적 근대화와 신자유주의의 급격한 외삽으로 인하여 경제성장과 불평등, 격차 확대라는 모순된 것처럼 보이는 두 가지 문제를 동시에 해결해야 하는 문제에 직면해 있다. 또한 한반도의 평화와 군사적 대립이라는 모순된 두 가지 문제에 직면해 있다. 그런데 이러한 모순된 문제는 한국 사회가 산업화, 민주화, 자유화 패러다임 시기를 거치면서 직면해야 했던 문제들이 해결 과정에서 새롭게 변형되어 등장한 문제들이기도 하다. 즉 새로운 국내외적 환경과 조건 속에서 우리 사회가 직면한 문제들은 끊임없이 변형, 굴절되면서 새로운 모습으로 다시 등장하는 것이다. 그러한 문제들은 한국 사회의 고유한 문제들과 더불어 글로벌 차원에서 직면하고 있는 지구적인 문제이기도 하다. 따라서 지금까지 한국 사회가 극복해온 다양한 도전들은 한국 사회의 고유한 도전과 글로벌 차원의 도전이 복합된 것이다. 결국 K-문화의 콘텐츠는 이러한 과정에서 한국 사회에 내재화된 가치와 규범에 입각한 것이기 때문에 글로벌 차원에서 공감할 수 있는 내용을 갖추게 된 것이라 할 수 있다.

이제 K-문화는 한국 고유의 것을 넘어 글로벌 차원의 트렌드가 되었다. 즉 이제 K-문화는 한국에서 창작된 문화라는 의미의 '한류'를 넘어 글로벌한 문화적 트렌드가 되었다는 것이다. 이는 2025년, 글로벌 차원에서 흥행에 성공한 넷플릭스 애니메이션 '케이팝데몬헌터스'(이하 케데헌)에서 잘 나타나고 있다. '케데헌'은 43개국 넷플릭스 시청률 1위를 기록하며, OST 수록곡 12곡 중 8곡이 빌보드를 비롯한 대표적인 글로벌 차트를 석권하였을 뿐만 아니라, 누적 시청률 2억회 이상을 돌파해 넷플릭스 역대 최다 시청 애니메이션으로 기록되었으며, 무엇보다 음악 산업 차트에서도 BTS, BLACKPINK 등 기존 K-팝 아이돌을 능가하는 성과를 거두는 등 압도적인 파급력을 보여 주었다.[35]

특히 '케데헌'의 배경과 소재는 한국의 서울과 아이돌 문화이며, 제작사는 일본 기업 소니이고, 애니메이션 작품이 출시된 공간은 전 세계를 대상으로 하는 미국 기업인 OTT 넷플릭스였다. 그리고 공동 감독인 메기 강은 5세 때 캐나다로 이민가서 성장한 한국계 캐나다인으로 미국에서 활동하고 있으며, 또 다른 공동 감독인 크리스 아펠한스는 부인이 한국계 미국인인 모린 구(Maurene Goo)이다. 이 두 사람은 모두 서양에서 성장한 한국의 외부인이다.

이렇게 볼 때 '케데헌'은 한국 문화 시장의 한계를 극복하기 위하여 글로벌 마켓에 도전했던 '한류'를 넘어 초국적 거대 문화 자본이 서구 대중문화의 장르 문법에 한국문화를 배치하여 소재적으로 참신한 애니메이션을 제작한 것[36]으로 세계화된 'K-문화'를 보여준 것이라 할 수 있다. 물론 이러한 'K-문화'의 세계화 과정에서 나타난 문제가 존재한다. 이러한 문제 역시 'K-문화'가 향후 발전을 위해 지향해야 할 방향 속에서 극복해야 할 과제일 것이다.

한국 사회의 바람직한 발전 전략이 과거 산업화 패러다임 시기에 있어 경제성장을 위해 선진국들을 따라잡는 'catch-up'이었다면, 이제 선진국이 된 한국이 세계에 바람직한 발전의 방향을 제시하는 것이 중요하게 되었다. 미국과 중국이라는 G2 국가의 패권 경쟁 속에서 UN에서 제기한 '지속 가능 발전'의 방향을 한국과 같은 중견국가(middle power)가 국제사회의 연대를 공고히 하고 앞장서서 글로벌 발전 방향을 제시하고 선도해 나가는 것이 또 한번의 국가적 도약을 위해 중요하다. 그 과정에서 이미 세계화된 글로벌 문화 트렌드로서 'K-문화'가 중요한 역할을 할 수 있을 것이다.

미주

1) 패러다임에 대한 쿤의 설명에 대해서는 톰버스 새뮤얼 쿤, 김명자·홍성욱 역, 『과학혁명의 구조』, 까치, 2021 참조.

2) Hayes, Adam, "What Is a Paradigm Shift? Definition, Example, and Meaning", 2025 (https://www.investopedia.com/terms/p/paradigm-shift.asp).

3) Janos, Andrew C., *Politics and Paradigm: Changing Theories of Change in Social Science*, Stanford: Stanford University Press, 1986, p. 3.

4) Sociology of Kinship, "Exploring Popular Culture: Its Impact and Influence", 2022 (https://sociology.institute/sociology-of-kinship/exploring-popular-culture-impact-influence/).

5) Yellow Brick, "The Power of Pop Culture Influence: How It Shapes Society", 2023 (https://www.yellowbrick.co/blog/music/the-power-of-pop-culture-influence-how-it-shapes-society).

6) 광주항쟁을 소재로 700만 관객을 넘긴 영화 '택시운전사'는 2007년 7월에 개봉했다. 따라서 영화에 대한 기획은 그 이전인 노무현 대통령 시기에 시작되었을 것으로 보인다. 이는 민주화 패러다임 시기에 기획되어 시간 지체가 그리 크게 나타났다고 할 수는 없다. 그렇지만 이후 한국 사회의 민주화에 관련된 영화로서 대중적 흥행에 성공한 영화 '1987'과 '서울의 봄'은 시간 지체가 뚜렷하게 나타난 사례이다. 700만 관객을 돌파한 영화 '1987'은 2015년 5월에 기획이 시작되었으며, 2017년 12월에 개봉했다. 천만 관객을 돌파한 영화 '서울의 봄'은 2010년대 중반에 기획이 시작되어 2023년 11월에 개봉했다. 물론 이러한 시간 지체는 민주주의에 대한 대중적 지지가 내재화된 이후에야 이러한 주제의 영화가 상업적으로 성공할 수 있으리라고 판단하는 것이 가능했을 것이기 때문이라고 생각된다.

7) 지속 가능 발전 패러다임은 완성된 개념은 아니다. 그렇지만 우리의 민주주의에 대한 분석에 있어 절차적 민주주의를 넘어 실질적 민주주의의 내용이 우리 민주주의의 주요한 의제로 등장했다고 할 수 있다. 이를 민주주의의 변화라는 측면에서 '지속 가능 민주주의'라는 개념으로 개념화할 수 있는지에 대하여 주목하고자 한다. '지속 가능 민주주의'에 대해서는 이원영, 「복합위기와 지속 가능 민주주의: 민주주의의 효과성과 효능성을 중심으로」, 『NGO 연구』 18(1), 한국NGO학회, 2023a 참조.

8) 찰머스 존슨(Charlmers Johnson)은 일본의 경제 발전 사례를 분석하면서 "실질적인 경제 발전과 산업화를 국가의 최우선 목표로 삼고 시장에 직접 개입하는 국가"라는 '발전국가' 개념을 정식화했다. 이는 한국, 대만 등 동아시아 국가들의 발전에 대한 이론적 모델로 확장되었다. 발전국가에 대해서는 Charlmers Johnson, *MITI and the Japanese Miracle: The Growth of Industrial Policy, 1925~1975*, Stanford: Stanford University Press, 1982 참조.

9) 5.16 군사쿠데타 당시 군이 내걸었던 소위 혁명 공약에 대해서는 국가재건최고회의 군사혁명사 편찬위원회, 『한국군사혁명사』, 1963 참조.

10) 이러한 국가주의에 입각한 학교 교육에 대해서는 오성철, 「박정희의 국가주의 교육론과

경제성장」, 『역사문제연구』 11, 역사문제연구소, 2003; 곽민지, 「국민교육헌장의 정치사적 의의에 대한 비판적 연구」, 인하대학교 박사논문, 2019; 최성광, 「박정희 시대 국가주의 교육이념의 형성과 비판적 고찰: 세 가지 교육이념을 중심으로」, 『학습자중심교과교육학회지』 21(3), 학습자중심교과교육학회, 2021 등 참조.

11) 대중동원으로서 새마을 운동에 대한 내용은 김대영, 「박정희 국가동원 메커니즘에 관한 연구: 새마을운동을 중심으로」, 『경제와사회』 61, 비판사회학회, 2004; 고원, 「박정희 정권 시기 농촌 새마을운동과 '근대적 국민 만들기'」, 『경제와사회』 69, 한울엠플러스, 2006; 김보현, 「민족주의 권력과 '협동하는 국민': 박정희 정부 시기 농촌 새마을운동의 규율과 실제」, 『사학연구』 116, 한국사학회, 2014 등 참조.

12) 유혜경, 「1970년대 박정희 정권 시대의 노동운동과 노동법」, 『사회법연구』 46, 한국사회법학회, 2022, 212~213쪽.

13) 김용철, 「박정희 정권의 노동 통제 전략: 형성과 진화」, 『한국경제지리학회지』 14(2), 한국경제지리학회, 2011, 195~206쪽.

14) 박정희 정권 시기 유신체제의 성격에 대해서는 김영명, 『대한민국 정치사: 민주주의의 도입, 좌절, 부활』, 일조각, 2013 참조.

15) 이재준·이원영, 「한국 사회의 민주화와 이념대립, 민주주의에 과제를 제시하다」, 민주화운동기념사업회 한국민주주의연구소, 『87년 이후 35년의 한국 민주주의』, 한울, 2023, 320쪽.

16) 이원영, 「한국 민주주의 발전의 이론적 분석을 위한 시론: 민주화 이행과 민주주의 공고화 그리고 민주주의의 질적 심화를 중심으로」, 민주화운동기념사업회 한국민주주의연구소, 『87년 이후 35년의 한국 민주주의』, 한울, 2023b, 334~335쪽.

17) 정희준, 「왜 우리는 YS를 미워했나? 비운의 김영삼, 그의 불꽃 인생」, 프레시안, 2015년 12월 1일자 (https://www.pressian.com/pages/articles/131500).

18) 연합뉴스, 「〈YS시대〉② 軍 사조직 '하나회' 척결…문민화 위한 '숙군'」, 연합뉴스, 2015년 11월 22일자 (https://www.yna.co.kr/view/AKR20151122033500014).

19) 한겨레신문, 「전두환·노태우, 구속 2년 뒤 특별사면됐다」, 한겨레신문, 2017년 3월 10일자 (https://www.hani.co.kr/ arti/society/society_general/786050.html).

20) 이원영(2023b), 앞의 책, 338쪽.

21) 1990년대 초 당시 위기를 겪고 있던 중남미 국가들의 경제 안정화를 위해 미 재무부와 IMF, 세계은행 등의 주요 정책 결정자들 사이에서 합의된 정책적 논의들을 뜻한다. 일반적으로 대략 10가지 경제 개혁안으로 요약한다. 미국의 재무부, IMF 및 세계은행이 워싱턴에 소재하고 있기 때문에 이를 워싱턴 컨센서스라고 부른다. 10가지 경제 개혁안에 대해서는 Williamson, John, "The Washington Consensus as Policy Prescription for Development", *Lecture for the series "Practitioners of Development"*, Washington D.C.: The World Bank, 2004 참조.

22) 이원영(2023b), 앞의 책, 354쪽.

23) 강우진, 「한국 민주주의에서 경제적 불평등에 대한 인식의 정치적 효과: 민주주의의 효능성에 대한 효과를 중심으로」, 『한국과 국제정치』 28(2), 경남대학교 출판부, 2012, 156~157쪽.

24) 이정진, 「민주화 이후 정권변동에 따른 복지정책의 변화」, 『한국과 국제정치』 32(2), 경남

대학교 출판부, 2016, 124~125쪽.

25) 이명박 정권의 '저탄소 녹색성장'에 대해서는 윤경준, 「'저탄소 녹색성장 정책' 다시 보기: 비판적 평가 및 전망」, 『한국정책학회보』 21(2), 한국정책학회, 2012 참조.

26) 문재인 정부의 '포용적 복지'에 대해서는 김기태 외, 『문재인 정부와 복지국가』, 한국보건사회연구원, 2022 참조.

27) 송은영, 「1960~70년대 한국의 대중사회화와 대중문화의 정치적 의미」, 『상허학보』 32, 상허학회, 2011, 217쪽.

28) 이혜림, 「1970년대 청년문화구성체의 역사적 형성 과정: 대중음악의 소비양상을 중심으로」, 『사회연구』 6(2), 한국사회조사연구소, 2005, 14쪽.

29) 위의 책, 14쪽.

30) 원도연, 「이명박 정부 이후 문화정책의 변화와 문화민주주의에 대한 연구: 이명박 정부의 문화정책 평가를 중심으로」, 『인문콘텐츠』 32, 인문콘텐츠학회, 2014, 230~231쪽.

31) 이재효·한준, 「한류 문화예술의 지속·확장 방안 연구: K-POP 성공요인과 굿 거버넌스를 중심으로」, 『문화정책논총』 39(2), 한국문화관광연구원, 2025, 179쪽.

32) 곽영신·류웅재, 「'K-컬처'에 드러난 혼종적 근대성: 글로벌 한류의 비동시적 문화정치와 그 정경들」, 『언론과사회』 32(2), 언론과 사회, 2024, 41~42쪽.

33) 같은 글, 43쪽.

34) 지속 가능 발전은 아직 사회 패러다임으로 주류화되었다고 할 수는 없다고 생각되기에 표에서는 자유화 패러다임까지 정리했다. 그러나 포스트 자유화 패러다임으로서 지속 가능 발전에 관련된 의제들이 K-문화의 주요한 콘텐츠로 제작되고 있는 것은 분명한 사실이다.

35) 김희선, 「넷플릭스 〈케이팝 데몬 헌터스〉를 통해 본 K-컬처의 전지구적 확장과 K-헤리티지의 실천적 재구성」, 『판소리연구』 60, 판소리학회, 2025, 40쪽.

36) 이명현, 「〈케이팝 데몬 헌터스(K-pop Demon Hunters)〉의 컨버전스 전략과 문화혼종」, 『다문화콘텐츠연구』 53, 중앙대학교 문화콘텐츠기술연구원, 2025, 206~207쪽.

참고문헌

강우진, 「한국 민주주의에서 경제적 불평등에 대한 인식의 정치적 효과: 민주주의의 효능성에 대한 효과를 중심으로」, 『한국과 국제정치』 28(2), 경남대학교 출판부, 2012, 145~175쪽.

고원, 「박정희 정권 시기 농촌 새마을운동과 '근대적 국민 만들기'」, 『경제와 사회』 69, 한울엠플러스, 2006, 178~201쪽.

곽민지, 「국민교육헌장의 정치사적 의의에 대한 비판적 연구」, 인하대학교 박사논문, 2019.

곽영신·류웅재, 「'K-컬처'에 드러난 혼종적 근대성: 글로벌 한류의 비동시적 문화정치와 그 정경들」, 『언론과사회』 32(2), 언론과 사회, 2024, 5~55쪽.

국가재건최고회의 군사혁명사 편찬위원회, 『한국군사혁명사』, 1963.

김기태 외, 『문재인 정부와 복지국가』, 한국보건사회연구원, 2022.

김대영, 「박정희 국가동원 메커니즘에 관한 연구: 새마을운동을 중심으로」, 『경제와사회』 61, 비판사회학회, 2004, 172~207쪽.

김보현, 「민족주의 권력과 '협동하는 국민': 박정희 정부 시기 농촌 새마을운동의 규율과 실제」, 『사학연구』 116, 한국사학회, 2014, 543~578쪽.

김영명, 『대한민국 정치사: 민주주의의 도입, 좌절, 부활』, 일조각, 2013.

김용철, 「박정희 정권의 노동 통제 전략: 형성과 진화」, 『한국경제지리학회지』 14(2), 한국경제지리학회, 2011, 192~211쪽.

김희선, 「넷플릭스 〈케이팝 데몬 헌터스〉를 통해 본 K-컬처의 전지구적 확장과 K-헤리티지의 실천적 재구성」, 『판소리연구』 60, 판소리학회, 2025, 39~69쪽.

송은영, 「1960~70년대 한국의 대중사회화와 대중문화의 정치적 의미」, 『상허학보』 32, 상허학회, 2011, 187~226쪽.

오성철, 「박정희의 국가주의 교육론과 경제성장」, 『역사문제연구』 11, 역사문제연구소, 2003, 53~80쪽.

원도연, 「이명박 정부 이후 문화정책의 변화와 문화민주주의에 대한 연구: 이명박 정부의 문화정책 평가를 중심으로」, 『인문콘텐츠』 32, 인문콘텐츠학회, 2014, 219~245쪽.

유혜경, 「1970년대 박정희 정권 시대의 노동운동과 노동법」, 『사회법연구』 46, 한국사회법학회, 2022, 185~250쪽.

윤경준, 「'저탄소 녹색성장 정책' 다시 보기: 비판적 평가 및 전망」, 『한국정책학회보』 21(2), 한국정책학회, 2012, 33~60쪽.

이명현, 「〈케이팝 데몬 헌터스(K-pop Demon Hunters)〉의 컨버전스 전략과 문화혼종」, 『다문화콘텐츠연구』 53, 중앙대학교 문화콘텐츠기술연구원, 2025, 203~228쪽.

이원영, 「복합위기와 지속 가능 민주주의: 민주주의의 효과성과 효능성을 중심으로」, 『NGO 연구』 18(1), 한국NGO학회, 2023a, 79~119쪽.

이원영, 「한국 민주주의 발전의 이론적 분석을 위한 시론: 민주화 이행과 민주주의 공고화 그리고 민주주의의 질적 심화를 중심으로」, 민주화운동기념사업회 한국민주주의연구소, 『87년 이후 35년의 한국 민주주의』, 한울, 2023b.

이정진, 「민주화 이후 정권변동에 따른 복지정책의 변화」, 『한국과 국제정치』 32(2), 경남대학교 출판부, 2016, 103~136쪽.

이재준·이원영, 「한국 사회의 민주화와 이념대립, 민주주의에 과제를 제시하다」, 민주화운동기념사업회 한국민주주의연구소, 『87년 이후 35년의 한국 민주주의』, 한울, 2023.

이재효·한준, 「한류 문화예술의 지속·확장 방안 연구: K-POP 성공요인과 굿 거버넌스를 중심으로」, 『문화정책논총』 39(2), 한국문화관광연구원, 2025, 169~196쪽.

이혜림, 「1970년대 청년문화구성체의 역사적 형성 과정: 대중음악의 소비양상을 중심으로」, 『사회연구』 6(2), 한국사회조사연구소, 2005, 7~40쪽.

최성광, 「박정희 시대 국가주의 교육이념의 형성과 비판적 고찰: 세 가지 교육이념을 중심으로」, 『학습자중심교과교육학회지』 21(3), 학습자중심교과교육학회, 2021, 143~163쪽.

톰버스 새뮤얼 쿤, 김명자·홍성욱 역, 『과학혁명의 구조』, 까치, 2021.

Janos, Andrew C., *Politics and Paradigm: Changing Theories of Change in Social Science*, Stanford: Stanford University Press, 1986.

Hayes, Adam, "What Is a Paradigm Shift? Definition, Example, and Meaning", 2025 (https://www.investopedia.com/terms/p/paradigm-shift.asp).

Johnson, Charlmers, *MITI and the Japanese Miracle: The Growth of Industrial Policy, 1925~1975*, Stanford: Stanford University Press, 1982.

Shafie, Tara, "K-pop Idols as Diplomats: South Korean Celebrities and Soft Power", *Athens Journal of Politics & International Affairs*, Volume 1 Issue 3, September 2025.

Sociology of Kinship, "Exploring Popular Culture: Its Impact and Influence", 2022 (https://sociology.institute/sociology-of-kinship/exploring-popular-culture-impact-influence/).

Vitagliano, Federica, "K-Pop: Between "Koreaness" and Globalisation".

Williamson, John, "The Washington Consensus as Policy Prescription for Development", *Lecture for the series "Practitioners of Development"*,

Washington D.C.: The World Bank, 2004.

Yellow Brick, "The Power of Pop Culture Influence: How It Shapes Society", 2023 (https://www.yellowbrick.co/blog/music/the-power-of-pop-culture-influence-how-it-shapes-society).

연합뉴스, 「〈YS시대〉② 軍 사조직 '하나회' 척결…문민화 위한 '숙군'」, 연합뉴스, 2015년 11월 22일자 (https://www.yna.co.kr/view/AKR20151122033500014).

정희준, 「왜 우리는 YS를 미워했나? 비운의 김영삼, 그의 불꽃 인생」, 프레시안, 2015년 12월 1일자 (https://www.pressian.com/pages/articles/131500).

한겨레신문, 「전두환·노태우, 구속 2년 뒤 특별사면됐다」, 한겨레신문, 2017년 3월 10일자 (https://www.hani.co.kr/arti/society/society_general/786050.html).

한국은행 통계.

한국 사회의 패러다임 변화와 문화 콘텐츠의 변화 양상

임지훈

1. 서론

한국 사회는 광복 이후 산업화·민주화·세계화의 국면을 연속적으로 통과하며 오늘날에 이르렀다. 이 세 시기는 단순한 역사적 구분을 넘어, 한국 사회 전체의 구조와 일상, 사고방식 전반을 변화시키는 근본적 전환의 계기였다. 산업화는 압축성장을 통해 물질적 토대를 구축했고, 민주화는 정치적 주체성과 시민적 감수성을 확대했으며, 세계화는 한국이 국제 질서 속에서 새로운 위상을 확보할 수 있는 제도적 기반을 마련하였다. 이러한 정치·경제적 패러다임의 연쇄적 변화는 문화 영역에도 심대한 영향을 미쳤으며, 문화는 각 시대의 사회적 요구와 기술적 조건에 조응하면서 내용적·형식적 변주를 거듭해 왔다. 그 결과 오늘날 K-컬처로 지칭되는 독자적 문화적 원형이 형성되었으나, 그 개념의 명료성에도 불구하고 이를 둘러싼 특수성과 보편성에 대한 학술적 규명은 여전히 충분히 이루어지지 않았다.

이러한 상황은 K-컬처가 한국인의 문화적 정체성을 대표하는 현상으로 널리 인식되고 있음에도, 그것이 단일하고 고정된 형태로 존재하는 것이 아니라 역사적 변동 과정 속에서 끊임없이 형성되고 해체되며 재구성되어 온 다층적·다원적 구조를 지니기 때문이다. 다시 말해 K-컬처는 특정 시기에 부상한 단일한 문화양식을 가리키기보다는, 한국 사회가 경험해 온 급격하고도 복합적인 변동이 축적되면서 형성된 동태적 문화체계라 할 수 있다. 주지하듯 문화적 정체성은 특정 개인이나 집단의 의도에 의해 일방적으로 구성되는 것이 아니라, 한 문화권이 직면해 온 도전과 응전, 그리고 그 과정에서 형성된 경험과 기억이 장기간에 걸쳐 축적·응축된 결과로 나타난다. 이러한 점을 고려할 때, K-컬처는 한국인의 문화적 정체성의 발아이자 표현물로서 고유한 역사성과 시간성을 지니며, 이를 면밀히 분석하는 것은 단지 문화적 현상을 설명하는 차원을 넘어 한국 사회 자체의 구조적 변화를 이해하는 데 중요한 실마리를 제공한다.

이 글은 이러한 문제의식에 기반하여 K-컬처가 지닌 역사성과 시간성을 본격적으로 탐구하고자 한다. 이를 위해 한국 문화콘텐츠의 전개 과정을 산업화·민주화·세계화라는 세 가지 사회적 패러다임을 중심축으로 삼아 종합적으로 고찰한다. 각 시대는 사회적 기조와 제도적 조건, 기술적 환경이 크게 상이했으며, 그에 따라 문화콘텐츠가 생성·유통·소비되는 방식 역시 현저히 달라졌다. 따라서 본 연구는 먼저 시대별 정치·경제·기술적 배경을 개괄적으로 검토한 뒤, 각 시기에 나타난 문화산업의 구조적 변화와 콘텐츠 생산 동향을 분석함으로써 K-컬처의 특수성을 구성하는 핵심 요소들을 도출하고자 한다.

이러한 접근은 한국 사회의 패러다임 변화와 K-컬처 형성 과정

사이의 상호 연관성을 다층적으로 탐색함으로써, 왜 한국 문화콘텐츠가 특정 시기 이후 글로벌 확산의 동력을 확보할 수 있었는지를 설명하는 데 기여할 것이다. 더 나아가 이러한 분석은 K-컬처가 지속적인 확산과 문화적 영향력을 확장하기 위해 어떤 특수성과 보편성의 조건을 확보해야 하는지 규명하는 작업으로 이어지며, 이는 미래의 K-컬처 전략 및 문화정책 수립에도 중요한 기초 자료가 될 수 있다.

2. 산업화 시대의 문화 산업과 한류의 태동

첫 번째로 살펴볼 시기는 박정희 정권 아래에서 급속한 경제 성장이 추진된 '산업화' 단계이다. 이 시기 한국 사회의 지배적 패러다임은 강력한 국가 주도의 산업화와 그것을 정당화하는 근대화 담론이었으며, 문화정책 역시 경제성장 전략과 긴밀하게 연계되어 있었다. 국가 주도 산업화는 군사정권이 강력한 통치력과 동원체제를 기반으로 추진한 프로젝트였고, 문화정책 또한 이러한 지배체제를 유지하기 위한 이데올로기적 장치로 기능하였다. 이에 따라 문화정책은 산업적 효용과 국가 이미지 제고를 중심에 두는 한편, 전통문화 장려·반공 이데올로기 강화·국가 중심적 서사 확산 등 통치 논리와 긴밀하게 결합되어 있었다. 콘텐츠 생산 역시 정부와 중앙 기관의 주도로 이루어졌으며, '국가가 허용한 문화만이 유통될 수 있는' 심의·검열 체제가 전면적으로 작동하던 시기였다. 문화의 자율성보다는 통치 목적에 부합하는 정합성을 기준으로 콘텐츠의 적합성이 선별되었던 것이다.

이러한 맥락을 고려할 때, 산업화 시기의 문화정책은 원활한 통치와 산업화 속도전에 부합하는 기능을 수행함과 동시에 한국 문화콘텐츠 산업의 기초적 토대를 구축한 시기로 평가될 수 있다. 전쟁 직후의 문화정책이 주로 공산주의와 북한에 대한 적대감 고취, 분단 정당화라는 명백한 프로파간다적 목적을 중심축으로 삼았다는 점을 고려하면, 1960년대 문화정책은 당시의 정치적 한계에도 불구하고 문화산업 기반의 제도화가 시작되었다는 점에서 이전 시기와 구조적 차이를 보여준다. 즉, 문화가 단순히 국가 이데올로기의 전달 통로로 기능하던 단계에서 산업적 자원으로 재편되는 전환이 본격화된 것이다.

이 시기에는 국민 의식 고취와 산업적 기반 조성이라는 두 가지 목표를 달성하기 위해 다양한 제도적 정책이 발의·시행되었다. 특히 영화 산업에서 두드러진 성과가 나타났다. 영화법·방송법 등이 제정되면서 법적·제도적 기반이 조성되었고, 대종상 영화제의 신설, 국립극단 창립, 드라마센터 개관 등 물리적 인프라가 확충되었다. 이러한 제도화는 단순히 예술을 장려하기 위한 조치라기보다 국가 주도 문화산업을 본격적으로 구축하려는 시도였으며, 한국형 대중문화 체계의 원형이 만들어지는 과정이었다. 그 결과 1960년대 강대진 감독의 〈마부〉가 베를린 국제영화제 은곰상을 수상하는 등 한국 영화가 국제적으로 인정받기 시작했고, 〈하녀〉, 〈미워도 다시 한 번〉, 〈돼지꿈〉, 〈일지매〉, 〈성춘향〉, 〈유정〉 등은 국내외 흥행과 비평적 호평을 동시에 얻었다. 이러한 흐름은 영화 관람이 특정 계층의 문화가 아니라 대중의 일상적 여가 활동으로 자리 잡는 데 중요한 역할을 하였다.

산업화 시대 문화산업 발전에서 또 하나 주목할 만한 사례는 텔레비전 방송국의 개국이다. 1961년 KBS TV, 1964년 TBC, 1969년 MBC의 개국으로 공중파 3사 체제가 완비되었으며, 이는 문화 인프라의 폭발적인 확장과 정보 전달 체계의 국가적 일원화를 동시에 가져왔다. 1956년 국내 흑백 TV 보유 대수가 약 300대에 불과했다는 점을 감안하면 이는 매우 급격한 변화였다. 물론 전력 보급의 불안정, 지역 간 격차 등 기술적 조건이 미비했다는 점에서, 방송사 설립이 정치적 목적에 따라 기술 보급보다 앞서 진행되었다는 비판도 존재한다. 그러나 1968년 TV 보급 대수가 약 12만 대로 증가하며 TV가 대중매체의 중심에 자리 잡았다는 사실은, 1960년대 산업화 시기가 한국 문화콘텐츠의 대중적 확산을 위한 기초 인프라를 구축하는 데 결정적인 역할을 했음을 방증한다. TV 방송의 초기 목적이 국가 건설 과정에서 필요한 정보 생산·전파였음에도, 결과적으로 TV는 새로운 문화콘텐츠 생태계가 출현할 수 있는 기반을 마련했다는 점에서 중요하다.

방송·음악 분야 또한 이 시기에 기초가 마련되었다. 1950년대 후반 주한 미군을 통해 유입된 서구 음악은 일부 청년층에게만 영향을 미쳤고, 대중적 확산은 제한적이었다. 그러나 1960년대 TV 보급 확대와 함께 TV 드라마·쇼 프로그램이 본격적으로 제작되기 시작하였다. 초기 드라마와 쇼 프로그램들은 산업화 시대의 지배적 이데올로기인 가족주의, 농촌 계몽, 산업 발전을 긍정적으로 묘사하는 서사를 중심으로 구성되었으며, 검열 제도 하에서 비교적 순응적인 주제를 다루었다. 〈아내의 얼굴〉, 〈영이의 일기〉, 〈국토만리〉 등이 대표적이며, 특히 1965년 TBC에서 제작된 한국 최초의 수사극 〈형사수첩〉은 장르적 실험의 시작점을 마련했다. 이러한 흐름은 1970년대 〈수사반장〉, 〈여로〉와 같은 작품들이 등장하는 기반이 되었다.

음악 분야 또한 1960~70년대에 대중가요의 기틀이 본격적으로 형성되었다. 트로트와 발라드는 일제강점기 음악적 유산과 서구 음악의 영향이 혼합된 형태였으며, 정치·사회적으로 정합성이 부족하다고 판단되는 음악은 사전 검열에 의해 철저히 제한되었다. 그러나 이러한 통제 속에서도 펄시스터즈, 이미자 등은 국내외에서 큰 인기를 누렸으며, 월남전 관련 노래들은 그 시대의 정치·사회적 맥락을 직설적으로 반영한 문화적 산물이었다. 특히 〈월남에서 돌아온 김상사〉는 시대정신을 대중적으로 변환한 상징적 히트곡으로 기억된다.

또한 해외 파견 공연단과 재외동포 예술가들의 활동도 중요한 의미를 지닌다. 정부 차원의 문화사절단 파견은 국가 이미지 제고와 외교적 목적을 위해 활용되었으며, 민간 차원에서는 한국계 예술가들이 해외 무대에 오르며 한국 문화의 가능성을 타국 관객에게 직접 보여주었다. 김시스터즈는 그 대표적 사례로, 1959년 미국 진출 이후 라스베이거스와 주요 TV 쇼에서 활약하며 한국 대중음악이 해외 시장에서 성공할 수 있다는 가능성을 최초로 입증했다. 이들의 활동은 국내에서는 크게 조명되지 못했으나, 한국 문화의 글로벌 확산 가능성이 이미 산업화 시대부터 싹트고 있었음을 보여주는 증거이다.

3. 민주화 시대의 문화 콘텐츠와 대중문화의 변화

1980년대는 한국 사회와 문화콘텐츠의 구조적 전환이 본격화된 시기로, 권위주의 정권 아래에서 구축된 통제적 문화정책과 사회 전반에서 고조된 민주화 열망이 충돌하면서 대중문화의 양상이 급격하게 재편된 시기였다. 시기 전반은 전두환 정권의 집권기이자 이른바 '제5공화국'의 성립기로, 국가 권력은 문화 영역을 통치 정당성 확보와 이념 확산의 도구로 적극 활용하였다. 특히 정부는 문화정책을 국민 동원과 체제 유지의 장치로 삼아, 문화콘텐츠의 제작·유통 전반에 걸친 강도 높은 사전 검열을 제도화했다. 그러나 시기 후반에 이르러 1987년 6월 민주항쟁과 대통령 직선제 개헌이라는 대규모 정치적 변동을 경험하면서 표현의 자유가 점진적으로 확대되었고, 이는 문화콘텐츠의 주제·형식·장르가 다변화되는 결정적 전환을 이끌어냈다.

이 시기를 대표하는 정책으로 흔히 '3S 정책'이 언급된다. 이는 스포츠·스크린·섹스의 대중적 활용을 통해 국민들의 정치적 관심을 분산시키고 정권 비판 여론을 약화시키려는 의도를 내포하고 있었다. 표면적으로는 여가 확대를 통한 국민 복지 증진을 명분으로 내세웠으나, 실제로는 문화적 향유를 체제 관리의 도구로 전략적으로 활용한 사례라 할 수 있다. 그럼에도 불구하고 이러한 제도적 지원은 문화산업의 일정한 성장 기반을 마련하는 결과로 이어졌다. 영화·방송·스포츠·유흥 산업 등이 빠르게 팽창하였으며, 특히 1982년 출범한 프로야구와 프로축구는 한국형 대중문화 소비 구조의 장기적 기반을 구축한 상징적 사건이었다. 반면 정치적 발언과 비판적 콘텐츠에는 더욱 엄격한 검열이 가해져, 시사·풍자적 소재는 방송·출판 전반에서 철저히 배제되었고, 심지어 대통령과 외모가 유사하다는 이유만으로 방송 출연이 제한된 연예인이 존재할 정도로 기형적 통제 양상이 나타나기도 했다.

이 시기 문화콘텐츠에서 가장 상징적이고 사회적 파급력이 컸던 프로그램은 한국전쟁 33주년을 맞아 기획된 〈이산가족을 찾습니다〉였다. KBS가 제작한 이 프로그램은 전국 동시 생방송이라는 당시로서는 혁신적인 기술·제도적 실험을 통해 방송사의 새로운 전기를 마련했다. 방송 직후 신청자가 폭주하며 통신망이 마비되고, KBS 본관 앞 광장에는 가족을 찾으려는 시민들이 몰려드는 등 전례 없는 사회적 풍경이 연출되었다. 이에 따라 모든 정규 편성이 중단되고 총 8일간 릴레이 생방송이 진행되었으며, 이후 상시편성으로 전환되었다. 총 453시간 45분이라는 단일 주제 최장 생방송 기록은 기네스북에 등재되었고, 프로그램 관련 아카이브는 2015년 유네스코 세계기록유산으로 지정되었다. 이 과정에서 가수 설운도는 기존 곡을 개사하여 약 1,000회에 달하는 라이브 공연을 선보이며 대중적 인지도를 새롭게 확립하기도 했다. 이 프로그램은 단순한 방송 프로그램을 넘어, 분단 현실과 가족 상봉이라는 시대적 비극이 문화콘텐츠를 통해 어떤 방식으로 집단적 트라우마와 정서를 촉발할 수 있는지를 보여주는 대표적 사례이다.

1980년대 영화계는 상업성과 예술성을 결합하면서도 권위주의 체제에 대한 비판적 메시지를 우회적으로 담아내는 새로운 감독세대의 출현이 두드러졌다. 고래사냥은 청년 세대의 방황과 자아찾기를 통해 군사정권 하의 사회 분위기를 간접적으로 비판하였으며, 서울황제와 칠수와 만수는 억압적 사회구조, 노동·청년층의 좌절과 현실을 사실적·은유적으로 그려내었다. 또한 이장호, 임권택, 이두용, 하명중 등 주요 감독들은 순수 국산영화로 해외 영화제에 진출하며 한국 영화의 새로운 위상을 확립했고, 배우 강수연과 신혜수는 베니스·낭트·몬트리올 등 국제영화제에서 수상함으로써 한국 영화의 글로벌 가능성을 확인시켰다. 외화 수입 자유화와 직배사 제도 도입으로 20세기 폭스, 워너브라더스, 월트디즈니 등이 한국 시장에 진출하면서 '외화 전성시대'가 도래했고, 이는 한국 관객의 장르적 취향과 시청 기준을 확장시키는 계기가 되었다.

1988년 서울 올림픽은 문화 개방의 본격적인 분기점이었다. 올림픽 준비 과정에서 검열이 일부 완화되고 해외 저작물의 수입이 확대되었으며, 한국 문화가 국제사회에 대규모로 소개되는 최초의 계기가 되었다. 개막식과 폐막식에서는 전통문화가 강조되어 국가 이미지를 각인시켰고, 대중음악 역시 국제적 노출의 장을 확보했다. 공식 주제가 손에 손잡고는 그룹 코리아나가 불렀으며, 세계적 프로듀서 조르조 모로더가 작곡하여 17개국 차트 1위, 15만 장 이상의 판매고를 기록했다. 이는 한국 대중음악이 사실상 첫 글로벌 히트를 거둔 사례로, 문화외교 중심의 정부 정책이 일정한 성과를 만들어냈음을 보여준다.

한편 1980년대는 문화 통제와 문화 진흥이 기묘하게 공존한 시대였다. 1980년 12월 도입된 컬러 텔레비전은 국내 가전업계 침체를 해결하기 위한 산업정책이었으나, 결과적으로 TV 프로그램의 영상미와 장르 확장을 촉발했다. 총천연색 영상 구현이 가능해지면서 달동네, 전원일기, 조선왕조 500년 등 다양한 드라마가 제작되었고, 가족 서사뿐 아니라 사회문제·청년문화·로맨스 등 다채로운 장르가 등장했다. 특히 하이틴 로맨스 드라마는 '비디오형 가수'의 등장을 촉발하며 이후 K-팝 아이돌 서사의 원형을 형성하는 문화적 기반이 되었다.

대중음악은 검열이 지속되는 상황에서도 장르적 다변화와 음악적 실험성이 활발하게 전개되었다. 포크·록·발라드 등 다양한 장르에서 기념비적 작품들이 등장하며 세대별 청취층의 분화를 이끌었다. 밴드 들국화는 대중성과 음악성을 동시에 확보하며 한국 대중음악사의 중요한 지점을 차지했고, 이선희, 변진섭, 김완선, 조용필 등은 대중적 스타로 자리 잡았다. 또한 댄스 기반의 솔로 아티스트와 퍼포먼스형 가수들이 등장하면서 이후 K-팝 아이돌 형식의 원류가 형성되었고, 한편으로는 김민기, 한대수 등 저항적 메시지를 담은 아티스트들이 등장해 TV 중심의 주류 음악과 구별되는 독립적 음악 지형을 구축하였다.

4. 자유화 시대의 문화 콘텐츠와 한류 1.0

자유화 시대는 한국 사회가 세계화와 시장 자유화의 물결 속으로 본격적으로 편입되면서, 한류 콘텐츠의 범주와 영향력이 국내를 넘어 아시아 전역으로 확장된 시기였다. 이 시기의 사회적 패러다임은 1994년 김영삼 정부의 '세계화' 정책 선언을 기점으로, 경제·외교·문화 전반에서 국제 개방과 글로벌 경쟁력 강화를 핵심 가치로 삼았다는 점에서 특징적이다. 1990년대 중반 이후 한국은 WTO와 OECD(1996)에 가입함으로써 세계 경제 질서에 제도적으로 편입되었고, 1997년 외환위기(IMF 사태)를 거치면서 기존의 성장 모델을 재검토하고 산업구조 조정과 새로운 성장 동력 모색을 더 이상 미룰 수 없는 과제로 받아들이게 되었다. 이러한 위기와 전환의 국면 속에서 문화콘텐츠 산업은 제조업 위주 성장 전략을 보완하는 고부가가치 산업이자, 국가 이미지를 제고하는 전략 산업으로 새롭게 부상하였다. 정부는 1990년대 후반부터 이미 제정된 「문화산업진흥법」을 본격적으로 집행하고, 영화·방송·음악 등 콘텐츠 산업 전반에 대한 투자와 제도적 지원을 확대함으로써, 문화산업을 단순한 '부수적 분야'가 아닌 국가 경쟁력의 핵심 축 가운데 하나로 위치시켰다. 이러한 변화는 이후 한류의 형성과 확산을 가능하게 한 제도적·정책적 촉매로 기능했으며, 자유화 시대의 가장 뚜렷한 특징으로서 문화 교류의 양상이 단방향 수용에서 상호적·양방향 교류로 전환되었다는 점을 들 수 있다.

1998년 김대중 정부가 해방 이후 지속되어 온 일본 대중문화 금지 조치를 단계적으로 해제하기 시작한 것은 자유화 시대 문화정책의 상징적인 장면이다. 오랫동안 '잠재적 위협'이나 '문화적 침투'로 간주되며 금기시되었던 일본 영화, 음악, 만화 등 대중문화 콘텐츠가 점차 합법적으로 수입되면서, 한국 대중문화 시장은 그 어느 때보다도 직접적인 국제 경쟁에 노출되었다. 이는 단기적으로 국내 산업에 위협 요인으로 인식되었으나, 장기적으로는 콘텐츠의 기획·제작·유통 전 과정에서 품질 향상과 장르적 다양화를 촉진하는 압력으로 작동했다. 동시에 한국 대중문화 산업 역시 수동적 수용자의 위치를 벗어나, 주변국과 세계 시장을 향해 적극적으로 콘텐츠를 수출하는 전략을 모색하게 되었다. 1990년대 후반에서 2000년대 초반에 이르는 기간 동안 국내 방송사와 기획사들은 아시아 지역을 중심으로 드라마·음악·영화 등 다양한 콘텐츠를 본격적으로 수출하였고, 이 과정에서 이른바 '한류 1.0'으로 불리는 1차 한류 붐이 형성되었다. 한류 1.0은 주로 동아시아권에서 한국 대중문화의 인기가 급상승한 현상을 지칭하며, 한국 콘텐츠가 더 이상 국내 시장에 한정되지 않고 지역적 차원의 문화 흐름을 주도하는 행위자로 등장했다는 점에서 의미를 갖는다.

한류 1.0의 중심에는 무엇보다 드라마와 영화가 자리하고 있었다. 1997년 중국에서 〈사랑이 뭐길래〉, 〈별은 내 가슴에〉 등 한국 드라마가 연이어 방영되어 성공을 거두면서 한국 드라마는 아시아 시청자들에게 눈에 띄기 시작했고, 이후 2000년대 초반까지 다수의 한국 TV 드라마가 다양한 아시아 국가에서 편성되었다. 이 흐름을 정점으로 끌어올린 작품이 2002년 일본 NHK 위성을 통해 방영된 KBS 드라마 〈겨울연가〉였다. 이 드라마는 부드러운 멜로드라마적 정조, 감성적인 연출, 설원 풍경을 중심으로 한 영상미 등을 통해 일본 중년 여성층의 정서를 강하게 자극하며 폭넓은 공감을 이끌어냈다. 주연 배우 배용준은 '욘사마'라는 존칭으로 불릴 정도로 열렬한 팬덤을 형성했고, 2004년 방일 당시 수천 명의 팬이 공항에 운집하는 진풍경이 연출되었다. 당시 일본 총리가 '욘사마의 인기를 본받고 싶다'고 언급했다는 일화는 〈겨울연가〉가 단순한 드라마를 넘어 하나의 사회문화적 현상으로 부각되었음을 상징적으로 보여준다. 이전에도 일본에서 80편이 넘는 한국 드라마가 방영되었으나 큰 반향을 얻지 못했다는 점을 고려하면, 〈겨울연가〉는 일본 내 한류 붐이 본격화되는 기점이자, 한류 담론이 본격적으로 형성되는 계기가 되었다고 볼 수 있다. 이 작품의 성공 이후 일본 서점가에는 한류 스타 및 한국 대중문화를 다루는 각종 잡지와 단행본이 쏟아져 나왔고, 한국어 학습 열풍과 한국 관광 증가로까지 이어졌다. 이러한 점에서 〈겨울연가〉는 한류 1.0 시대를 대표하는 사례이자, 한국 드라마가 아시아에서 경쟁력 있는 문화산업 상품으로 자리매김하는 데 결정적 역할을 수행한 작품으로 평가된다.

〈대장금〉은 한류의 지리적 확장을 보여주는 또 하나의 대표적 사례이다. 이 드라마는 동아시아를 넘어 중동과 남아시아, 아프리카까지 수출되며, 한류가 더 이상 동아시아 내부의 '지역적 현상'에 머무르지 않고 보다 광범위한 문화권으로 확산될 수 있음을 보여주었다. 2000년대 중반 〈대장금〉은 다양한 국가에서 최고 시청률을 경신했고, 특히 이란에서는 90%에 육박하는 시청률을 기록했다는 보도를 통해 '국민 드라마'로 불리기도 했다. 2003년부터 2007년 사이에 걸쳐 〈대장금〉은 전 세계 90여 개국에 방영되었으며, 이를 통해 한국 전통 음식과 궁중 요리, 한복과 전통 의례, 한의학과 동양적 몸·질병 관념 등 한국 문화의 다양한 요소들이 함께 소개되었다. 이와 같은 수용 방식은 한류가 특정 콘텐츠의 히트에 그치지 않고, 음식·패션·관광·의료 등으로 확장되는 복합적 문화 소비 현상으로 발전할 수 있음을 보여준 사례라 할 수 있다. 즉, 한류는 이 시기에 콘텐츠 차원을 넘어 '한국적 라이프스타일'과 문화 이미지 전반에 대한 호감과 수용을 이끌어내는 방향으로 확장되기 시작했다.

이처럼 1990년대 후반에서 2000년대 초반에 이르는 자유화 시대를 통해 한국의 소프트 파워는 주변국에서 점차 가시적인 영향력을 행사하게 되었다. 수용자들은 한류 콘텐츠를 매개로 한국의 일상 풍경, 가족 관계, 연애 감정, 소비 문화, 청년 세대의 정서 등 다양한 측면을 간접 경험하면서, 한국에 대한 이미지와 인식을 재구성해 나갔다. 영화 분야에서도 이러한 변화는 뚜렷하게 나타났다. 1999년 강제규 감독의 〈쉬리〉는 국내 박스오피스에서 역대 최고 수준의 흥행을 기록하며 '한국형 블록버스터' 시대의 개막을 알렸고, 동시에 일본·홍콩 등 아시아 각국에 수출되어 상업적으로 성공을 거두었다. 이 영화는 일본 극장가에서 관객 100만 명을 돌파하는 이례적인 성과를 통해 한국 영화의 상업적·기술적 경쟁력을 입증했고, 이후 일본 내 한국 영화 상영 비중이 증가하는 계기를 만들었다. 뒤이어 박찬욱 감독의 〈공동경비구역 JSA〉, 홍콩과의 합작 프로젝트인 〈무극〉 등도 아시아 시장에서 주목을 받으며, 한국 영화가 장르적 실험과 상업적 성취를 동시에 추구할 수 있다는 인식을 강화하였다. 이와 더불어 멀티플렉스 극장의 등장과 1996년 부산국제영화제(BIFF)의 출범은 한국 영화의 유통 구조와 국제 교류를 확대하는 데 중요한 제도적 기반을 제공했다. 영화제는 한국 영화의 해외 진출과 외국 영화의 국내 소개를 위한 플랫폼으로 기능하며, 한국 영화산업의 국제적 네트워크 형성에 기여했다.

정부는 헐리우드 영화 수입 자유화로 인한 충격 속에서 스크린쿼터 제도를 유지함으로써 자국 영화의 상영 기회를 일정 부분 보장하고, 제작 지원 정책을 통해 창의적인 영화 제작을 장려하였다. 스크린쿼터 축소를 둘러싸고 정부와 영화계 사이에 갈등이 지속되었음에도, 이 제도는 폐지될 때까지 한국 영화 육성의 제도적 요람으로 작용했다. 그 결과 박찬욱, 봉준호, 김기덕, 임권택 등 한국 감독들은 2000년대 중반 이후 칸·베를린·베니스 등 주요 국제 영화제에서 연달아 수상하며 한국 영화의 예술적 위상을 크게 끌어올렸다. 이러한 성취는 한류를 TV 드라마와 대중음악 중심의 문화현상에서, 예술영화와 상업영화가 함께 포함되는 보다 폭넓은 문화 스펙트럼으로 확장시키는 계기가 되었다. 한국 영화는 이 시기 이후 한류의 한 축으로 굳건히 자리매김하면서, 한국 문화의 '콘텐츠 포트폴리오'를 다변화하는 데 기여했다.

K-pop은 2000년대를 기점으로 본격적인 해외 시장 개척 단계에 진입하였다. 1990년대에도 서태지와 아이들 등 일부 가수들이 일본 진출을 시도한 사례가 있었지만, 2000년대에는 대형 기획사를 중심으로 보다 체계화된 글로벌 전략이 전개되었다는 점에서 질적인 차이를 보인다. 1세대 아이돌 그룹인 H.O.T, 젝스키스, S.E.S, 핑클 등은 1990년대 말 국내 청소년층의 폭발적인 지지를 받으며 새로운 팬덤 문화를 형성했고, 곧이어 중국·대만·동남아시아 등지로 활동 무대

를 넓히면서 초국가적 팬덤을 구축했다. 특히 H.O.T는 2000년 베이징 공연을 성황리에 개최하여 수만 명의 현지 관객을 동원했으며, 이는 한국 아이돌 그룹 최초의 해외 단독 콘서트로 기록된다. 이러한 사례들은 아이돌 음악이 단순한 국내 유행을 넘어, 공연 산업과 결합된 복합적 문화산업으로 성장해 가는 초기 단계였다는 점에서 의미가 깊다.

보아(BoA)는 SM엔터테인먼트가 일본 시장을 전략적으로 겨냥하여 기획·데뷔시킨 대표적인 사례로, 2000년대 초반 한류의 확산 방식이 '우연한 히트'에서 '계획된 진출'로 전환되었음을 보여준다. 보아는 일본어 앨범 〈Listen to My Heart〉를 통해 오리콘 차트 1위를 기록하고 밀리언셀러를 달성하는 등 괄목할 만한 성과를 거두었다. 이후 다수의 히트곡과 앨범을 발표하며 일본 내 주류 가수로 자리잡았고, 이는 한국 가수가 현지화 전략과 체계적인 프로모션을 통해 해외 시장에서 지속 가능한 성과를 창출할 수 있다는 것을 입증한 첫 사례로 평가된다. 보아의 성공을 계기로 동방신기, 카라, 빅뱅 등 2세대 아이돌 그룹들은 2000년대 중·후반 일본과 아시아 시장에 적극 진출하며 K-pop의 국제적 인지도를 빠르게 확산시켰다. 이 과정에서 콘서트 투어, 팬미팅, 현지 미디어 출연 등이 결합된 입체적 전략이 동원되었고, K-pop은 점차 '아이돌 시스템'과 결부된 독자적 산업 모델로 자리 잡기 시작했다.

2009년 걸그룹 원더걸스가 영어곡 「Nobody」로 미국 빌보드 Hot 100 차트 76위에 진입한 사건은 K-pop이 미국을 비롯한 서구 시장으로 본격적으로 진출하는 상징적 전환점이었다. 이 시기를 전후하여 K-pop은 더 이상 한국과 인접국에 국한된 현상이 아니라, 미국·유럽 등지로 활동 무대를 넓히며 지리적·장르적 외연을 확대해 나갔다. 정부의 문화산업 육성 정책과 민간 엔터테인먼트 업계의 기업형 전략이 결합되면서, 아이돌 연습생 시스템, 퍼포먼스 중심의 기획, 해외 시장 맞춤형 콘텐츠 생산 등 K-pop 특유의 산업 모델이 정착한 것도 중요한 변화였다. SM·YG·JYP 등 대형 기획사들은 해외 교포 및 외국인 멤버 영입, 글로벌 오디션 개최, 현지화 전략 등을 통해 한류 콘텐츠의 글로벌 적응력을 높였고, 이는 문화산업의 세계화 추세에 능동적으로 대응하면서 한류의 지속적 확산을 도모한 전략으로 평가할 수 있다.

한류의 급속한 확산은 동시에 수용국의 역반응을 수반했다. 일부 국가는 자국 문화산업을 보호하고 문화주권을 유지한다는 명목 아래 수입 규제나 방송 편성 제한과 같은 조치를 도입하였다. 중국은 2006년 이후 해외 드라마 편성 시간을 제한하는 조치를 시행했고, 2016년에는 사드(THAAD) 배치를 둘러싼 외교 갈등 속에서 이른바 '한한령'을 발동하여 한국 연예인의 출연과 콘텐츠 수입을 사실상 금지하였다. 일본에서도 2000년대 후반 이후 일부 언론과 시청자를 중심으로 '한류 피로' 담론이 등장하는 등 거부·반발의 움직임이 감지되었다. 이러한 역류 현상은 한류의 성장이 일방향적 확산이 아니라, 정치·경제·외교적 맥락과 긴밀히 맞물려 진동하는 과정임을 보여준다. 동시에 이는 한국 문화산업이 주변국의 정책 대응과 규제 논의를 촉발할 정도로 강력한 소프트 파워로 성장했음을 역설적으로 증명하는 것이기도 했다. 특히 중국 시장의 제약은 한국 콘텐츠 산업이 아시아 외 지역, 즉 미주·유럽·중남미 등 새로운 시장을 적극적으로 개척하게 만드는 계기로 작용했고, 이러한 방향 전환은 이후 플랫폼 전환기에서 한류가 전 지구적 문화현상으로 확장되는 데 중요한 동인이 되었다.

종합하면 자유화 시대는 경제적·문화적 세계화의 흐름 속에서 한류가 본격적으로 '아시아를 중심으로 개화한 시기'라 할 수 있다. 민주화 시대에 축적된 문화 창작 역량과 표현의 자유를 토대로, 정부의 정책 지원과 민간 산업의 전략이 결합하면서 한국의 드라마·영화·음악은 경쟁력 있는 문화 상품으로 재구성되었고, 이에 대한 아시아권 대중의 열광적 수용이 확인되었다. 이 시기의 한류 콘텐츠는 지역 규모의 문화현상으로 자리 잡았으며, '한류'라는 용어 자체가 해외 언론에서 일반명사처럼 사용되기 시작했다. 그 결과 한국은 더 이상 단순한 문화 수입국이 아니라, 대중문화 수출국이자 새로운 문화 트렌드의 발신지로 인식되었고, 이는 다음 단계인 플랫폼 전환기 한류가 전 지구적으로 확산될 수 있는 구조적 기반을 제공하였다.

5. 플랫폼 전환기의 문화 콘텐츠와 K-컬처의 시대

플랫폼 전환기(2010년대~현재)는 정보통신 기술의 비약적 발전과 소셜 미디어·스트리밍 플랫폼의 부상을 계기로 문화콘텐츠의 생산·유통·소비 구조 자체가 근본적으로 재편된 시기이며, 한류가 더 이상 아시아 지역에 한정되지 않고 전 세계적 영향력을 행사하게 된 시대라 할 수 있다. 스마트폰의 급속한 보급과 유튜브, 넷플릭스와 같은 글로벌 플랫폼의 등장은 콘텐츠 소비의 시·공간적 경계를 사실상 소거하였고, 그 결과 한국 대중문화는 물리적·지리적 장벽을 뛰어넘어 실시간으로 세계 각지에 전파될 수 있는 조건을 갖추게 되었다. 한국 사회의 지배적 패러다임 역시 이 시기 디지털 경제와 플랫폼 산업 중심으로 이동하였으며, 문화산업은 기존의 방송·극장 중심

구조에서 벗어나 온라인 플랫폼을 매개로 한 '데이터 기반·알고리즘 기반 산업'으로 재편되었다. 이러한 변화는 한류 콘텐츠의 확산 양상에 양적 확대 이상의 변화를 가져와, 한류가 규모와 파급력뿐 아니라 장르·형식·수용 방식 면에서 이전과 구분되는 새로운 국면, 즉 한류 2.0 시대에 접어들었음을 시사한다.

플랫폼 전환기의 핵심 동력 가운데 하나는 소셜 미디어와 동영상 스트리밍 서비스가 결합하여 만들어낸 폭발적 전파력이다. 특히 유튜브는 전 세계 이용자들이 국적과 언어에 관계없이 한국의 음악·드라마·예능 클립을 자유롭게 접할 수 있는 대표적인 창구가 되었고, K-pop의 글로벌화를 가속하는 데 결정적 역할을 수행하였다. 이전 시기 한류 콘텐츠가 특정 국가의 방송사나 배급사를 통해 비교적 제한적인 방식으로 수입·편성되었다면, 플랫폼 전환기에는 인터넷과 모바일 네트워크를 통해 누구나 동시에 콘텐츠를 소비하고, 이를 공유·리믹스·패러디하는 참여적 문화가 형성되었다. 싸이(Psy)의 2012년 히트곡 「Gangnam Style」 뮤직비디오는 이러한 플랫폼 환경이 한류 확산에 어떤 방식으로 작동하는지를 가장 상징적으로 보여주는 사례이다. 이 곡은 유튜브를 매개로 전 세계적인 바이럴 현상을 일으켜 업로드 4개월 만에 조회수 9억 회를 돌파했으며, 같은 해 12월에는 유튜브 사상 최초로 10억 조회수를 기록한 영상이 되었다.

「Gangnam Style」은 미국 빌보드 싱글 차트 2위에 7주간 머무르며 한국어 가사 곡으로서는 과거에 찾아보기 어려운 글로벌 성공을 거두었다. 전 세계 사람들이 '말춤'을 따라 추며 영상을 제작하는 밈(meme) 현상이 확산되었고, 수많은 패러디·커버·리액션 영상이 생산되면서 네티즌 참여형 확산 구조가 형성되었다. 이러한 성공에는 중독성 있는 멜로디와 후크, 유머러스한 뮤직비디오 연출과 더불어,

이용자의 자발적 공유를 특징으로 하는 유튜브의 UCC 문화가 중요한 역할을 했다. 싸이가 서구의 각종 시상식과 토크쇼에 초청되고, 여러 국제 행사에서 공연을 펼치며 '글로벌 스타덤'에 오른 과정은 디지털 플랫폼이 한류의 지리적 한계를 제거하고 문화적 거리감을 단축시켰음을 단적으로 보여준다. 이와 같은 환경 변화는 K-pop 아이돌 산업 전반의 전략과 구조에도 커다란 변화를 야기하여, 2010년대 이후 아이돌 그룹들은 유튜브·트위터·인스타그램 등 소셜 미디어를 통해 전 세계 팬들과 실시간으로 소통하고, 다양한 형식의 자체 콘텐츠를 발빠르게 공유함으로써 국경을 초월한 팬덤을 형성하게 되었다.

특히 방탄소년단(BTS)은 플랫폼 시대 한류의 대표적 사례로, 이들의 성공은 전통적인 기획사 주도 마케팅을 넘어 팬과의 디지털 교감, 즉 '상호작용적 관계 맺기'에 크게 힘입었다는 평가를 받는다. BTS는 2013년 데뷔 이후 유튜브에 연습 영상, 일상 브이로그, 자기 서사를 담은 콘텐츠를 꾸준히 업로드하고, 트위터 등 소셜 미디어를 통해 팬들과 적극적으로 소통함으로써 전 세계에 걸친 팬베이스(ARMY)를 구축하였다. 이러한 디지털 친화적 전략의 결과로, 이들은 2018년 이후 미국 빌보드 앨범 차트에서 여러 차례 1위를 기록하고, 2020년대에는 「Dynamite」, 「Butter」 등의 싱글로 빌보드 핫100 차트 정상을 연이어 차지하며 주류 팝 시장에서 기록적인 성과를 거두었다. 나아가 BTS는 2017년부터 2022년까지 미국 Billboard Music Awards에서 6년 연속 수상하고, American Music Awards에서도 다수의 트로피를 얻었으며, 그래미상 주요 부문 후보에 여러 차례 오르는 등 서구 음악 산업의 중심무대에서 존재감을 확고히 했다. 2021년 LA 소파이 스타디움 콘서트 4회 전석 매진과 같은 사례는 이들이 단순히 '성공한 외국 가수'가 아니라, 전 세계 대중음악 시장에서 구조적 위치를 점하는 월드 스타임을 보여준다. 이러한 성취는 이전 세대 한류가 주로 아시아 지역 위주로 전개된 것과 달리, 플랫폼 전환기 한류가 서구권의 중심 무대에서 주류 문화로 편입되었음을 시사한다. 블랙핑크, 트와이스 등 다른 K-pop 그룹들 역시 수억 회 조회수를 기록한 유튜브 영상과 글로벌 월드투어를 통해 세계 음악 시장의 한 축을 이루고 있으며, 이로써 플랫폼 시대의 K-pop은 명실상부한 글로벌 음악 장르로 자리 잡게 되었다. 요약하자면 플랫폼 전환기는 K-pop을 중심으로 한 한류 2.0의 시대이며, 인터넷을 통한 범세계적 팬덤 형성과 글로벌 차트 성과, 그리고 상호작용적 팬 문화가 그 특징을 이룬다고 할 수 있다.

K-드라마와 예능 콘텐츠 역시 플랫폼 전환기를 맞아 새로운 도약을 이루었다. 2010년대 중반까지 한국 드라마는 주로 일본·중국·동남아시아 등 아시아권에서 높은 인기를 구가했으나, OTT 스트리밍 서비스의 발달로 서구 및 기타 지역 시청자들도 손쉽게 K-드라마에 접근할 수 있는 환경이 조성되었다. 이 과정에서 넷플릭스(Netflix)의 등장은 결정적인 역할을 수행했다. 넷플릭스가 2016년 한국 시장에 본격 진출한 이후, 한국 드라마에 대한 투자와 공동 제작이 늘어났고, 2019년에는 첫 오리지널 한국 드라마인 〈킹덤〉을 공개하였다. 〈킹덤〉은 조선시대를 배경으로 한 좀비 스릴러라는 독창적인 설정과 영화에 버금가는 제작 품질로 국내외 시청자들을 사로잡았으며, 뉴욕타임스 선정 '올해의 인터내셔널 쇼'에 올라 작품성 또한 높게 인정받았다. 이는 한국 드라마가 '멜로드라마' 중심의 정형화된 이미지에서 벗어나, 장르적 실험과 높은 완성도로 글로벌 시장을 공략할 수 있음을 입증한 사례였다.

2021년 공개된 넷플릭스 시리즈 〈오징어 게임〉은 이러한 흐름을 전 세계적 신드롬의 수준으로 끌어올린 작품이다. 〈오징어 게임〉은 공개 한 달 만에 1억 가구 이상이 시청하며 넷플릭스 역대 최다 시청 기록을 경신했고, 미국을 포함한 90여 개국에서 시청 순위 1위를 차지하는 등 전례 없는 인기를 누렸다. 이 드라마를 통해 한국 작품으로서는 처음으로 에미상 주요 부문(남우주연상 등) 수상자가 탄생했으며, 극 중 놀이, 복장, 상징물이 전 세계적인 밈과 코스프레 열풍으로 이어지면서 한국의 놀이문화와 시각적 코드가 글로벌 대중문화의 공통어로 소비되기에 이르렀다. 〈오징어 게임〉의 성공은 한국 드라마가 서구 시청자들에게 더 이상 이국적 호기심의 대상이 아닌, 자막을 전제로 하더라도 기꺼이 소비되는 '주류 엔터테인먼트'가 될 수 있음을 확인해 준 사건이었다. 이는 2000년대의 〈겨울연가〉, 〈대장금〉 등이 주로 아시아권에서 인기를 얻던 국지적 현상이었던 것과 분명한 대비를 이루며, 플랫폼 시대에 한류 콘텐츠의 전 지구적 소비가 현실화되었음을 보여준다.

한류 콘텐츠의 글로벌 성공은 영화 분야에서도 정점에 이르렀다. 2019년 봉준호 감독의 〈기생충〉은 칸 영화제에서 황금종려상을 수상한 데 이어, 2020년 아카데미 시상식에서 작품상·감독상·각본상·국제장편영화상 등 네 개 부문을 석권하는 역사적 성취를 이루었다. 〈기생충〉은 비영어권 영화로서는 최초로 오스카 작품상을 수상함으로써, 한국 영화뿐 아니라 비서구권 영화 전반의 위상을 재정립하는 계기를 마련했다. 이 영화의 성공을 계기로 뉴욕타임스, 가디언 등 서구 유력 언론들은 한국 영화의 미학적·산업적 저력을 집중 조명했고, 박찬욱의 〈헤어질 결심〉, 연상호·나홍진 등의 후속작들에 대한 관심도 크게 높아졌다. 한편 2010년대 중반 이후에는 한국 배우와 감독들이 할리우드 영화나 미국 드라마에 참여하는 사례 역시 증가했다. 마동석이 마블 영화에 출연하고, 한국계 배우들이 ≪워킹 데드≫ 시리즈 등에서 활약하는 등 문화교류의 양상이 일방적 수출을 넘어 쌍방향적·혼종적 양상으로 전개되었다.

플랫폼 전환기에는 영화 역시 OTT를 통한 동시 공개가 점차 보편화되었다. 넷플릭스를 통해 공개된 한국 영화 〈#살아있다〉(2020)는 코로나 팬데믹이라는 특수한 상황 속에서 극장 개봉의 제약을 돌파하는 대안으로 선택되었으며, 공개 이틀 만에 30여 개국 넷플릭스 영화 순위 1위를 기록하는 성과를 거두었다. 이는 전통적인 극장 배급만으로는 도달이 어려웠던 지역의 관객들에게까지 한국 영화를 전달하는 데 OTT 플랫폼이 얼마나 강력한 촉매로 작용하는지를 보여주는 사례였다. 영화 산업은 이를 통해 수익 구조를 다변화하고, 새로운 유형의 글로벌 팬층을 확보하는 기회를 얻을 수 있었다.

정리하자면, 플랫폼 전환기 한류는 유튜브·넷플릭스·각종 SNS 등 디지털 플랫폼을 기반으로 전개되는 한류 2.0으로 규정할 수 있다. 이 시기 한국 대중문화는 콘텐츠의 온라인화, 글로벌 동시 노출, 팬덤의 국제적 연대와 같은 구조적 특징 속에서 폭발적인 확산을 경험했다. 한류 콘텐츠는 더 이상 주변부의 하위문화가 아니라, 세계 대중문화의 메인스트림 일부로 편입되는 양상을 보이고 있으며, 이러한 변화는 단지 한국 콘텐츠의 위상 상승에 그치지 않고, 글로벌 문화지형 자체의 변화를 함의한다. 미국과 서구 중심으로 조직되던 문화 소비 시장에 한국을 비롯한 비서구권 콘텐츠가 본격적으로 진입함으로써 문화적 다양성이 증대되었고, 세계 각지의 시청자들은 자막과 더빙을 통해 타문화 콘텐츠를 소비하는 데 점점 더 익숙해졌다. 이로써 한류는 2020년대를 기점으로 양적 팽창뿐 아니라 질적 측면에서도 국제 문화담론의 중요한 사례로 다루어지며, 글로벌 문화 흐름을 논의할 때 빼놓을 수 없는 핵심 레퍼런스로 자리 잡게 되었다.

6. 결론

지금까지 한국 문화콘텐츠의 역사를 산업화, 민주화, 세계화라는 세 가지 패러다임으로 구분하여 살펴본 뒤, 그 연장선상에서 현재에 해당하는 플랫폼 전환기를 간략히 검토하였다. 이러한 역사적 조망을 통해 각 시대의 문화콘텐츠는 단지 당대의 기술 수준을 반영하는 데 그치지 않고, 내용과 형식의 층위에서 동시대의 사회 구조와 감정 구조, 지배 이데올로기 및 일상적 욕망과 긴밀하게 맞물려 있음을 확인할 수 있었다. 다시 말해 문화콘텐츠는 특정 시기의 기술적 조건 위에서만 작동하는 폐쇄적 산물이 아니라, 사회 전체의 정치·경제·문화적 변동과 서로를 매개하는 복합적인 장(場)이며, 오락과 소비의 기능과 더불어 사회적 경험을 조직하고 새로운 담론을 생성·확산하는 상징적 공간으로 기능해 왔다고 할 수 있다.

우선 산업화 시기의 문화콘텐츠는 한국 문화산업의 기초를 제도적으로 마련하는 동시에, 국가 주도의 성장 담론과 근대화 이데올로기를 반복·강화하는 역할을 수행하였다. TV·영화·대중음악은 개발독재 체제의 통치 논리와 결합하여 '성장하는 국가'와 '헌신하는 국민'의 서사를 재생산하는 매개체로 활용되었지만, 동시에 이전 세대에는 존재하지 않았던 대중적 여가와 오락의 공간을 제공하며 문화적 문해력과 감수성을 확장하는 계기도 마련하였다. 민주화 시기에는 통제와 유화가 공존하는 모순적인 문화정책 환경 속에서 다양한 장르와 스타일, 새로운 작가들이 등장했고, 검열을 우회하거나 균열을 드러내는 방식으로 사회비판적 정서와 현실 인식을 표현하는 문화 실천들이 늘어났다. 이를 통해 이후 한국 문화콘텐츠를 특징짓는 '다양성과 복수성'의 외연이 차츰 형성되었다. 세계화 시기에는 이러한 역사적·제도적 축적을 기반으로 드라마·영화·대중음악 등에서 양질의 콘텐츠가 본격적으로 생산·수출되었고, 한국은 더 이상 단순한 수입국이 아닌 '콘텐츠 수출국'이자 소프트 파워를 보유한 행위자로 인식되기 시작했다. 이 시기의 성과는 '한국'이라는 국가 브랜드 이미지를 구축하는 데 중요한 토대가 되었으며, 그 누적된 경험과 자산이 있었기에 플랫폼 전환기에 이르러 K-컬처의 전 지구적 확산이라는 가시적인 성취가 가능해졌다고 볼 수 있다.

이러한 역사적 맥락은 오늘날 제작되는 K-컬처 콘텐츠에서도 다양한 방식으로 작동하고 있다. 과거를 배경으로 하는 드라마·영화·게임 등의 텍스트에는 한국 현대사의 질곡과 정치·경제적 부침, 분단과 냉전 체제, 산업화와 도시화의 기억이 서사적 장치와 인물 구성을 통해 녹아들어 있으며, 이는 다른 국가의 콘텐츠와는 구별되는 한국적 정동과 서사 구조를 형성하는 데 기여한다. 동시대 청년·가족·노동·젠더 문제를 다루는 작품들 역시 산업화와 민주화, 세계화가 남긴 사회적 상처와 구조적 모순을 배경으로 삼고 있다는 점에서, 개별 텍스트의 차원을 넘어 역사적 시간의 축적과 깊이와 맞닿아 있다. 드라마·영화 같은 영상 서사는 물론, K-pop을 포함한 대중음악에서도 이러한 역사적·사회적 맥락과의 연계성을 발견하는 것은 어렵지 않다. 아이돌 서사에 반복적으로 등장하는 '연습생의 시간', 경쟁과 탈락, 연대와 성장의 서사는 한국 사회의 교육·노동 현실과 무관하지 않으며, 집단 퍼포먼스와 팬덤의 조직 방식 역시 한국 현대사의 집단주의, 동원 구조, 민주화 이후 시민적 참여 문화의 변형된 표현이라 볼 수 있는 측면이 있다. 요컨대 K-컬처의 특수성은 광복 이후 압축 성장의 기억, 권위주의 체제를 거치며 축적된 민주화 경험, 세계화가 초래한 기회와 불안, 생존의 국면들이 중층적으로 반영된 총체적 집합체라는 점에서 찾을 수 있다. 다시 말해 한류는 단순한 문화 소비재의 대량 수출이 아니라, 한국 사회의 구조적 변동과 문화정책, 기술 환경, 글로벌 정세가 여러 층위에서 교차·응축된 복합적 산물이 국경을 넘어 순환하는 현상이라 할 수 있다.

특히 주목해야 할 점은, 한류 콘텐츠의 성공이 단지 외연적 확장—즉 수출 지역과 시장 규모의 확대—에만 머무르지 않고, 콘텐츠 내부의 서사와 정서 차원을 통해 특정 문화권의 정체성과 감정 구조에 관한 질문을 던지고 있다는 사실이다. 드라마, 영화, 음악 등 각 장르는 분단과 냉전, 산업화와 민주화, 가족주의와 개인주의의 긴장, 공동체와 개인의 관계, 감정 표현 양식에 이르기까지 다양한 역사적·문화적 요소를 담지하고 있다. 이러한 한국적 정서가 글로벌 대중과 감정적으로 공명할 수 있었던 이유는 K-컬처의 형성과정 자체가 언제나 특수성과 보편성의 경계 위에서 이루어졌기 때문이다. 한편으로는 한국 사회의 구체적 경험과 상황을 반영하면서도, 다른 한편으로는 계급 격차, 경쟁 체제, 가족 해체, 청년 불안, 소외와 욕망 등 보편적인 주제를 다루고 있기에, 세계 여러 지역의 수용자들이 자신의 경험과 문제를 투사할 수 있는 여지를 제공한다. K-컬처는 형성과 해체, 변화와 혁신의 과정을 반복하는 가운데 이 두 차원을 절묘하게 접합해 온 사례라고 할 수 있다.

이러한 관점에서 볼 때, K-컬처는 기존의 문화제국주의 이론이나 서구 중심 문화유통 구조에 대한 하나의 대안적 사례로 읽힐 수 있다. 오랫동안 '주변부의 문화'로 간주되던 한국 콘텐츠가 디지털 플랫폼이라는 비물질적 경로를 통해 문화의 '중심부'로 진입한 경험은, 20세기의 서구 중심 확산 모델과는 다른 유형의 글로벌 문화 흐름을 보여준다. 유튜브, 넷플릭스 등 플랫폼 환경에서 한류는 거대 자본이 독점하는 일방향적 공급 구조만으로 설명되기보다는, 팬덤과 수용자의 능동적 참여, 밈과 리액션, 2차 창작과 재유통 등을 통해 다자적·다중심적·역동적으로 재편되는 문화 질서의 실험장으로 기능한다. 이는 문화의 중심과 주변이 고정된 위계로 존재하는 것이 아니라, 특정 시기와 맥락에 따라 재구성될 수 있음을 보여주는 하나의 사례이며, 비서구권 콘텐츠가 글로벌 메인스트림의 일부로 편입될 수 있는 가능성을 현실적으로 증명하고 있다는 점에서 이론적·정책적 함의를 지닌다.

앞으로 한류가 지속 가능성을 확보하기 위해서는 단순한 양적 확대를 넘어, 형식적 다양성의 확대와 질적 내실화, 그리고 수용자의 능동적 참여와 문화 간 교류에 대한 진지한 성찰이 병행되어야 한다. 이미 다수의 국가에서 한국 콘텐츠를 적극적으로 수용하고 있는 현 시점에서, 우리는 자문화 중심주의적 태도를 경계하면서도 K-컬처의 고유한 특수성과 미학적·서사적 장점을 유지·심화할 필요가 있다. 이를 통해 타문화권과의 수평적 상호성을 확보하고, 일방적 수출·소비가 아닌 상호 교환과 협업에 기반한 지속 가능한 상생의 문화 생태계를 지향해야 할 것이다. 동시에 K-컬처는 AI, 메타버스, 버추얼 아이돌 등 첨단 기술과의 융합을 통해 차세대 문화콘텐츠의 새로운 형식을 실험해야 한다. 버추얼 유튜버, 버추얼 아이돌과 같은 가상현실 기반의 콘텐츠는 물리적 제약을 넘어서는 새로운 접속 방식을 제공하며, 기존에 '문화 할인'이 두드러지던 지역이나 계층에 대한 접근 가능성을 넓힐 수 있는 잠재력을 지닌다.

이러한 점에서 K-컬처 3.0의 확산과 발전은 과거의 성공 모델을 반복적으로 복제하는 전략이 아니라, 형성과 해체, 변화와 혁신을 거듭해 온 K-컬처의 역사성과 시간성을 새로운 조건 속에서 다시 사유하고 갱신하는 과정으로 이해할 수 있을 것이다. 다시 말해, K-컬처의 미래는 이미 완성된 정체성을 보존하는 데 있지 않고, 변화하는 기술·정치·사회환경 속에서 스스로를 끊임없이 재구성하면서도 그 역사적 경험과 정서를 잃지 않는 균형을 어떻게 모색하느냐에 달려 있다고 할 수 있다.

지은이 소개

김성수: 남가주대(USC) 정치학박사 졸업. 한양대학교 정치외교학과 교수. 유럽아프리카연구소 소장. 미래문화융합연구센터 센터장. 〈글로벌 거버넌스와 문화〉 편집위원장. 저서로 『정치경제학』, 『위기의 국가』, 『새로운 패러다임의 비교정치』, 『현대아프리카의 이해』, 『The Role of the Middle Calss in Korea Democratic Transition』 등 다수.

김동춘: 좋은세상연구소 대표. 성공회대 명예교수. 저서로 『전쟁과 사회』, 『권력과 사상통제』 등 다수.

김성일: 고려대학교 사회학과 박사 졸업. 경희대학교 후마니타스 칼리지 교수. 저서로 『대중의 형성과 문화적 실천의 고원들』, 『대중의 계보학』, 『문화론의 도래와 파장』(공저), 『광장의 문화정치』(공저) 등이 있음.

김성조: 연세대학교 동아시아국제학부 교수. 대표 연구로 「Geopolitics, Status Perceptions, and Public Attitudes in Korea-Japan Relations」, 「National Pride, Economic Evaluation, and Public Support for Economic Sanctions」 등이 있음.

이원영: 서울대학교 정치학 박사 졸업. 한양대학교 국가전략연구소 부소장, 한양대학교 공공정책대학원 시민사회학과 겸임교수. 저서로

『키워드로 읽는 ESG·SDGs』(공저), 『이범영 평전』(공저) 등이 있음. 대표 연구로 「복합 위기와 지속 가능 민주주의: 민주주의의 효과성과 효능성을 중심으로」 등이 있음.

임지훈: 한양대학교 국어국문학과 박사 졸업. 한양대학교 창의융합교육원 강사 겸 문학평론가. 앤솔러지 시집 『지구 밖의 사랑』, 연구서 『김종삼 시 읽기』 등이 있음. 대표 연구로 「인공지능 시대의 '시'에 대한 예비적 고찰」 등 다수.

정보영: 한양대학교 국어국문학과 박사 졸업. 한양대학교 미래문화융합연구센터 연구원. 에세이집 『서른이면 뭐라도 될 줄 알았지』, 앤솔러지 시집 『지구 밖의 사랑』, 시집 『외워서 하는 사랑 말고』 등이 있음.

정승일: 베를린 자유대학 박사 졸업. 복지국가 소사이어티 정책위원. 저서 『쾌도난마 한국경제』(장하준 공저), 『누가 가짜 경제민주화를 말하는가』 등이 있음.

정윤수: 성공회대학교 문화대학원 교수. 성공회대학교 문화연구소 소장. 저서로 『인공낙원: 현대 도시와 삶과 대한 성찰』, 『노동의 기억 도시의 추억: 공장』, 대표 연구로 「1990년대 피씨통신과 취향공동체의 형성」 등이 있음.